困境中的突围：
自闭症谱系障碍儿童家长抗逆力发展的研究

赵梅菊 著

北京理工大学出版社
BEIJING INSTITUTE OF TECHNOLOGY PRESS

版权专有　侵权必究

图书在版编目（CIP）数据

困境中的突围：自闭症谱系障碍儿童家长抗逆力发展的研究 / 赵梅菊著. —北京：北京理工大学出版社，2021.8
　　ISBN 978-7-5682-9501-7

Ⅰ.①困…　Ⅱ.①赵…　Ⅲ.①孤独症－儿童教育－特殊教育－研究　Ⅳ.①G766

中国版本图书馆CIP数据核字（2021）第154545号

出版发行 / 北京理工大学出版社有限责任公司	
社　　址 / 北京市海淀区中关村南大街5号	
邮　　编 / 100081	
电　　话 /（010）68914775（总编室）	
（010）82562903（教材售后服务热线）	
（010）68948351（其他图书服务热线）	
网　　址 / http：//www.bitpress.com.cn	
经　　销 / 全国各地新华书店	
印　　刷 / 定州市新华印刷有限公司	
开　　本 / 787毫米×1092毫米　1/16	
印　　张 / 12.5	责任编辑 / 张荣君
字　　数 / 206千字	文案编辑 / 张荣君
版　　次 / 2021年8月第1版　2021年8月第1次印刷	责任校对 / 周瑞红
定　　价 / 69.00元	责任印制 / 边心超

图书出现印装质量问题，请拨打售后服务热线，本社负责调换

序

北京师范大学邓猛教授指导的本科生、硕士生，肖非教授指导的又一位特殊教育博士研究生赵梅菊的博士论文即将付梓出版，这是一件令人兴奋的事。此事显示了中国特殊教育队伍正在壮大和水平正在提高，展现了特殊教育事业的前进，表明了具有中国特色的特殊教育学科在发展。

赵梅菊是中国本土培养的众多特殊教育博士中的一员，华东师范大学、北京师范大学、华中师范大学等高校培养的特殊教育博士已在全国多个省市特教战线辛勤工作，中国早已改变了没有专门培养特殊教育人才的机构、只靠社会招聘到特殊学校师傅带徒弟培养人才的历史。现在我国高校培养的特殊教育博士以两位数发展，硕士研究生以三位数发展，本科、专科生以四位数发展。2019年教育统计数据显示，我国有特殊教育学校2 192所；专任教师62 358人，其中有特殊教育大专、本科、研究生学历的有61 436人，占专任教师总数的98.5%，有正、副高级职称的有9 436人，占专任教师总数的15.1%，比例已不低于其他高校。

我国特殊教育事业在改革开放前多是在经济发达地区的盲、聋初等教育，而此论文研究的是自闭症谱系障碍儿童家长抗逆力的发展，这表明了从中国实际出发，特殊教育领域的扩大和深入。特殊教育对象、机构类型、安置方式、教育层次都有了大的变化，赶上了世界特殊教育的发展变化和趋势。有各类特殊教育需要的学生的教育方式由仅有特殊教育学校增加为融合教育的随班就读、特教班和送教上门。2019年，教育部统计数据表明，794 612人的在校特殊学生中，随班就读的学生约占一半。

还值得一提的是，赵梅菊博士是来自湖北恩施的土家族人，这表明了特殊教育高级研究人员中的民族特殊教育人才在增加。民族特殊教育和民族特殊教育人才是世界特殊教育的薄弱环节，而中国在这方面有很好的发展。从2019年教育统计数据来看，79万多在校特殊学生中，少数民族学生有113 569人。其中，西藏有6所特殊教育学校，在校学生6 766人；新疆有28所特殊教育学校，在校学生26 565人；云南有

65 所特殊教育学校，在校学生 42 207 人；贵州有 77 所特殊教育学校，在校学生 38 942 人。

我国特殊教育的理论研究和学科发展较世界起步晚、发展薄弱，形成和发展有中国社会主义特色的特殊教育学科和理论，是我们这一代特殊教育工作者的工作目标和任务。赵梅菊博士的论文在这方面就做了有益的尝试和工作。很多人搞研究、写论文的基点是西方的理论，以西方的观点为依据，而此论文从中国的历史和文化传统实际出发，以中国著名学者费孝通的差序格局理论为研究的理论基础。费孝通是著名的社会学家，曾留学英国，回国后没有听从导师的意见用英国的理论，而是分析了中、英两国不同的文化和历史，通过农村调查研究，根据中国文化、历史传统在专著《乡土中国》的第四章提出了与西方不同的、符合中国历史文化实际的差序格局理论。赵梅菊博士博采众长，从中国实际出发，借用了特殊教育相邻学科社会学中符合中国实际的理论，总结了中国成功的经验，辩证地分析了各种因素，提出了与西方心理学角度个体抗逆力不同的、本土化的"关系型抗逆力"概念，并以此研究了自闭症谱系障碍儿童家长抗逆力的发展问题，对抗逆力理论的本土化发展和自闭症谱系障碍儿童家长抗逆力的生成都有借鉴意义。特殊教育的理论研究不管是宏观还是微观，本土化的每一个创新都是对发展中国特色特殊教育学科和理论的贡献，这种创新不断积累，就会形成和发展为有中国特色的特殊教育学科和理论。

祝贺赵梅菊博士论文的出版。盼望有更多的中国各民族学者的特殊教育研究创新成果问世，为体现文明和进步的、中国和世界的特殊教育事业和学科的发展作出中国人的贡献。

朴永馨
当代教育名家
北京师范大学教育学部特殊教育研究所退休教授
中国高等教育学会特殊教育研究分会名誉理事长
2020 年 7 月

前　言

　　自闭症谱系障碍儿童的康复具有长期性，且存在极具挑战性的核心障碍和问题行为，导致自闭症谱系障碍儿童家长具有比普通儿童和其他类特殊儿童家长更大的压力。处在高危环境中的自闭症谱系障碍儿童家长，有些深陷困境无法自拔，有些则在困境中发展出抗逆力，变得更加坚强和主动。那么，这部分适应良好的家长如何获取保护资源发展抗逆力？其抗逆力的运作机制是什么？有何特定的文化内涵？基于我国特定的文化背景对这些问题进行研究，不仅有利于丰富抗逆力的理论成果，也能为其他深陷困境的自闭症谱系障碍儿童家长走出困境提供借鉴。

　　本研究通过目的性抽样，筛选出五位具有高水平抗逆力的自闭症谱系障碍儿童家长，通过访谈、观察、实物收集的质性研究方法搜集了丰富的研究资料。在分析资料时，本研究结合费孝通的差序格局理论，透过情景分析和类属分析相结合的方法，对研究资料进行了深度分析。研究发现：层层文化围困与命运共同体是自闭症谱系障碍儿童家长抗逆力危险因素的突出特征。孩子的自闭、学校的排斥、社会的歧视以及家长被迫自闭是自闭症谱系障碍儿童家长抗逆力危险因素的四大主题，这四大困境镶嵌在中国特定的精英文化、残疾歧视文化以及家族主义文化中。内省修身、接纳自闭症、家长当老师、扩大的家庭、接受最坏的结果、寻求合适的生活成为自闭症谱系障碍儿童家长抗逆力发展过程中的六大重要主题。中国的家族主义文化和关系文化形塑了自闭症谱系障碍儿童家长抗逆力的内涵，使其成为一种关系型抗逆力，具有与西方个体抗逆力不一样的内涵。具体表现为：在抗逆力的危险因素方面，二人关系文化使自闭症谱系障碍儿童家长与孩子形成了命运共同体，孩子的困境成为家长的主要困境；在保护因素方面，举全家之力、抱团取暖、学校的人情运作都带有浓厚的人情味，"关系"既是家长的保护性资源，也成为自闭症谱系障碍儿童家长在关系网中获取保护资源的重要策略；在抗逆力的结果方面，抗逆力的生成与否不仅在于家长个体是否达到良好的适应状态，还在于家庭成员尤其是自闭症谱系障碍孩子是否达到家长所认为的适应状态。安内谐外是自闭症谱系障碍儿童家长抗逆力发展的重要机制。"安内"旨在通过实现命运共同体的强大和稳定,以及命运共同体生态环境的和谐,以向里用力的方式获取抗逆力发展的内部保护资源,是自闭症谱系障碍儿童家长发展抗逆力的核心措施,贯穿在自闭症谱系障碍儿童家长抗逆力发展过程的始终。"谐外"则主要通过人情关系的运作,在和谐的人际关系网中获取外部支持资源。"安内"与"谐外"均是家长抗逆力获取保护资源、降低危险因素的重要举措,二者缺一不可。位育是自闭症谱系障碍儿童家长抗逆力的发展结果。家长与小家庭之内的家庭成员,以及家长与外在的大家庭处于和谐共处的状态,是家长抗逆力发展的最好状态。

本研究具有以下特点。

第一,从文化主位的视角来研究中国自闭症谱系障碍儿童家长抗逆力的文化内涵和作用机制,并基于费孝通的差序格局理论,发展出本土化的自闭症谱系障碍儿童家长抗逆力的综合解释框架,在一定程度上弥补现有抗逆力理论的不足,丰富了本土化的抗逆力理论成果。

第二,近年来国内出版社出版了众多关于自闭症谱系障碍儿童的书籍,主题主要集中在自闭症谱系障碍儿童的干预方法,很少有研究关注自闭症谱系障碍儿童背后的家长。养育自闭症谱系障碍儿童会给家长带来巨大的压力和挑战,如果家长被压力和负面情绪包裹,即使掌握了很多干预方法,也无法有效运用这些技能教育孩子,还会因为自身的情绪问题引发孩子的问题行为,从而陷入恶性循环的困境。本研究将关注对象从自闭症谱系障碍儿童转向自闭症谱系障碍儿童的家长,从积极心理学的视角出发,帮助家长挖掘现实生活中的保护性资源来应对困境,帮助家长发展能够应对危机的抗逆力,这对于减轻家长的压力、维护家长的心理健康和提升自闭症谱系障碍儿童的干预效果有借鉴意义。

第三,少部分关于自闭症谱系障碍儿童家长的书籍以叙事的方式呈现个别家长养育自闭症谱系障碍儿童的心路历程,但是并没有分析和归纳家长成功应对危机的核心行动和机制。本研究以生动的故事呈现了自闭症谱系障碍儿童成功应对危机的过程,同时从文化分析的视角入手,总结了成功应对困境的家长抗逆力发展的深层机制,有助于帮助家长和干预人员寻找有效的策略应对自闭症谱系障碍儿童家长的困境。

由于作者水平、经验、时间等因素的限制,书中难免存在不当或疏漏之处,敬请读者批评指正,以便今后进一步修订和不断完善。

赵梅菊

2021 年 3 月

目 录

第一章 绪论···1
    第一节 研究缘起与研究背景···1
    第二节 核心概念界定··6
    第三节 研究问题与研究意义··11

第二章 抗逆力的理论研究··14
    第一节 抗逆力的研究进展··14
    第二节 国外ASD儿童家长抗逆力的研究···24
    第三节 国内ASD儿童家长抗逆力的研究···29

第三章 研究设计··33
    第一节 理论基础与概念框架··33
    第二节 研究方法··36
    第三节 研究效度与研究伦理··49

第四章 绝望中的希望：抗逆力的动态过程··54
    第一节 深陷绝望··55
    第二节 燃起希望··59
    第三节 再回绝望··66
    第四节 重见光明··67
    第五节 广阔天地··74

第六节　抗逆力的过程特征 ………………………………………… 76

第五章　层层围困难突围：抗逆力的阻碍 ………………………………… 78
　　第一节　自闭的围墙 …………………………………………………… 78
　　第二节　学校的排斥 …………………………………………………… 82
　　第三节　社会的歧视 …………………………………………………… 87
　　第四节　家长被迫自闭 ………………………………………………… 90
　　第五节　抗逆力危险因素的特征 ……………………………………… 94

第六章　关系网中的资源调动：抗逆力的展现 …………………………… 98
　　第一节　内省修身 ……………………………………………………… 98
　　第二节　接纳自闭症 ………………………………………………… 106
　　第三节　家长当老师 ………………………………………………… 111
　　第四节　扩大的家庭 ………………………………………………… 116
　　第五节　接受最坏的结果 …………………………………………… 132
　　第六节　寻求合适的生活 …………………………………………… 133

第七章　谐外必先安内：抗逆力的特征与机制 ………………………… 142
　　第一节　关系型抗逆力：抗逆力的核心特征 ……………………… 142
　　第二节　安内谐外：抗逆力的发展机制 …………………………… 147
　　第三节　位育：抗逆力的发展结果 ………………………………… 151
　　第四节　抗逆力发展的综合解释 …………………………………… 152
　　第五节　研究结论与研究反思 ……………………………………… 158

参考文献 ………………………………………………………………… 162

附录 ……………………………………………………………………… 184

后记 ……………………………………………………………………… 188

第一章　绪　　论

本章从研究缘起和研究背景两个方面介绍了为何确定抗逆力这一研究主题；然后对本研究的核心概念进行了阐释，并建构了相应的操作性定义；最后确定了研究问题和研究意义。

第一节　研究缘起与研究背景

自闭症谱系障碍儿童康复的艰巨性以及社会支持体系的不完善导致自闭症儿童家长压力重重，很多自闭症儿童家长深陷困境无法自拔。但是，依然有部分家长能够突破重重困境，在带领孩子成长的过程中，成就了自己，还能帮助更多有需要的家长。这些成功应对困境的家长的故事让我们看到了人在逆境中生存和茁壮成长的潜能，这也成为我确定"抗逆力"研究主题的直接动机。

一、研究缘起

自闭症谱系障碍儿童（Childrenwithautistic spectrum disorder，简称"ASD 儿童"）被称为"特殊儿童之王"，其康复具有长期性，且存在极具挑战性的核心障碍和问题行为，导致 ASD 儿童家长具有比普通儿童和其他类特殊儿童家长更大的压力。选择 ASD 儿童家长抗逆力这个研究选题，最直接的动机来自我的好奇心。从 2008 年选择就读特殊教育专业开始，我就与 ASD 儿童家庭结下了不解之缘。我接触的第一名特殊孩子就是 ASD 孩子，也是迄今为止我接触过的情绪问题最为严重的特殊儿童。这名孩子是一位高功能 ASD 儿童，由于家庭教育不当、学校支持不够，出现了严重的问题行为，对周围的人失去最基本的信任，谁也不让接近。炎热的夏天，他穿着长衣、长裤、棉鞋，戴着手套、头套，整个人只露出眼睛、鼻子和嘴巴，甚至洗澡的时候也要穿着这身装备，只允许妈妈站着远远地拿着水瓢给他泼水。妈妈面对孩子的问题毫无办法，只能日日以泪洗面。第一次与 ASD 家庭的接触给我极大的震撼与冲击。之后在专业学习期间，我接触了越来越多的自闭症儿童家长。在这个过程中，我看到了太多愁眉不展的面孔，听过了太多悲惨的故事。新闻媒体对于ASD儿童家长的报道充斥着"绝望""无助""自杀"等消极的字眼。"自闭症"似乎成了一个家庭的诅咒，可以使一个原本幸福的家庭陷入痛苦的深渊中。但是，我也遇到过一些满怀希望、积极乐观的家长，这些家长不仅能够很好地适应有ASD孩子的生活，还能给其他深陷困境的家长提供帮助。每当遇到这些充满正能量的家长的时候，我就对他们的故事特别好奇，想知道这些家长面对极具挑战性的ASD儿童是如何从巨大的困境中走出来的，是如何达到适应良好状态的，他们在应对困境的过程中又获得了怎样的发展，这些都可以聚焦于对ASD儿童家长抗逆力的考察，也就是ASD儿童家长从困境走向适应良好的过程。

此外，对ASD儿童家长抗逆力的研究也源自我个人的心愿。毫不夸张地说，在当下社会支持系统极不完善的情况下，自闭症事业能有今天的发展状态，家长的努力功不可没，甚至可以说自闭症事业的半壁江山是由ASD儿童家长打下来的。所以我特别想用我的研究来记录特殊时代自闭症儿童家长这个特殊群体奋斗的故事，而那些从痛苦的深渊中走出来的家长的故事更需要被书写。

基于以上原因，我确定了"ASD儿童家长抗逆力"这一研究选题，我希望通过对这些适应良好家长的生活经历进行探讨，寻找其中的规律和关键行动，以帮助更多深陷痛苦深渊的ASD儿童家长，也为更多从事ASD儿童教育工作的专业人员提供借鉴。

二、研究背景

（一）ASD的相关研究从关注儿童到关注家长

ASD儿童存在社会交往障碍和行为刻板、兴趣狭窄两大核心障碍。近年来，ASD儿童的出生率持续增长。根据美国国家疾病预防与控制中心2020年公布的数据，ASD儿童的发病率已经达到1∶54。可见，ASD儿童已从过去很罕见的疾病发展为常见的发育障碍性疾病。根据我国第二次残疾人抽样调查（2006年）的结果，ASD儿童在精神发育障碍儿童中的比例居于首位。ASD儿童由于出生率快速增长，且病因未明，愈后效果差，已成为世界性难题，美国疾病控制与预防中心将ASD称为"全国公共健康危机"。

从美国精神病专家Kanner于1943年首次提出自闭症至今，大量的研究将焦点置于 ASD 儿童个体，关注该类儿童的身心发展特点以及有效的干预技术。但是，根据布朗芬布伦纳提出的生态系统理论，ASD 儿童个体的发展嵌套于一系列相互影响的环境系统之中，其中与 ASD 儿童发展关系最为直接的系统是家庭。近年来，众多的研究开始关注家庭教育对于 ASD 儿童发展的重要性。一方面，家长的教养能力会影响到 ASD 儿童的发展。Cachia 等人（2016）指出，家长在 ASD 儿童的干预中扮演着重要的角色，如果没有家长的参与，ASD 儿童学会的技能很难得到维持。雷秀雅等人（2010）的调查结果表明，父母教养效能感与 ASD 儿童的康复之间存在显著的正相关关系，高教养效能感能够促进 ASD 儿童的发展。家长的自我效能感还能够显著预测 ASD 儿童的活动参与性。因此，仅仅关注 ASD 个体的干预会忽略家长在教育 ASD 孩子过程中的重要性。另一方面，家长自身的消极状态会影响到对 ASD 儿童的干预效果。家长的压力不仅会直接影响到 ASD 儿童的幸福感，还会降低早期干预的有效性。如果家长不能够成功地应对抚养孩子过程中的压力和心理问题，ASD 儿童康复的有效性会大打折扣，问题行为还会变得更加严重。鉴于家庭教育对于 ASD 儿童的重要性，基于家庭的干预不断受到重视，美国国家自闭症干预专业发展中心更是直接将家长执行式干预法列入 27 种循证实践研究，加大了对 ASD 儿童家长干预技能的培训。此外，促进 ASD 儿童家长心理健康、提升该群体幸福感的研究也不断增多。例如，Ferraioli 等人（2013）、Neece（2002）等人和 Benn（2012）的研究均证明，正念训练能够有效地降低 ASD 儿童或其他发展障碍儿童家长的心理压力，增进他们的幸福感，也能够强化孩子的良好行为。我国也逐渐加大了对家庭教育的重视，例如，2015 年 10 月，教育部颁发了《教育部关于加强家庭教育工作的指导意见》，充分肯定了家庭教育工作的重要意义，同时明确提出要特别关心包括残疾儿童在内的困境儿童，引导社会各界共同参与，逐步培育形成家庭教育社会支持体系。综上所述，对 ASD 儿童家长及家庭教育的关注已成为社会发展趋势。

（二）ASD 家长的相关研究从关注压力到关注抗逆力

从 1879 年心理学成为一门独立学科至 20 世纪末，心理学领域长期由消极心理学模式占据主导地位。直到 20 世纪末，积极心理学的兴起使人们意识到，勇气、希望、坚忍、乐观等人类的力量能够有效地抵御心理疾病。对人类力量和美德的研究能够帮助人们不断发展自己，是更具有现实意义的事情。心理学家们主张，帮助来访者挖掘心理潜能和重建新的生活方式，更有利于来访者问题的改善。在积极心理学蓬勃发展的大背景下，抗逆力的研究更加注重研究人们积极应对压力和巨大灾难的能力,以及积极抵制未来消极事件的特质,抗逆力本身也成为积极心理学研究中一种重要的特质。

国外关于ASD儿童家长的研究长期关注该类群体的心理压力。Osborne(2007)等人的研究甚至提出,将ASD儿童家长与其他类型特殊儿童家长区别开来的唯一因素,就是ASD儿童家长极其高水平的教养压力。相关研究表明,ASD儿童的康复具有终身性,需要家长持久的教育和照顾,因而家长的养育也具有长期性。且由于ASD儿童除了两大核心障碍外,还存在智力障碍、情绪问题、睡眠障碍、过度自我刺激等极具挑战性的问题,ASD儿童家长的育儿压力明显超过普通儿童家长和其他障碍类型儿童的家长。例如,Al-Farsi等人(2016)、Totsika(2011)和陈瑜等人(2015)的研究发现,与正常儿童的家长相比,ASD儿童家长的焦虑、压力、抑郁水平更高,心理健康水平更低。关文军等人(2015)和Weiss等人(2013)的研究则发现,ASD儿童家长的亲职压力高于唐氏综合征、听障、视障、智障、脑瘫儿童的家长。研究还发现,相比普通儿童的家长以及其他类型的特殊儿童家长,ASD儿童的家长离婚率更高、婚姻满意度更低。虽然众多研究证明ASD儿童家长存在高水平的慢性压力,但是近年来,越来越多的研究开始关注ASD儿童家长在困境中的积极力量。研究发现,尽管ASD儿童家长面临着巨大的压力,但是有相当多的ASD儿童家长显示出抗逆力的发展,这些家长在困境中变得更加坚强和积极。例如,Taunt(2002)和Hastings(2002)让残疾儿童家长列出养育残疾孩子对家庭成员的积极影响,并陈述他们对残疾孩子将来生活的看法。研究结果发现,残疾儿童带来的积极影响包括:改变了家长对生活的态度,家庭成员相互支持,多了更多学习的机会,增加了家长的耐心等。对于孩子将来的生活,虽然部分家长对孩子的将来表示了担忧,但是绝大部分家长对孩子的将来能保持积极的态度。深陷困境中的ASD儿童家长重整旗鼓和勇敢面对困境的适应历程,正顺应了积极心理学所要探讨的主题。从积极、正面的视角解读ASD儿童家长在应对困境时所拥有的力量和应对策略,探析ASD儿童家长抗逆力的发展过程,能够挖掘ASD儿童家长的潜在力量,为更多ASD儿童家长走出困境提供积极的借鉴意义。

(三)抗逆力对家长和ASD儿童发展的重要性

养育ASD儿童的重重压力会引发家长的负面情绪反应,例如否认、失望、忧郁、恐惧、焦虑、愤怒、沮丧、罪恶感、自责等。如果家长沉浸在这些负面情绪中,家长甚至整个家庭都会走向更加糟糕的境地。Hastings(2002)的研究表明,即使家长知道如何干预 ASD 孩子,但是当家长处于压力中时,他们也无法有效运用这些技能,在这种情况下,孩子的问题行为会变得更加严重,从而又会引发家长更多的压力。因此,给家长赋能、维护家长的心理健康以及增进家长的幸福感,对于减轻家长的压力和提升 ASD 儿童的干预效果至关重要。抗逆力涵括自尊、自我效能感、主动和积极等品质,能够提升家长解决问题和积极应对压力的能力。已有的研究发现,抗逆力水平越高的家长,其抑郁水平越低,且教养孩子的自我效能感更高。家长的抗逆力能够帮助家长抵抗养育 ASD 孩子带来的焦虑和沮丧,具有重要的压力缓冲作用,是 ASD 儿童家长幸福感的重要保护因素。萧文(2004)的研究发现,抗逆力对 ASD 儿童家长心理调适的影响包括心情安定、不懈怠、放下、尊重、包容、承担责任以及促进人生的成长等。钟伟元(2016)的研究则发现,抗逆力对身心障碍者家长具有正向思考、知足感恩、圆融处世、适度放松、重视孩子优势及勇于承担等多元正向影响。只有当家长发展出抗逆力时,家长才能够有效应对生活中的种种压力事件,才有可能真正接纳严重残疾的子女,从而为 ASD 孩子的成长创造健康的成长环境。可见,对 ASD 儿童家长抗逆力的研究,能够帮助 ASD 儿童家长挖掘保护性资源来应对生活中的困境,从而帮助 ASD 儿童家长和 ASD 儿童达到良好适应的状态。

(四)我国对 ASD 儿童家长抗逆力研究的不足

在我国,ASD 儿童的诊断就医、康复训练、融合教育、职业培训、就业支持、托养安置、生活保障等社会服务体系薄弱,相关政策和措施覆盖面积有限。社会保障体系的缺位使 ASD 儿童的家长需要独自承受养育 ASD 儿童所带来的冲击。以 ASD 儿童的教育为例,在早期教育阶段,普通幼儿园不愿意招收特殊幼儿,而特殊学校主要提供义务教育,导致 ASD 儿童无法及时获得早期教育。家长为了让孩子有学可上,不得不自己创办康复机构。以华南地区的康复机构为例,55.88% 的 ASD 康复机构由 ASD 儿童的家长创办。在义务教育阶段,由于我国的随班就读尚处于起步阶段,普通学校招收的 ASD 儿童数量有限,而培智学校又主要招收智障儿童,导致 ASD 儿童进入特殊学校就读的机会也有限。《特殊教育提升计划(2014—2016 年)》颁布后,在教育系统,只有福建省开办了一所专门招收 ASD 儿童的公立特殊学校。ASD 儿童求学难,只能在普通学校与特殊学校的夹缝中求生存。中国残疾人协会对全国 30 个省市、自治区的 3 581 位 ASD 儿童家长的调查结果显示,64.53% 的 ASD 儿童在康复中心接收训练,只有 35.47% 的 ASD 儿童在幼儿园、特殊学校或普通学校就读。为了弥补学校教育的不足，很多家长迫于无奈，不得不学习与 ASD 儿童教育相关的知识和技能，承担起本该由学校承担的教育职责。在社会保障制度不健全的情况下，家长在 ASD 儿童的发展方面扮演着更为重要的角色。如何帮助 ASD 儿童家长应对教养压力，提升其抗逆力水平，将直接关系 ASD 儿童教育与康复的质量。

相较于国外对 ASD 儿童家长抗逆力丰富的研究，我国对该群体的研究依然采用问题导向的视角。我在中国期刊网以"自闭症谱系障碍""孤独症""家长"或者"自闭症""家长"为组合关键词，查找自 20 世纪 90 年代以来我国学者关于 ASD 儿童家长的研究，结果发现，研究主题主要集中在家长的心理状况与心理问题（17 篇）、家长需求（20 篇）、家长压力（21 篇，包括亲职压力和心理压力）、家长支持（26 篇，包括心理支持、家庭支持、教育支持）四个方面，而关于 ASD 儿童家长抗逆力的实证研究文献仅有 4 篇。可见，国内已有的关于 ASD 儿童家长的研究主要以问题为导向，聚焦家长的心理问题、面临的压力或需求。这些研究为我们了解 ASD 儿童家长的生存现状提供了宝贵的资料，但是这些研究过于关注家长的负面因素，将 ASD 儿童家长看成需要救助的弱势群体，难以解释为什么有些家长在面临多重压力时却能够获得积极的适应结果。因此，我们有必要以一种更加开放的、欣赏的眼光去看待 ASD 儿童家长的潜能，并基于我国特定的文化背景，探究那些适应良好的家长应对困境和发展抗逆力的过程，以帮助更多深陷困境的 ASD 儿童家长。

第二节　核心概念界定

自闭症谱系障碍、自闭症谱系障碍儿童家长和抗逆力是本研究的核心概念。不同的学者对于以上关键词有不同的定义，我在梳理已有研究对以上核心概念定义的基础上，结合本研究的内容提出了相应的操作性定义。

一、自闭症谱系障碍

美国精神病专家 Kanner 于 1943 年首次提出了自闭症谱系障碍这一症候群，他以"早期婴儿自闭症谱系障碍"命名了一组性格孤僻、兴趣刻板、语言能力有限、感知觉异常，但机械记忆能力和视觉空间能力良好的儿童。接着，奥地利儿童精神科医生 Asperger 也于 1944 年对一组社交困难、行为刻板、兴趣狭窄，而语言和认知能力正常的儿童进行了描述，将其命名为阿斯伯格综合征。美国精神疾病协会的《精神疾病诊断与统计手册》（The Diagnostic and Statistical Manual of Mental Disorders，DSM）的第一版（1952）、第二版（1968）均未将自闭症谱系障碍作为单独的障碍诊断类别，直到1980年颁布的第三版才首次将儿童期自闭症谱系障碍作为单独的诊断类别，与儿童期发病广泛性发展障碍及非典型广泛性发展障碍共同组成广泛性发展障碍。但此时，阿斯伯格综合征尚未列入诊断系统。1994年发布的第四版（DSM-Ⅳ）才从待分类的广泛性发展障碍中将雷特综合征、阿斯伯格综合征和儿童期瓦解性障碍分离出来，与自闭症一起归为广泛性发展障碍。第三版修订版及第四版将自闭症的特征定义为社会交往障碍、言语与非言语发展障碍以及重复行为和异常的兴趣爱好这三大核心症状，同时将发病时间确定为3岁前。2013年出版的DSM-Ⅴ对自闭症等障碍类别进行了大的调整。DSM-Ⅴ开始用自闭症谱系障碍（ASD）取代了广泛性发展障碍，成为这一类别的总称，ASD下不设亚分类，也就是原先的自闭症、阿斯伯格综合征以及待分类的广泛性发展障碍都将不再单独出现，而其中的雷特综合征和儿童期瓦解性障碍作为病因明确的神经系统疾病从DSM诊断类别中删除。而且核心症状也由之前的三项变成两项，即社会交往障碍和重复行为及狭隘兴趣，而语言交流障碍则被排除并成为一种新的发展障碍。

我国对于Autsim一词有两种不同的翻译，分别为"孤独症"和"自闭症"。我国的政府文件将这一障碍类别称为孤独症，例如，2014年教育部等部门颁发的《特殊教育提升计划（2017—2019年）》提出"鼓励各地积极探索举办孤独症儿童少年特殊教育学校（部）"。自DSM-Ⅴ颁布后，国内部分学者发表的文章也开始使用"自闭症谱系障碍"这一称谓。本研究使用"自闭症谱系障碍"的译法，与国际学术界使用统一的翻译方式，有利于同行间的交流。综上所述，本研究将自闭症谱系障碍定义为：一种发生于3岁前的发育性障碍，其核心特征表现为社会交往障碍、行为刻板和兴趣狭窄。

二、自闭症谱系障碍儿童家长

家长，法律上包括儿童的父母或其他法定监护人，本研究将家长限定为ASD儿童的父母，不包括父母之外的其他监护人。我国现有的关于ASD儿童家长的研究主要聚焦于ASD儿童的母亲，而很少研究ASD儿童父亲的养育经验。例如，孙玉梅（2011）从现象学的视角考察ASD儿童母亲的生活经验，她认为受社会传统文化对母职的期待，当得知孩子患有自闭症时，ASD儿童的母亲不得不第一个选择做出牺牲。但随着现代工业化、城市化的发展和社会变迁加剧，女性的就业人数越来越多，在家庭中的地位逐步提高，传统的基于性别的"女主内、男主外"分工模式开始面临挑战，开始出现"男女共同主内"甚至"男主内、女主外"的新型分工模式。笔者在实践中也发现，越来越多的ASD孩子的父亲开始参与自闭症有关的活动、参加家长培训，甚至有部分父亲积累了丰富的育儿经验，并开始举办公益讲座向其他家长传授经验。基于此，本研究中的家长指ASD儿童的主要照料者，包括父亲和母亲两个群体。在选择访谈对象时，只要符合选择标准，无论是ASD儿童的父亲还是母亲，均可以作为本研究的访谈对象。

三、抗逆力

（一）Resilience的中文翻译

我国学术界对Resilience一词有多种译法，目前使用较多的译法有"心理弹性""抗逆力""复原力"等。例如，席居哲、桑标等人（2008）认为"弹性"一词更加普适，从词义上讲，同时具有"复原""弹回"等多方面的含义。而且，具有很高影响力的Project Resilience官网背景就是一根弹簧。因此，和其他译法相比，"弹性"更加恰当。而本研究选取"抗逆力"的翻译方式，主要是因为我国对ASD儿童及家庭的社会保障体系极为不健全，ASD儿童从诊断、早期康复训练、入学到就业等的各个阶段都遇到重重困难，ASD儿童家长不得不"全副武装"带着缓慢爬行的"蜗牛"艰难地前行。这一路走来，危机四伏、困难重重，恰似一场没有硝烟的战争。而且，由于ASD儿童的康复具有终身性，这场战争还是一场持久战。因此，"抗逆力"相比"心理弹性""复原力"能更生动地展现ASD儿童家长应对困境的过程。

（二）抗逆力三种导向的定义

Resilience一词来源于拉丁语Resilire，意为"回弹"（Leap Back）。美国的权威词典《美国传统词典》（2005）对Resilience的定义是：从疾病、沮丧、改变、灾难中快速恢复的能力；浮力；物体被弯曲、拉伸或者挤压后能够回到原来的形状或者位置的性能。可见，现有的词典定义主要将抗逆力定义为个体拥有的应对困境的能力。但国内外学者对抗逆力的定义各有偏重，尚未达成一致，归结起来主要有三种导向。

第一，能力导向的定义。抗逆力被认为是个体具有的一种能力或品质。例如，Rutter（1993）认为抗逆力是可以成功克服社会心理危机事件的能力。这种能力指个体认知或情感的心理特征，例如有责任心、弹性、适应性、良好性格、内控归因、幽默感、乐观信念、信仰、社交能力、自我动机等能力和特质。Werner（1982）提出，抗逆力是个体能够承受高强度的情境破坏，并能尽量减少不良行为的能力，是个体从消极状态中恢复过来，并能适应环境变化的能力。总之，能力导向的定义是一种"特质论"的观点，抗逆力成为个人稳定的心理特征。

第二，结果导向的定义。结果导向的定义重点从发展结果上定义抗逆力，强调个体在不利处境下最终获得良好发展结果，如精神健康、具备应对困境的能力、社会适应良好等。例如，Masten（2001）提出，抗逆力是个体在严重危机情况下，依然能够形成适应良好、发展顺利等结果的现象。结果导向的定义为抗逆力测量工具的发展提供了基础。例如，Connor和Davidson（2003）通过量表编制得出抗逆力的结果性维度包括能力、忍受消极事件和压力、接受变化、控制感和精神影响。国内学者于肖楠（2005）修订了Connor和Davidson抗逆力量表中文版，考察其应用于我国人群时的信度和效度，最后分析出三个结果性纬度，包括坚忍、自强和乐观。

第三，过程导向的定义。抗逆力被定义为一种动态的发展变化过程，过程导向的研究旨在理解个体调整危险因素的影响以及成功适应的发展过程和机制。美国心理协会将抗逆力定义为：个体应对生活逆境、创伤、悲剧、威胁等重大生活压力时的良好适应过程，它是指个体从困难经历中恢复过来的过程。Tusai和Dyer（2004）则从全人的视角定义抗逆力，认为抗逆力是危险因素与个人因素、家庭因素或环境因素相互影响与平衡的过程，其定义因不同的生命阶段而有所调整。Masten（2007）认为抗逆力是一种广泛系统的建构，存在于动态系统中，使个体能够抵抗重大的困扰事件。Luthar和Cicchetti（2000）、Rew和Horner（2003）则更为明确地提出，应该将抗逆力定义成一种动态的过程，个体是否表现出抗逆力，取决于危险因素与保护因素之间的博弈，当个体拥有越多的保护因素与越少的危险因素时，个体达到良好适应状态的概率越高，个体抗逆力水平也越高。可见，过程导向的定义将抗逆力视作动态发展的过程。抗逆力并非个体固有的品质，并不是一旦形成就不会变化，也不表示拥有抗逆力就能应对所有压力情境，抗逆力的改变视个人与环境互动的结果而定。如果个体的保护性因素不能够承受压力，那么其抗逆力也会减弱直至失去。抗逆力的展现过程涉及导致个体更加脆弱的危险因素、促使个体改善困境的保护因素以及二者之间相互作用的结果。因此，过程性定义某种意义上可以说包含了能力性定义和结果性定义两个方面。它不但强调了个体良好的适应能力以及变化过程的结果，还描述了危险性因子和保护性因子之间的动态特征，因而大家更容易接受这种定义方式。

尽管研究人员从不同角度对抗逆力进行了多种定义，但总的来说，这些定义都包括两个基本要素：个体遭遇逆境和个体成功应对逆境。综合上述的相关定义可知，抗逆力的概念包括以下几个特征：①抗逆力帮助个体适应生活环境，使个体在面对逆境、压力事件及困扰时，可以适应困境，重新获得自我成长；②抗逆力作为一种动态的过程，透过个体与环境不停的互动，引导个体获得适应与成长；③抗逆力的运作需要透过个体本身内在的力量，并结合周围外在的支持，两者加以统合获得成长。

（三）抗逆力的内涵

抗逆力的内涵由保护因素和危险因素两个方面组成。保护因素是指能缓和个体在压力情境下的反应，减轻危险因素的危害性的因素。危险因素指的是个体、家庭、社会环境中阻碍个体发展的因素。多数学者对危险因素的界定比较一致，但是对于抗逆力保护因素的定义则意见不一。总体而言，分歧主要表现在抗逆力的保护因素是个体的内在品质还是由内在品质和外在保护因素共同构成。

持内在品质论的学者主要从个体的生理、心理因素来考察抗逆力的结构，即内在保护因素，包括个体本身具有的心理能力、人格特质和生活态度。Wagnild 和 Young（1990）认为，抗逆力的保护因素主要包括个人能力和接受自我生活的能力；Polk（1997）则在总结前人研究的基础上提出四类与抗逆力相关的因素，分别为个人品质类（智力、自尊、自信和自我效能）、积极认知类（控制感、对困境合理的认识和积极的人生体验）、关系类（获得社会支持和服从社会规范等能力）、环境类（问题解决、目标管理和预测结果的能力）。另一批学者则认为，抗逆力由个体内在保护因素和外在保护因素共同组成，除了个人积极的生理、心理因素外，良好的家庭资源及社会资源也是缓冲危机因素的重要因素。Constantine（1999）在比较 Anthony（1974）、Gamezy（1981）、Rutter（1999）和 Werner（1982）四人观点的基础上提出，个体的抗逆力除了个人内在能力之外，还包括与父母维持良好的关系、有非正式的社会支持网络两方面的外在保护因素。Grotberg（1995）以儿童为对象，提出三个抗逆力的主要内涵：外在支持及资源、内在的力量、适合的人际技巧。其中，外在支持及资源强调"我有（I have）"，指儿童所拥有的外在环境，如父母主动的鼓励、有效的回应等，强调在发展个人力量之前，个体需要拥有发展安全感和受保护的前置性因素；内在的力量强调"我是（I am）"，由儿童内在的特质组成，指个体在感受到安全感及被保护后逐渐发展出的个人力量；适合的人际技巧强调"我能（I can）"，即在与他人的互动中学习相关技巧。

在本研究中，我更倾向于从个体的内在保护因素和外在保护因素来分析抗逆力的结构，而且内在、外在的保护因素也是处于相互影响的动态发展中。也就是说，抗逆力的保护因素包括能力与环境两个方面，能力是抗逆力的内在保护资源，环境是外在与家长的外部保护资源，从而避免将抗逆力看成个体的某种静态的品质，而是将抗逆力放在更为广阔的社会环境中。

综上所述，本研究将抗逆力定义为个体在面对困境时，通过运用个体内在保护因素和外在保护因素与环境中的危险因素进行互动，从而达到良好适应的过程。过程性的定义有利于研究者从时空维度和动态的视角来研究 ASD 儿童家长如何使用和发展保护性资源应对生活困境的过程，也能够更好地审视他们如何与其所处的结构、文化互动并发挥其能动性的过程。

第三节 研究问题与研究意义

该研究的内容紧密围绕 ASD 儿童家长抗逆力的发展过程、发展特征这两个核心问题展开，不仅有利于丰富本土化的抗逆力理论成果，还能为 ASD 儿童家长、家庭干预的专业人员、家庭保障体系的政策制定者提供借鉴。

一、研究问题

人的行动具有能动性和自觉性，ASD 儿童家长面对环境中的困境与限制，通过调动各种保护资源，最终使陷入危机和瓦解中的家庭步入正轨，而且有的家长还通过创办康复训练机构、向政府部门呼吁 ASD 儿童的权利，促进相关政策的改善以及帮助其他家庭渡过难关等，实现了自己微观结构"家"与外在宏观结构"社会"的调整和再生产。因此，本研究将 ASD 儿童家长置于中国特定的时空背景下，来考察该类群体如何运用和获得保护性因素应对相应的危险因素，最终在情绪、能力和社会交往中都保持良好的状态，从而探究 ASD 儿童家长抗逆力的动态过程、特征和内涵。本研究也希望通过对 ASD 儿童家长抗逆力形成过程的探究，为专业人员对 ASD 儿童家长的干预实践、相关家庭支持政策的制定，以及为更多在困境中挣扎的 ASD 儿童家长提供借鉴与启示。紧扣研究目的延伸出以下研究问题。

首先，ASD 儿童家长抗逆力的发展过程是怎样的？针对这一问题，需要探究 ASD 儿童家长抗逆力发展过程中的阻碍因素、保护因素及发展机制。

其次，ASD 儿童家长的抗逆力有何特征？

二、研究意义

（一）理论意义

第一，能够丰富抗逆力的理论成果。ASD 儿童家长抗逆力的发展过程与 ASD 儿童的发展状态密切相关，类似于一种捆绑型抗逆力，与当前以儿童为研究对象生成的个体型抗逆力模式存在差异。对于该种特殊形态抗逆力的研究将有助于发展现有的抗逆力理论和模型。此外，现有抗逆力的众多理论框架主要建构在心理学领域的相关理论上，而很少将个体抗逆力置于个体所处的文化情景中来分析。本研究通过研究个体与个体所处文化环境的互动过程，展现个体抗逆力的危险因素、保护因素以及其抗逆力的展现过程，将抗逆力嵌套在个体所处的文化背景中来分析，赋予个体抗逆力文化性的形成过程，这将会拓展和丰富现有的抗逆力理论。

第二，有利于形成本土化的抗逆力理论。个体在特定的时间和空间中运动，这种运动受到文化的影响，而空间中的规则和资源也会影响个体的行动。虽然国外 20 世纪 60 年代便开始对个体的抗逆力进行研究，在该领域取得了丰富的成果，但是由于社会文化背景的差异，国外抗逆力理论的知识并不能完全用来解释中国文化背景中个体抗逆力的形成过程与内涵。Winfield（1991）就曾提出，现有关于抗逆力概念及理论的研究缺乏对于种族多样性的考虑，抗逆力的研究区域主要局限在欧美文化中，对于抗逆力概念的论述缺乏对非洲、亚洲、拉丁美洲以及美国土著居民的研究。中国的文化传统与西方文化存在迥然差异。与西方"个人取向"社会文化背景不同，中国传统文化更强调"社会取向"或者"关系取向"。因此，与西方人"独立的自我"不同的是，中国人的自我是一种关系型的自我，他们大多会以社会关系来定义自我。中国人应对心理困扰的方式往往是先进行自我调节，然后才会去向外界求助，传统文化影响身处其中的个体的观念和行动。因此，中国 ASD 儿童家长的抗逆力模式可能会表现出文化的特异性。本研究从文化主位的角度出发，从本土文化的特性和 ASD 儿童家长自身的视角来研究中国 ASD 儿童家长抗逆力的内容构成、作用机制等，有利于形成本土化的抗逆力理论。

第三，能够丰富 ASD 儿童家长经验研究的成果。人们常常会用"灾难""压力"

"困境""麻烦""可怜"等负面词汇来描述 ASD 家庭，认为家有 ASD 孩子是人生之大不幸。现有的关于 ASD 儿童家长的研究也主要集中探索该类家长的压力和困境。关注消极因素和问题导向的研究视角往往忽略了 ASD 儿童家长应对困境和危机的能力，也不利于 ASD 儿童家庭干预策略的制定和实施。本研究从积极的视角，探究众人眼中的"弱势群体"如何发挥其能动性应对困境，并调整和改善行动者个体和 ASD 儿童的生存环境。这有利于人们从积极的角度看待 ASD 儿童家长的影响和贡献。

（二）实践意义

第一，能够为 ASD 儿童家长应对困境提供有价值的经验。抗逆力涉及管理压力条件、承担负担以及压力中的积极适应等过程，具有抗逆力的家长能够更好地处理与照顾 ASD 儿童相关的逆境，提高 ASD 儿童家庭成员的抗逆力对家长和儿童的发展都有益。虽然每个家庭各有各的不幸，面对的困境和解决困境的资源也不尽相同，但是在社会保障体系不健全的情况下，ASD 儿童家长面对的社会大环境大同小异，尤其是其压力的主要来源相同，包括 ASD 孩子早期康复难、求学难、就业难。因此，积极应对困境的 ASD 儿童家长的经验具有借鉴的价值和可能性，对帮助其他在困境中挣扎的 ASD 儿童家长走出困境具有重大意义。

第二，能够为专业人员制定家庭干预方案提供借鉴。专业人员提供的支持与辅导对 ASD 儿童家长走出困境、发展抗逆力至关重要。ASD 儿童家长成功应对困境的经验有助于家庭干预的专业人员关注个体的积极保护因素，通过调动家长自身具有的内在保护因素和鼓励家长获取外在支持性的保护因素来应对困境，并帮助家长识别积极适应的关键策略和过程，从而帮助家长有效地应对困境。

第三，有利于家庭保障体系的建设和完善。2015 年 10 月，教育部颁发了《教育部关于加强家庭教育工作的指导意见》，提出要加强家庭教育社会支持体系建设。本研究分析自闭症谱系障碍儿童家长在养育孩子的过程中遇到的困境，以及困境产生的原因，有利于相关政策制定者更深入地了解 ASD 儿童家长在孩子成长的不同阶段遇到的困难及困境背后的社会原因，从而为 ASD 儿童家庭保障体系的调整和改善提供依据。

第二章 抗逆力的理论研究

积极心理学的兴起推动了人们对抗逆力的研究，越来越多的研究关注人类在面临重大逆境时积极应对的潜能和积极的社会组织系统。本章对抗逆力的研究缘起、发展阶段、文化内涵，以及国内外对 ASD 儿童家长抗逆力的研究现状进行了梳理，以尽可能全面展现抗逆力有关的研究成果。

第一节 抗逆力的研究进展

抗逆力的研究起源于相关学者对高危家庭儿童适应状况的关注，"高危险—消极结果"向"高危险—积极结果"研究视角的转变，使研究者更加关注人在面对逆境时的主观能动性和自我超越的能力。随着研究技术的创新，人们对抗逆力的研究从简单地鉴别个体的抗逆力和保护性因素，发展到运用基因测试、大脑成像等科技手段对抗逆力的特征进行多层次分析。抗逆力的情境性、文化生成性也逐渐受到关注。

一、抗逆力的研究缘起

20 世纪早期，随着心理卫生运动的迅速发展，研究人员开始广泛关注各类儿童心理疾病与儿童逆境经历之间的联系，出现了各种探讨危险因素与儿童心理或行为问题关系的研究。然而这些研究却忽略了对另外一种情况的考察，即尽管有一些人儿时生活在高危家庭环境中，长大成人后却适应良好。直到 20 世纪七八十年代，Garmezy、Anthony、Rutter、Werner 等人关于高危家庭儿童适应状况的研究，才改变了"高危险—消极结果"的研究视角。

Garmezy 是抗逆力研究领域最重要的先驱之一，Garmezy（1974）的危机研究项目考察了母亲患有精神分裂症，且没有获得过心理学治疗的儿童的适应状况，发现一部分儿童能够发展出健康的适应行为。1978 年，Garmezy 对该部分儿童进行追踪研究发现，即使这些儿童生活在高危环境中，但很多个体后来有良好的社会适应行为和工作成就。这使 Garmezy 摆脱原来的医学研究模式，转而关注高危人群抵抗压力的能力。他认为，抗压力涉及积极的个性、良好的家庭环境以及外在的支持体系三个方面。Garmezy 对于抗逆力宽基础的定义表明其反对将抗染性看作个体固有的、内在的能力，这为后来的学者对抗逆力定义的研究奠定了基础。同时期，Anthony 1974 年的追踪研究也发现，某些来自父母精神异常家庭的儿童虽然长期处于严重困境和压力之下，但成年之后都发展出健康的情绪和高度应对能力。Anthony 用"抗脆性"（Invulnerable）来描述这些在逆境中适应良好的儿童的特质。Rutter（1979）进一步对这些具有抗逆力的儿童的特质进行探讨，发现这些儿童身上拥有创造性和适应能力等。Garmezy 和 Rutter 于 1983 年撰写的《儿童期的压力、应对及发展》一书的出版成为抗逆力研究的里程碑。Werner（1989）则在夏威夷进行了一项长达 30 年的追踪研究，他对夏威夷岛 505 名出生于 1955 年的成年人进行了研究，结果发现大约有三分之一的高危人群顺利地度过了童年期和青春期，而且最终成为胜任力强且有爱心的人。随着研究的深入，"抗脆性"被更加动态的术语"抗逆力"替代，研究者认为"抗逆力"能够更恰当地反映危险和保护过程的相互作用。

随着相关研究的进展，儿童的"高危险—积极结果"的发展模式兴起，研究者更加关注人在面对逆境时的主观能动性和自我超越的能力。抗逆力的研究正是在对高危环境下儿童发展的思考中逐渐成为一个备受关注的研究热点。20 世纪末期兴起的积极心理学思潮，关注人类在面临重大威胁或逆境时的积极情感体验、积极人格以及积极的社会组织系统，进一步推动了人们对抗逆力的研究。

二、抗逆力研究的发展阶段

（一）第一代浪潮：鉴别个体的抗逆力和保护性因素

在 20 世纪 70 年代至 80 年代中期，第一代抗逆力的研究主要鉴别哪些个体具有抗逆力以及抗逆力的保护性因素。鉴别个体抗逆力的标准有两个。第一，对个体的发展或适应有显著威胁的因素。危险因素很少单独出现，处于高度危机中的儿童主要是因为他们暴露于多种跨时间的危机中，有些危险因素甚至会贯穿儿童一生，比如慢性疾病。当儿童生活中的危险因素不断累积并持续存在时，抗逆力就很难发生。因此，要更准确地预测和理解发展结果，鉴别累积的危险因素很重要。此外，还有一些困境是长期的、慢性的或者极为严重的，当儿童处于这样的困境中时，除非发展出更为正常和安全的环境，否则很难复原。而对于灾难性的创伤，例如战争或者虐待，抗逆力则指创伤结束后个体的良好适应。第二，个体面对危机最终的调整和适应水平。已有的研究表明判断的标准有多种，主要表现在病理学判断标准、与年龄相符的发展水平、主观幸福感等。过去的文献中，许多调查者在观察或者报告儿童胜任力的基础上来定义儿童抗逆力的积极结果。胜任力是一种典型的测量儿童抗逆力的标准，主要考察儿童在特定的社会文化情景和历史背景中，能否满足社会对相应年龄、性别儿童的要求和期待。但是人们对于如何定义抗逆力一直存在争议和矛盾，其中大部分的争论围绕抗逆力被鉴别的适应标准展开。例如，适应的内部和外部特征、适应的领域以及何时鉴别适应的结果。有学者认为，有抗逆力并不意味着个体不再被之前的困境影响或者说个体在困境中一直功能良好，个体可能在某个阶段适应良好，但在其他阶段则未必会表现出这种状态。

此外，抗逆力研究的第一个阶段还致力于鉴别个体抗逆力过程中与积极适应相关的预测保护因素。Masten对儿童抵抗压力的有利条件和保护因素进行了总结，主要内容如表2-1所示。

表2-1　抗逆力的保护因素

保护因素	具体内容
儿童的性格	婴儿时期亲社会的、适应的气质；良好的认知能力和问题解决能力；有效的情感和行为管理策略；积极的自我效能感，自尊和自信；对生活积极的态度；信仰和对生活的意义感；被社会和自己肯定的个性。
家庭的特征	稳定、支持的家庭环境；家长参与孩子的教育社会经济优势；父母较高的受教育水平；宗教信仰。
社区特征	邻里关系良好；有效的学校（训练良好的老师、课后计划、学校娱乐资源）；家长和成年人就业的机会；良好的公共健康医疗；紧急服务的准入；与导师和同伴的联系。
文化和社会特征	保护儿童的政策；有价值的教育资源；预防政治暴力；拒绝身体暴力。

（二）第二次浪潮：抗逆力的过程和作用机制

20世纪80年代中期至90年代，抗逆力的研究从界定保护性因素向理解保护性过程和机制转变，即关注抗逆力保护因素和危险因素作用机制及抗逆力形成过程的阶段。早期的研究分析了很多与抗逆力相关的重要因素，但是对抗逆力形成的动态过程没有提供整体的解释。正如Masten在总结抗逆力研究第一次研究潮流时所说，进一步的研究将会从"是什么的问题"转向"如何影响适应的潜在过程的问题"。

所以，抗逆力第二个阶段的研究主要集中于更加明确地理解复杂、系统的互动，强调抗逆力是发展中的复杂过程，或者是从多个过程中浮现出的一种现象。这一阶段的研究开始关注抗逆力的情景问题以及更加动态的变化模式，导致研究者更加强调家庭之外的关系和系统的角色，并尝试将生物、社会和文化过程融入抗逆力的模式和研究中。因此，抗逆力的研究更加复杂、更加多元，例如，个体如何与生命历程中的多个系统的多个层次互动，如何将危机因素和保护因素互动的结论从一种情景泛化到另一种情景等。

发展系统理论（Developmental Systems Theory）对第二阶段抗逆力的研究产生了重要的影响，成为抗逆力研究的元理论。此阶段抗逆力相关的研究包含许多发展系统理论中的重要词汇，例如，等效性和多效性、发展路径、发展轨迹等，反映了该理论强调的动态的、交互的、相互的、多因素的、多水平的模型。因此，第二阶段的众多研究开始尝试探索抗逆力的调解过程，以及危机或者保护因素是如何相互作用来破坏或者促进适应的。运用发展系统理论来理解抗逆力，使传统的关注个体的研究转向更广阔的家庭、社区关系网络，研究者更加关注儿童和其所处情景的双向联系，而不是仅仅问儿童为何会复原。儿童与情景之间的关系、互动成为研究的关注点。

（三）第三次浪潮：抗逆力的干预研究

早期的研究带有明显的理论倾向，而第三阶段的研究则开始通过实验设计来检测抗逆力理论，旨在防止或者减少儿童的危机行为、行为不良等问题，同时促进他们的能力发展。这一阶段的研究文献中出现了众多关于抗逆力的干预和政策框架，干预模式也被描述为促进抗逆力的保护过程，研究人员主要来自社会心理学、临床心理学、教育心理学等领域。一般而言，有效的干预能够发展个体内部资源和技能，同时改变个体生存的社会环境。

实验干预设计能够提供关于抗逆力如何运行的有力假设，特别是当改变的过程具体化之后，比如教养方式、归因方式。干预与这个过程中的变化相联系，以及与接下来的个体的目标行为相联系。实验能够鉴别哪些群体从治疗中的哪些领域获益，被哪些变化所调节，并据此测验额外的调节和中介效应。比如，Sandler和同事（2003）为离异家庭设计了一项预防模式的干预，目的在于调节儿童生活中的关键中介——家长的行为。持续六年的跟踪研究数据表明，接受此项干预的父母的子女有更好的心理行为结果。类似的干预研究既提供了证明特定干预方法有效性的有力证据，同时也表明了家长功能在儿童良好发展过程中的重要作用，即面对同样的困境，父母的功能良好，儿童会显示更多的抗逆力。Nation 等人（2003）的研究表明，成功的干预项目需要包括不同情境中的综合方案、解决不同层面问题的足够长度和深度的干预方案以及与文化相切合的干预要素。基于资源的干预方法则强调要为个体抗逆力的发展提供必要的个体、家庭、社会层面的资源，以保证他们成功地适应变化后的生理、心理、社会环境。个体层面的资源主要包括积极的品格、良好的沟通技能和社交能力、自尊、自我效能感、忍受消极影响、幽默感等。Dyer 和 McGuiness（1996）认为，困境中的个体是变得更加脆弱还是发展出抗逆力。很大程度上取决于个体如何认识他们管理危机情境的能力。家庭层面的资源是个体最主要的支持，因此，对家长－儿童关系的探讨成为众多干预研究的共同主题。家人的温暖、鼓励、支持、团结、照顾、亲密关系等成为个体抗逆力发展的重要保护资源，更广泛的邻里关系、宗教、国家等因素在个体心理－社会发展中也扮演了重要的角色。作为社会机构价值层面的资源，例如肯定的、支持性的、非歧视的社会环境更有利于个体成功应对困境。

总体而言，关于抗逆力干预的研究成果尚不丰富。将来的研究需要进一步关注的是，如何将与抗逆力过程有关的研究成果转化为促进个体发展胜任力和幸福感的有效政策和干预方案。

（四）第四次浪潮：抗逆力特征的多层次分析

基因、脑科学等领域的科技更新，例如基因测试、大脑成像等技术的出现，使研究者从多个水平和层面分析危机与抗逆力之间的关系成为可能。关于抗逆力特征的多水平分析也掀起了抗逆力研究的第四次浪潮。多水平的分析主要关注基因—环境的相互影响、社会互动、个体在社会关系网中的规制性、个体—媒体的互动等。过去已有的研究已经强调抗逆力分析的多元性，但是测试的科技手段落后于概念模型。现代快速发展的高科技，诸如分子遗传学、脑成像、数据建模、电脑科技等为研究带来了新的视角。随着脑科学研究领域的进展，将来对抗逆力的研究会探索神经系统和精神生物系统在积极适应行为中的角色。例如大脑可塑性在适应功能和适应行为发展中的角色。Wager 等人（2006）的脑成像结果显示，低特质性抗逆力被试比高特质性被试在腹内侧前额叶皮层的激活程度更加强烈。Waugh 等人（2008）的研究表明，脑岛和眼窝前额叶皮质与抗逆力紧密相关。此外，人类基因组监测基因以及遗传基因影响的科技手段的发展，使人们将可以运用这些成果从基因、基因—环境交互的层面来描述危机、脆弱性和保护过程。抗逆力的系统分析促使研究人员从多种交互体系的视角来看待抗逆力的发展，比如基因—环境交互、社会互动、个体关系的规制性和社会网络、个人—媒体交互等。当多级动态的研究变得越来越可行时，研究人员可能会在抗逆力过程和系统的研究中有更丰富的研究成果。例如，从基因—逆境互相作用的角度研究其中的调节因素，来解释为何危机环境中那些有着易感基因的儿童也能有良好的发展结果，而一些拥有保护基因的儿童却并没有获得好的发展。研究人员也能够更好地解释在面对困境时积极的结果是如何展开的，以及支持性的基因和条件为什么不能够总产生积极的发展轨迹。

三、抗逆力的理论模型

（一）Richardson 的抗逆力模型

个体所面临的危机及个体的表现是随着时间不停发展和改变的，那么个人在成长过程中，保护因素和危险因素是如何相互作用，最终使个体达到不同水平的适应状态的？Richardson（2002）的抗逆力模型从瓦解与整合的角度，为抗逆力的发展提供了动态的视角，如图 2-1 所示。危险因素与保护因素的交互作用决定了个体抗逆力的发展结果。如果个体所拥有的保护因素不足以应对危险因素，原来的身心精神平衡状态就会被打破，个体就会改变其认知模式，并同时伴有负面情绪体验。这个过程可能会导致四种不同的结果：更高水平的状态、初始平衡状态、更低水平的平衡状态及失衡状态。Richardson 的抗逆力模型强调个体生理、心理和精神层面对外界环境的适应状态，是一种典型运用心理学的视角分析抗逆力发展过程的理论。这个理论模型也展示了个体与环境中的困境互动的生命过程。个体在人生的不同阶段可能会处在不同的平衡状态中，个体也会在四种状态下再重构，形成新的四种结果。

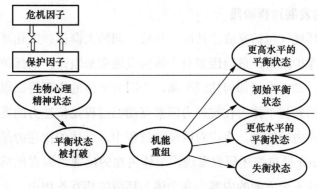

图 2-1 Richardson 的抗逆力模型

（资源来源：于肖楠、张建新，《韧性（resilience）——在压力下复原和成长的心理机制》，《心理科学进展》，2005 年第 13 卷第 5 期）

(二)Kumpfer 的抗逆力框架

Kumpfer(1999)在总结前人关于抗逆力研究工作的基础上,形了抗逆力综合框架,如图 2-2 所示。该抗逆力框架主要由环境特征、个体内部抗逆力特征和个体与环境相互作用的过程机制及适应结果四部分组成。归结起来包括两个阶段,第一个阶段为抗逆力的发展过程阶段,即个体的内部抗逆力因素与环境中的危险因素和保护因素进行互动;第二个阶段为抗逆力的结果阶段,即展示个体内部抗逆力特征与环境因素的互动结果。

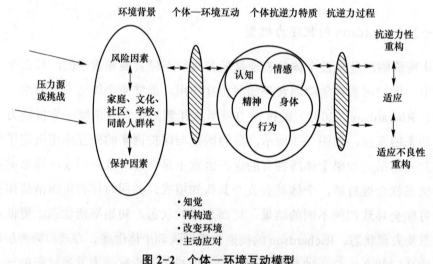

图 2-2 个体—环境互动模型

(资源来源:《Kumper K L.Factors and processes contributing to resilience: The resilience positive life adaptations framework.IN: Glantz, M.D., Johnson, J.L, Resiliency and development》, NY: Kluwet Academic.1999 年,第 179 至 224 页)

1. 抗逆力的发展过程阶段

个体所处的环境(包括家庭、社区、学校、同龄人群体、文化环境等)中同时蕴含着危险因素和保护因素。危险因素对个体的发展带来阻碍,而保护因素会减缓危险因素带来的伤害。二者之间如何达到平衡,会因为个体的心理特征以及所处的环境不同而不同。环境因素与个体内在抗逆力因素互动的过程是抗逆力的发展过程,互动的结果就是个体抗逆力的结果。在应对困境的过程中,个体的抗逆力品质会与环境直接发生作用。Kumpfer 通过综述研究发现,个体内在的抗逆力因素包括身体、精神、认知、社交和情感这五个方面的内容。在个体与环境的相互作用中,个体往往会有意或无意地改变环境,并且选择性地对环境进行解读。此过程是个体的抗逆力品质与环境相互作用的过程,个体可以通过选择性的知觉、再构造环境、采取措施改变环境以及主动应对环境中的危险因素等手段,将高危环境改造成对个体有利的保护性环境。同时,与个体相关的重要他人也可以通过积极的支持帮助个体较好地适应生活。

2. 抗逆力的发展结果阶段

抗逆力的发展结果建立在个体与环境互动的基础上。根据互动的质量,抗逆力过程可能会导致三种结果:一是抗逆力重组,个体变得坚强,抗逆力水平提高;二是动态平衡的重组,个体恢复到之前正常的状态,抗逆力水平没有提升,但也能维持生活;三是适应不良的重组,个体没有显示出抗逆力。

(三) Patterson 的压力-抗逆力综合模型

早期的研究集中于研究个体尤其是儿童的抗逆力,而且研究中的大部分儿童是那些父母有精神疾病或者受到父母虐待的儿童。因此,家庭被当作无可救药的、功能失范的场所,以及危机的制造者。但是随着家长病理学的盛行,研究者开始强调要挖掘和强化家庭的资源,家长的力量得到重视。因此,研究者逐渐将困境中的个体置于家庭单元中来考虑,研究者认为家庭和所有的社会系统一样,也会尝试通过运用自己的能力来应对压力,以维持家庭功能的平衡。

在家庭抗逆力的模型中,Patterson 在 1988 年提出的家庭调整和适应反应模型(Family Adjustment and Adaptation Response Model,FAAR 模型)展现了压力理论和抗逆力理论之间的关系,实现了压力理论与抗逆力理论的整合,该模型对于个体抗逆力的研究也有良好的借鉴意义(见图 2-3)。Patterson 认为,家庭抗逆力是指基于家庭信念的影响,家庭压力与家庭能力之间相互平衡,并维持家庭功能正常运转的过程。作者希望通过对家庭压力、家庭应对的动态交互过程来分析家庭抗逆力。FAAR 模型有四个关键的结构:家庭需求、家庭能力、家庭信念、家庭应对、家庭调整或适应。

1. 家庭需求

FAAR 模型中,家庭压力是一种会引起家庭系统变化的刺激或条件,这种要求被看作对家庭现有平衡功能的一种威胁或者挑战,会对现有的家庭系统产生一种张力。当家庭现有的能力能够满足这种需求时,压力会得到缓解或消除,但是当家庭没有合适的资源时,压力状态就会出现。因此,FAAR 模型中的压力并不是存在的具体需求,而是一种实际的、被感知到的需求—能力不平衡状态。引起家庭需求的两种主要条件分别是:出现直接的压力事件;连续张力的存在。其中,压力事件是突然出现在生活中某一个时间点的事件;张力则是持续感到紧张,与改变某种东西的需要和愿望有关,是本来就已经存在的压力。

2. 家庭能力

FAAR模型将能力定义为家庭满足需求的潜力,主要包括家庭拥有的资源和家庭应对行为。家庭资源有三个层面:个体资源,主要包括先天智力、知识和技能、个人品质、身心健康、控制感、自尊;家庭资源,包括家庭凝聚力(家庭成员相互信任、欣赏、支持和尊重)、家庭组织(达成一致、权责分明、清晰的家庭边界)、家庭沟通技能;社区资源,指家庭之外的可以用来满足家庭需求的所有资源。家庭应对行为是指个人或家庭尝试减少或管理家庭需求的行为。家庭应对的功能是维持家庭需求和家庭资源之间的平衡,是整个家庭系统中调节问题的重要措施。常见的家庭应对策略包括:平衡疾病与家庭的其他需求、维持明确的家庭边界、发展沟通能力、赋予当前情况积极意义、维持家庭的灵活性、将家庭作为一个整体、努力积极应对、保持社会融合、发展与专业人员的合作关系。

3. 家庭信念

家庭信念是一种家庭固有的帮助家庭成员发现解决问题的办法和应对挑战的新资源的能力,它构成了保护机制的基础并因此而使家庭具有抗逆力。家庭信念包括:情景意义(对压力和自身能力的认知)、作为家庭成员的身份认同(家庭成员之间的关系)、世界观(家庭成员看待自身与外界系统的关系)。家庭对于家庭需求和家庭能力的归因,是家庭达成平衡功能的关键因素。在任何压力面前,家庭自然都会对压力的程度进行评估,一些环境由于家庭的期望和主观感受而成为压力源,相反,这些压力事件也可能因为评估而减轻其困难程度。因而,家庭信念影响到家庭主观感受到的危机和灾难。家庭的这种评估累积起来创造出了家庭适应的模式或轨迹。

4. 家庭调整或适应

FAAR模型包括两个阶段:调整阶段和适应阶段,如图2-3所示。调整阶段是一个相对稳定的时期,家庭内部的变化较小,家庭成员用家庭现有的资源应对家庭需求,而且家庭会尽量抵制家庭系统中任何大的改变。假如新的需求出现,而且超出家庭现有的能力,他们会忽略或者拒绝处理这种需求。家庭常运用逃避(希望新出现的需求自行消失或自行解决)、消除(消除或重新定义需求)、同化(将新的需求纳入已有的框架和互动型态,只做出很小的改变)的方式来应对家庭新出现的需求。当压力或需求超出了家庭现有的能力时,家庭系统会出现危机,而且家庭需求与家庭能力之间的不平衡会持续存在。适应阶段则是家庭需求和能力之间差距最小，家庭主要通过获得新的资源和应对行为、减少他们必须处理的需求或压力、改变他们看待自己情景的方式来维持家庭系统的平衡。

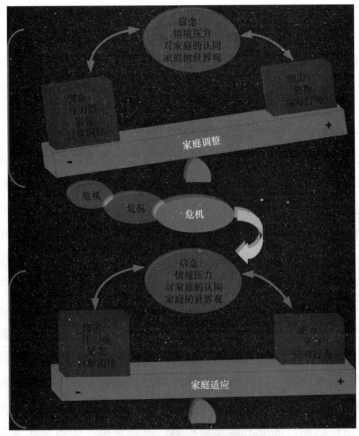

图 2-3 家庭调整、适应反应模型

（资源来源：Patterson J M，《Integrating family resilience and family stress theory》，《Journal of Marriage and Family》，2002年，第64卷，第5期，第349至360页）

四、抗逆力的文化内涵

我们是在文化模式的指导下变成个体的人，依据文化模式将形式、秩序、意义、方向赋予我们的生活。目前，研究者尚未清晰地界定抗逆力定义中所包含的文化和情景的重要概念，但是在危机和抗逆力的研究领域依然有许多关于文化多样性的讨论。例如，Cohler等人（1995）强调了文化在心理疾病中扮演着重要的角色，由于文化与心理发展和困境的互动，人们经历的困境是不同的。Keogh 和 Weisner（1993）提出，为了理解危机因素和保护因素，必须对青少年所处的生态和文化情景加以理解，而且对于危机和保护过程的评估不能局限在个体或者家庭水平，而是应该考虑到社区、次文化以及社会经济阶层的水平。Arrington（1996）等人建议，背景变量中的社会经济地位、文化、种族等是个体发展的重要变量，并强调社会行为科学要致力于理解文化多样性在青少年生活中的危机和抗逆力发展过程中所扮演的复杂角色。Clauss-Ehlers 等人对美国白人妇女、非裔美国妇女、亚裔美国妇女以及拉丁美洲妇女进行调查研究，结果发现，相比美国白人妇女，其他三类被试的总体亲职压力与种族和性别有更显著的相关性。在研究的基础上，Clauss-Ehlers 从文化抗逆力的角度提出个体应对压力的过程实质上是社会文化环境下个性特质、文化背景、文化价值和保护因素的联合作用。

中国儒家文化中有"故天将降大任于斯人也，必先苦其心志，劳其筋骨，饿其体肤，空乏其身"之说，强调苦难对自我的磨炼，将苦难看作促进成长的力量。而西方心理学则将压力看作一种消极的力量，会产生痛苦感和紧张感。因此，中国人的抗逆力必然带有文化的特质。目前，国内已有学者开始探讨抗逆力在中国的文化土壤。例如，席居哲等人在《中国心理弹性思想探源》一文中，通过梳理中国古代经典文集中孕育的抗逆力思想，挖掘出中国抗逆力思想的核心，提出中国人应对逆境的能量基源是儒道释思想的进取、顺应和超脱。胡寒春在编制本土化青少年抗逆力量表的研究中，在综述传统文化中的抗逆力思想和对青少年研究对象的质性资料调查的基础上，编制的调查问卷包括认知和控制两个维度，与西方的抗逆力结构存在较大差异。陈蓓丽从文化的视角对上海外来女工抗逆力进行研究发现，"家""关系""忍"等意义符号贯穿在该类群体的抗逆力发展过程中，使本土化的抗逆力呈现一种动态性的适应机制，而非心理反弹机制。也就是说，中国文化下的抗逆力并非只强调对抗，而是强调积极地适应，与潘光旦先生的"位育"一词有着较大的关联。

从以上研究可知，个体所具有的心理与行为特征深深根植于当地的文化传统之中。个体如何解读困境以及通过何种行动模式来获取资源和应对困境，都会带有个体所处的文化环境的特征。文化成为探讨抗逆力不可或缺的重要维度。

第二节 国外 ASD 儿童家长抗逆力的研究

国外对于 ASD 儿童家长抗逆力的研究成果较为丰富。众多的量化研究对 ASD 儿童家长抗逆力发展的危险因素、保护因素进行了分析，质性研究则对该群体抗逆力发展过程中的重要主题和发展特征进行了探究。

一、ASD 儿童家长抗逆力的危险因素

危险因素是影响个体适应压力的因素，能够预测个体的生理、心理健康问题。国外的相关研究结果表明，影响 ASD 儿童家长抗逆力的危险因素主要有教养压力水平、孩子症状的严重程度、婚姻质量、家长的情绪状态和 ASD 孩子的数量。

（一）教养压力水平

国内外不同的研究均表明，ASD 儿童家长的教养压力水平高于普通儿童和其他类型特殊儿童的家长，即使是高功能 ASD 儿童的家长依然具有高水平的教养压力。高水平的教养压力会影响家长的生活质量，并对家长的心理健康造成直接的负面影响，也随之成为 ASD 儿童家长抗逆力发展的重要危险因素。

（二）孩子症状的严重程度

孩子症状的严重程度是家长抗逆力的直接危险因素。Ekas 和 Whitman（2009）调查了美国 119 位拥有 2 至 18 岁年龄段内 ASD 孩子的母亲，结果发现孩子的情绪行为越严重，母亲的幸福感、生活满意度越低，抑郁程度越严重。Hartley 等（2011）调查了 91 位 ASD 儿童家长的生活与孩子症状的关系，研究显示孩子的症状越严重，家长与孩子的亲密程度越低。Allik 等（2006）的调查发现，母亲的幸福度与孩子的行为情况呈负相关。随着时间的推移，ASD 儿童的问题行为还会形成累积效应，对家长造成更多的负面影响。多项研究还显示，ASD 儿童家长的教养压力与孩子症状的严重程度显著相关。

（三）婚姻质量

婚姻质量也是影响家长抗逆力的危机因素。Brobst 和同事（2009）调查了 25 对有 ASD 儿童的夫妇和 20 对孩子为正常儿童的夫妇，结果显示 ASD 儿童的父母对婚姻的满意度更低，而且经历较大的教养压力。Hartley 等人（2011）对 91 位 ASD 孩子已成年的父母进行调查发现，照顾成年 ASD 孩子的负担使他们对婚姻的满意度更低。Higgins 等人（2005）对澳大利亚 52 位 ASD 儿童家长的调查则发现，这些家长的婚姻满意度和家庭功能得分都较低。Siman-Tov 和 Kaniel（2011）的研究还发现，家长的婚姻质量与他们处理压力的能力呈相关关系。

（四）家长的情绪状态

家长的愤怒情绪会影响到家长的情感幸福，也成为家长抗逆力的危险因素。Benson 和 Karlof（2009）对 90 名 3～7 岁 ASD 儿童的家长进行调查发现，家长的愤怒情绪与其孩子症状的严重程度、压力扩散、教养挫折相关。Carter 等（2009）则发现，家长的愤怒情绪和家长的抑郁程度呈正相关。

（五）ASD 孩子的数量

ASD 孩子的数量也会影响到家长养育孩子的能力。Ekas 和 Whitman（2010）的研究发现，当家庭的 ASD 孩子数量超过一个时，家长的生活满意度、幸福更低，沮丧程度越高。

可见，ASD 儿童自身的特殊需求、教养 ASD 儿童的压力以及该压力引发的其他家庭问题交织在一起，成为 ASD 儿童家长抗逆力的重要危险因素，也成为抚养 ASD 儿童的家长的典型反应，使 ASD 儿童家长承受的压力与沮丧远胜于其他障碍儿童的父母。

二、ASD 儿童家长抗逆力的保护因素

保护因素通过消除危机的影响和降低对危机的负面反应来促进个体的抗逆力，从而使个体能够获得积极的适应。ASD 儿童家长抗逆力的保护因素主要有社会支持、家长的积极认知、孩子的年龄、宗教信仰等。

（一）社会支持

个人的社会支持网络是家庭及其成员接触的个人和组织，包括家庭成员、朋友、家长团体、专家、社会服务组织等。强大的个人社会网络直接或间接地影响了个人的健康和福利、家庭功能、父母－儿童互动风格、儿童的行为、儿童的发展水平，是个人应对困境的首要资源。Bailey 等人（2007）的研究表明，有强大社会支持的家庭比那些支持资源较少的家庭能够更有效地应对生活中的困境。高度的社会支持对于家长对创伤经验的积极认知与适应困境有积极的关系。Tobing 等人（2002）和 Ekas 等人（2010）的研究发现，ASD 儿童母亲对社会支持的满意度越高，其抑郁水平和感知到的压力水平越低。Weiss（2002）的研究则表明，社会支持水平能够显著预测 ASD 儿童家长的适应水平。此外，不同的社会资源在 ASD 儿

童家长的抗逆力发展过程中扮演着不同的角色。其中，家庭支持是最重要的社会支持资源。Bayat（2007）提出，抗逆力的发展有两个必要的因素：家庭寻找资源和运用资源的能力，家庭成员团结在一起。Hall 和 Graff（2011）的研究表明，配偶的支持可以显著预测残疾儿童母亲的压力和适应水平，来自丈夫情感的支持比对儿童的照顾更为重要。来自朋友、家庭成员的支持能够为残疾儿童家长提供情感支持、建议和信息，以及社会参与。然而，家庭成员能够比朋友提供更多支持资源。特殊教育专业人员虽然很难为家长提供情感支持，但是能够为 ASD 儿童家长提供信息和具体的服务，是家庭潜在的合作成员。Luong 等人（2009）的一项对美国移民 ASD 儿童家长的质性研究表明，ASD 儿童家长最重要的支持资源是学校的支持。以上不同类型的社会支持，需要在家长能够感知到的情况下才会发生作用。有研究发现，相较于家长接受到的客观支持，家长主观感受到的社会支持对压力有更明显的缓冲作用。Zhao 等人（2021）的研究还发现，家长主观感受到的社会支持能更好地预测家长的抗逆力水平，当家长的压力水平过高时，即使给家长提供较多的客观支持，家长也可能会拒绝接受帮助。

（二）家长的积极认知

在 ASD 儿童家长抗逆力的发展过程中，个人的信念系统的作用至关重要。根据压力理论，信念系统在压力的缓冲中扮演应对机制的角色，信念系统为家长在面对生活困境时提供了希望感、生活意义感、动机和目的，对于个人对压力的适应有直接的影响。Hastings 等人（2002）的研究发现，在控制了社会支持变量时，积极认知依然对家长的心理健康状态有积极的影响。Behr 和 Murphy（1993）的研究发现，家长的信念系统和家庭的幸福感有显著的相关性，其影响力甚至超过了传统的家庭变量，例如儿童的年龄、儿童残疾的严重程度、父母的婚姻状况等。Gillian 等人（2009）对 ASD 儿童家长的信仰系统进行调查发现，这些家庭采取接纳、欣赏、为改变环境而努力、尽最大可能满足孩子需求等积极的认知，为家庭提供了希望、意义和控制感，也表明了 ASD 儿童家长在面对困境时的抗逆力。Gray（2002）对 20 个有 ASD 儿童的家庭进行了一项持续 10 年的追踪研究，研究结果表明，中年家长不再依赖于外在的支持资源，也不再用问题导向的应对策略，而更倾向于用情感导向的策略，例如宗教信仰、欣赏孩子的优点等。Bayat（2007）对 175 位 ASD 儿童家长进行的调查也发现，ASD 儿童家长的积极认知在家庭抗逆力方面扮演了重要的角色，他们不仅对残疾孩子赋予了积极的评价，还发展出了新的精神信念。

（三）孩子的年龄

孩子的年龄也是 ASD 儿童家长的保护因素之一，Ekas 等人（2010）的研究指出，成年孩子的家长比年幼儿童的家长感知的压力更少，这主要与孩子的问题行为有关。Hartley（2011）则发现孩子的年龄与家长的教养负担呈负相关。也就是说，ASD 孩子的年龄越大，家长的负担越轻。

（四）宗教信仰

Ekas 和 Whitman（2009）对 119 名 ASD 儿童家长的调查还表明，宗教信仰、宗教活动成为家长应对社会情感功能问题（例如沮丧、低自尊等）的保护因素。Luong 等（2009）的研究也发现，宗教实践，比如祈祷，成为家长为希望充电的重要途径。

三、ASD 儿童家长抗逆力过程中的重要主题

抚养残疾儿童会面临重重压力，而且残疾通常具有终身性，这也意味着残疾儿童家长终身需要应对残疾孩子带来的压力与挑战。那么，残疾儿童的家长是否具有抗逆力？是否能够积极适应生活中的挑战？Scorgie 和 Sobsey（2000）的研究发现，残疾儿童家长生命历程中出现两种类型的重要转变：个人的转变和关系的转变。个人的转变意味着家庭成员在家庭、社会和职业中获得新的角色，同时家长也获得了新的能力，例如为孩子的权利呼吁和倡导的能力，或者找到了新的信念和信仰。关系的转变表现在残疾儿童家长和家庭成员与他人相处的方式，例如更加牢固的婚姻、与其他残疾儿童家长建立友谊关系等。Patterson 和 Garwick（1994）的研究发现，适应良好的家长更多地关注残疾孩子性格和行为方面的积极表现，以及孩子为家庭带来的积极影响。例如，孩子的热情和同情心、孩子的坚持和韧性、家庭成员之间更加亲密的关系、家长在养育孩子的过程中发展起来的自信和技能、残疾孩子兄弟姐妹同情心和善良品质的发展。家长不再只关注孩子的健康问题。这些研究都充分说明残疾儿童的家长也能够在困境中发展出良好的适应状态，证明了残疾儿童家长抗逆力的存在。对于 ASD 儿童家长来说，Taunt 和 Hastings（2002）的研究发现，养育 ASD 儿童的家庭有两方面的积极经历，首先体现在改变了家长的认知方式，例如家长认为养育残疾儿童增加了敏感性、提升了自信心、强化了家长的宗教信仰等。另一方面，大部分家长对自己残疾孩子的将来表达了乐观积极的态度。这说明 ASD 儿童家长虽然面对沉重的教养压力，但依然能够发展出积极的结果。

部分质性研究还通过对 ASD 儿童家长的访谈，探索出该群体抗逆力发展过程中浮现的重要主题。Bayat（2007）的研究发现，ASD 儿童家长抗逆力的发展过程包括以下几方面的内容：对残疾形成积极的认知、调动资源、成为更加亲密的家庭整体、更加欣赏生活、获得精神方面的力量。Dupont（2009）访谈了14名ASD 儿童的家长，归纳出家长抗逆力发展的过程中出现的八个主题，分别是：围绕 ASD 儿童调整和平衡生活、保持警惕和戒备、接纳 ASD 儿童、处理困境、获得支持、依赖精神力量和信仰、学会笑对生活、庆祝生活中的点滴进步。Griffith 和 Totsika（2012）对成年阿斯伯格综合征孩子的家长进行访谈，发现家长抗逆力的过程中有六个共同的主题：隐形支持的提供者、倡导的角色、社会隔离、家庭内部的关系、家长的支持、将来的担忧。Freuler（2013）对有 ASD 儿童的军人家庭的抗逆力进行研究则发现，阻力和压力、支持和资源、应对策略、时间和空间、家庭文化、抗逆力的时刻等是抗逆力发展过程中的重要主题。

第三节　国内 ASD 儿童家长抗逆力的研究

研究者以"抗逆力""心理弹性""心理韧性""复原力"为主题词，在中国知识网（CNKI）搜索 2000 年至 2016 年相关的文献，发现国内抗逆力的研究对象以学生群体、疾病患者、老人为主，与患者有关的家属的抗逆力的研究很少。其中，与 ASD 儿童家长抗逆力相关的量化研究与质性研究均十分有限。此外，还有少量研究成果发表在国外相关的学术期刊。

一、ASD 儿童家长抗逆力的现状

陈瑜等人（2015）为了解 ASD 儿童父母的抗逆力现状及与心理健康的关系，采用 Connor-Davidson 抗逆力量表和症状自评量表，对 152 名 ASD 儿童父母和 629 名正常儿童父母进行调查。结果发现，ASD 儿童父母的抗逆力显著低于正常儿童父母，但这些父母中仍有 1/3 以上超过了正常儿童父母抗逆力平均值。这说明 ASD 儿童带来了比普通孩子更多的家庭压力，但仍有一些父母能够表现出明显的抗逆力。徐媛（2010）对上海市各区特殊学校和幼儿园中的 3～18 岁特殊儿童的家长进行了调查，结果发现，特殊儿童家长抗逆力水平处于中等偏上水平，展现了多方面的心理弹性特质。

Zhao 等人（2021）的研究也发现了相似的结果，即 ASD 儿童家长的抗逆力水平处于中等偏上的水平，但是低于听力障碍、视力障碍、智力障碍、多动症儿童家长的抗逆力水平。张学伟（2014）对成都市 76 位 ASD 儿童母亲（研究组）和 91 位正常儿童的母亲（对照组）的抗逆力水平进行的对照研究表明，ASD 儿童母亲比正常儿童母亲的抗逆力水平低，而抑郁程度则高于正常儿童的母亲。而且与学龄期儿童母亲相比，研究组中学龄前儿童母亲的抑郁程度更高、抗逆力更低，说明学龄前 ASD 儿童母亲的心理健康状况更需要关注。

二、ASD 儿童家长抗逆力的危险因素

在家长消极的人格特征方面，徐媛（2010）对上海市 214 位智力障碍、ASD、听力障碍、视力障碍儿童家长的抗逆力的研究结果表明，消极的人格特征是特殊儿童家长抗逆力的突出危险因素之一。刘晓燕（2010）对 ASD 儿童家长抗逆力的研究则发现，情绪波动、焦虑、紧张、抑郁、逃避、对他人的不信任感、社交恐惧、强迫等消极的人格品质对家长心理弹性的形成和发展有阻碍作用。陈喻（2007）的研究发现，强迫症、人际敏感、抑郁、焦虑、恐怖、偏执等消极心理与 ASD 儿童家长的抗逆力呈显著的负相关关系。

此外，养育负担和社会压力也是 ASD 儿童家长抗逆力发展的危机因素。特殊儿童家长的经济负担和子女终身照顾负担越重，其抗逆力水平越低；经济水平越低，特殊儿童问题解决的能力、自信心及抗逆力的整体水平也会越低。特殊儿童家长感受到的社会压力主要来自人们的误解、特殊教育事业发展的不足，以及社会保障体系的缺失。Zhao 等人（2021）的研究还发现，教养压力不仅直接负面影响家长的抗逆力水平，还会通过降低家长对社会支持的获取能力间接消极影响家长的抗逆力。

三、ASD 儿童家长抗逆力的保护因素

诸多研究表明，经济发展水平、家长受教育程度、积极人格特征、家庭支持和社会支持等因素是 ASD 儿童家长抗逆力发展的重要保护因素。徐媛（2010）的研究发现，随着经济收入水平的提高，特殊儿童家长的抗逆力整体水平也逐渐提高。在不同学历水平的特殊儿童家长中，较高学历者在自信心维度上的得分高于较低学历者。刘晓燕（2010）的研究则发现，ASD 儿童父母和谐的夫妻关系、ASD 儿童的进步和发展、社区和学校支持性的环境、良好的家庭环境和氛围是影响抗逆力形成的重要因素。陈喻（2007）的研究也发现，ASD 儿童父母的抗逆力水平与家庭功能

存在高度的正相关关系。赵阳等人（2014）采用应激事件量表和抗逆力量表对32名ASD儿童家长调查发现，重新关注家庭计划和积极的认知评价与家长的抗逆呈显著正相关关系。台湾地区相关研究者则采用了质性研究的方法探讨了ASD儿童家长成功调试压力的重要保护因素。例如，萧文通过对四位12岁以下ASD孩子的家长进行深入访谈发现，ASD儿童家长心理调适的抗逆力因素包括：社会支持、接受、寻求资源、正向、坚持、主动沟通等。颜瑞隆对轻度ASD儿童家长进行研究则发现，ASD儿童家庭的五项抗逆力分别是觉察、连接、正向信念、灵性和超越性。

四、国内外相关研究述评

从以上文献回顾可以看出，抗逆力领域的研究起步早且成果丰富，为ASD儿童家长抗逆力的研究奠定了良好的基础。但总体来看，抗逆力的研究依然存在以下挑战。

（1）从研究视角来看，西方现有的抗逆力的研究主要从心理学的视角出发，强调抗逆力是个体在生理、心理层面的特质，即使后期的动态过程模型开始关注社会支持系统对个体抗逆力的影响，但很难看到个体的能动性与社会结构的交互影响在抗逆力发展过程中的作用机制。家庭抗逆力的理论模型开始关注家庭系统与个人认知系统、外在社会系统的关系，将抗逆力置于更广阔的社会环境中进行分析，逐渐突破了心理学层面的抗逆力特质论，为个体抗逆力的研究提供了借鉴。正如Johnson等人所言，未来的抗逆力研究应该多关注个体与环境的双向影响以及潜在机制。

（2）从研究对象来看，西方抗逆力的研究起源于高危家庭中的儿童，理论模型也主要建立在对儿童个体抗逆力的研究成果基础上，而我国已有的关于抗逆力的研究也主要集中于处于源发性困境中的学生／儿童个体。因此，国内外对于由于儿童的困境间接陷入困境的家长的研究较少。适用于儿童个体的抗逆力模型和相关结论是否适用于儿童的家长有待进一步研究。

（3）从研究内容来看，国内本土化的研究较少。近年来，越来越多的学者认识到，抗逆力不是某种普遍一致的标准，而是在不同逆境中成功适应的经验，与具体的社会文化紧密相连。现有的较成熟的抗逆力模型均植根于西方的个人主义文化。个人主义强调个人自由、自我实现的自我个性。因此，个人主义的文化模式易形成独立的自我建构，个人会更加强调根据自己的目标和价值调整环境，具有较强的个人色彩。而中国文化具有集体主义取向，中国文化塑造的是相互依赖的自我概念，强调关系的自我，因此，个人行动的参照是集体要求和社会规范，而自己的价值、目标是第二位的。不同文化模式的个体行动模式也不尽相同,西方人更常使用问题集中的应对方式,主动减少压力情境或扩大应对资源,而中国人则总体倾向于情感集中的应对方式,通过认知或者逃避的方法来调节压力引起的情绪问题。因此,植根于西方个人主义文化的抗逆力模型并不一定能够解释我国 ASD 儿童家长的抗逆力发展过程。

此外,资源时空分布和储存能力的差异不仅导致行动者权力间的差异,而且对行动者的行动形成不同的制约。在学校制度、社会福利制度、社会对残疾人的接纳程度等都不利的情况下,中国社会背景中的 ASD 儿童家长获取资源应对困境的行动与西方 ASD 儿童家长也会存在差异。因此,发展本土化的抗逆力模型尤为必要。但是,通过文献综述可以发现,国内关于 ASD 儿童抗逆力的研究较少,仅有少量研究探讨了 ASD 儿童家长抗逆力的现状及影响因素,很难揭示这一特殊群体抗逆力的过程及内涵,也没有形成能够解释 ASD 儿童家长抗逆力的理论框架。

(4)从研究方法来看,国内现有的关于 ASD 儿童抗逆力的研究缺乏深入的量化研究和质性研究。已有的研究均采用量化的方式调查 ASD 儿童家长抗逆力的现状及影响因素,研究结果提供的仅仅是"是什么"而非"如何"的答案,不能揭示 ASD 儿童家长抗逆力的作用机制和形成过程的真实面纱。除此之外,现有的量化研究被试数量少(多为 30～80 名)、调查范围小(被试多来自某一个城市),研究结果很难具有代表性,且这些量化研究部分停留在简单的统计描述和比较分析上,假设检验式的研究少,且没有研究根据西方已有的理论模型进行路径分析从而验证西方的抗逆力理论模型是否适用于中国的 ASD 儿童家长。因此,量化研究的结论缺乏解释的力度。

第三章 研究设计

研究设计是整个研究工作的规划，是确保研究质量的关键环节。本章从理论基础与概念框架、研究方法、研究对象、研究场域、资料的收集与分析、研究效度与研究伦理等方面对本研究的实施过程进行了分析，以确保能解决本研究的核心问题。

第一节 理论基础与概念框架

为了发展本土化的抗逆力理论，本研究以费孝通先生提出的差序格局理论为理论基础，并基于差序格局理论以及抗逆力领域相关的成果形成了初步的概念框架。

一、理论基础

文化在一定程度上决定了抗逆力的本质与内涵，我们在分析个体抗逆力的发展时，不能抛弃个体所在文化的影响。为了更充分地展现本土抗逆力的独特内涵，本研究选择了费孝通先生在《乡土中国》一书中提出的差序格局理论作为理论基础。费孝通先生对差序格局有一个形象的比喻："我们的格局好像把一块石头丢在水面上所发生的一圈圈推出去的波纹。每个人都是他社会影响所推出去的圈子的中心。被圈子的波纹所推及的就发生联系。每个人在某一时间某一地点所动用的圈子不一定相同。"

（一）差序格局的内涵

差序格局包括横向的"差"与纵向的"序"。"差"主要以关系网络的规模来体现，其大小会依据网络中心的势力厚薄而定。在西方，能否进入一个团体，看重的是权利，个体能否进入和能否留在团体里需要满足一定的资格。因此，西方社会的团体有明确界限，团体规模大小清晰可定。而中国人的关系网界限模糊，伸缩性强，讲究"攀关系""讲交情"。有关系、有交情，其关系网的规模就大。在"序"的方面，主要体现为伦理关系的等级体系。费孝通先生提及："君臣、父子、夫妇……重在分别，是有差等的次序。"每个人都有其角色所规定的权利和义务，而且这种权利和义务有亲疏和上下等级的分别。因此，传统家族结构组织是阶梯式的，按照辈分、年龄和性别排列上下尊卑，形成了父慈子孝、兄友弟恭、夫妻和睦等规范，个体依次来形塑各自的角色义务和行为规范。在差序格局的中心，每个人都是他社会影响所推出去的圈子的中心。在这个以亲属关系所联系成的社会关系网络中，都有一个"己"作为中心。但同时，费孝通先生也指出，在差序格局中，社会关系是私人联系的增加，社会范围是一根根私人联系所构成的网络。正如杨中芳（2009）指出，每个人以己为中心，以人伦为经、人际关系为纬构成关系网络。每个人都有自己的位置和人伦关系所决定的角色和行为规范。"己"也不得不置于各种伦理关系中来定义，而非独立意义上的"自己"。

（二）差序格局理论之社会的基本单位

费孝通先生提出，家庭是中国社会的基本单位。西方社会的基本单位是团体，费孝通先生将其称为团体格局，他指出，"西方的社会犹如我们在田里捆柴，分扎得清楚而不乱。在这样的社会里，社会组织是团体格局，团体是有一定界限的，谁是团体里的人，谁是团体外的人，不能模糊，一定分得清楚"。家庭在西方就是一个界限分明的团体，主要的功能是生儿育女，且子女在这个团体中是配角，成年了便要离开家庭。中国社会以家庭为基本单位，而这个家庭可以伸缩自如，界限模糊，很难分清楚家庭所包括的成员。例如，"家里人"可以指配偶一人，也可以包括众多的亲戚；"自家人"则天下可成一家。由于家庭范围的模糊性，中国人的社会结构是石头丢在水面推出去的波纹，而不是分扎清楚的柴。中国人的家庭承担的功能也具有模糊性，不仅仅是生儿育女，还包括政治、经济、宗教等功能。为了承担这些功能，家的结构就必须依据发展的需要不断扩大，而不能仅仅限于亲子之间。因此，中国的家庭就是一个事业组织，家的大小是由事业的大小决定的。如果事业小，这个家就可以小到等于家庭，但是如果超出了夫妻两人的承受能力，则需要依靠亲属关系的其他成员，家庭便构成了一个大家庭。

（三）差序格局理论之社会的组成

费孝通先生提出，从己到家，由家到国，由国到天下，是一条通路，形成了社会的中轴线。从己到国犹如水纹波浪向外扩张。在这条通道中，儒家文化的代表孔子先承认一个"己",做到克己修身,才能推己及人,从而顺着同心圆的伦理关系向外推。从己到天下一圈一圈推出去的依据便是五伦,包括了个人与家庭、个人与陌生人、个人与社会的关系。

在个人与家庭的关系中,"孝"成为这一家庭伦理的核心标准。基于"孝"对人的评价和设计,人需要牺牲自我,以成全家族利益。在个人与陌生群体的关系中,当个人交往的社会圈子超出父子、君臣、夫妻、长幼、朋友五伦时,儒家采用了类推的方式,即以拟血缘的关系将陌生群体纳入五伦当中,由家庭关系来塑造个人与陌生人之间的关系。在个人与社会的关系方面,由于社会的基本单位"家庭"界限模糊,形成了家国同构的社会,国家的结构与家的结构是一致的,只不过规模不同,个人与国家的关系就演化为个人与家庭的关系,"移孝作忠"就是最好的体现。

差序格局最初建立在血缘和地缘基础上,但通过体制化的建构过程,已具备文化根基,并不会因为经济的发展被改变,社会的发展还有赖于差序格局。费孝通先生的差序格局理论为分析中国特有的社会结构提供了本土化的视角。以"己"为中心向"国"不断外推的关系网络揭示了个体与社会结构的互动模式。抗逆力强调个体如何运用保护因素应对危险因素,最后达成积极的适应状态,这一过程也展现了个体与社会结构的互动。ASD 儿童家长所背负的压力与困境,与家长自身扮演的角色和需要履行的责任有关,差序格局理论中的五伦关系规定了这个网络中的个体的角色和责任,为 ASD 儿童家长抗逆力在特定文化中的困境提供了社会和文化的背景。此外,"推己及人""家庭的伸缩和延展""私人联系组成的社会网络"等本土概念则与 ASD 儿童家长在特定的社会结构中获取资源的行动模式有关。我们在文化指导模式下变成个体的人,中国人的认知与行动方式深受几千年来儒家文化的影响,这种影响已经潜移默化地渗透到中国人的血液中,成为一种文化基因。差序格局则体现了儒家文化核心精神,对揭示该文化背景中的 ASD 儿童家长抗逆力的发展过程和特征更具有适切性,使我们能够看到西方个人主义文化背景中的抗逆力在中国儒家文化中本土化的过程。

二、概念框架

概念框架是以图标或叙述的形式,解释有待于研究的主要事物,包括关键因素、概念或变量以及它们之间假定的关系,是研究初期一种尝试性的、不完善的理论。本研究基于差序格局理论以及抗逆力领域相关的成果,形成了初步的概念框架,如图 3-1 所示。

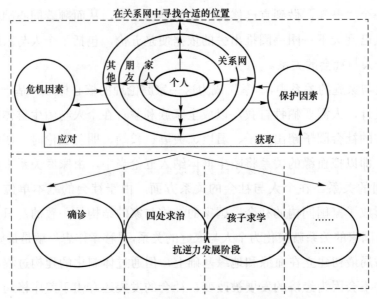

图 3-1　ASD 儿童家长抗逆力发展概念框架

概念框架上半部分的内容体现了个体抗逆力的形成机制，家长生活于由己向外不断推出去且由私人联系所构成的关系网络中，包括家长自身、孩子、家庭、学校、社会、文化等不同层级的系统。该关系网处于同时兼具危机因素与保护因素的环境中，家长调动个体能动性，通过运用环境中的保护性资源应对环境中的危机因素，最终的目的是要在由孩子、家人、朋友及其他的重要他人组成的环境中找到自己合适的位置和状态，尤其是要在自己、孩子与家人之间寻找平衡。概念框架的下半部分主要体现了家长抗逆力的发展过程。过程是在时间演进的行动之间的连接，研究者可以从资料里寻找改变条件的各种迹象，并追踪这些改变带来的相应行动上的变化。家长抗逆力的形成与发展始终与孩子的发展状况密切相关，从发现孩子异常、确诊到孩子入学、就业等，孩子的需求与身处的环境在随着时间变动，相应地，家长也要随着孩子的变化而调整其生活空间和状态。过程视角可以帮助研究者理解家长的抗逆力在时间维度上如何发展，以及表现出怎样的发展趋势。

第二节　研究方法

为了深度了解 ASD 儿童家长抗逆力的发展过程与特征，本研究选取了质的研究方法，采用观察、访谈、实物收集的方法对五名抗逆力得分较高的 ASD 儿童家长进行了调查,并采用类属分析和情景分析的方法对收集的资料进行了分析。

一、质的研究方法的选取

本研究选择的研究方法为质的研究。质的研究在于通过对经验世界的描述来理解人们所建构的意义,可以帮助我们深入探讨人们如何理解其生活的世界,以及如何看待和解释生活的体验和经历。质的研究强调从局内人而非局外人的视角来理解被研究对象的世界,研究者自身则成为获取被研究对象信息的工具和中介。本研究选取质的研究方法来探讨ASD儿童家长抗逆力的过程与特征,主要是基于以下考虑。

(1) 质的研究强调从当事人的角度了解他们的想法。这可以帮助我从ASD儿童家长本人的角度了解他们应对困境的经历,以及他们对自己行为的意义解释。

(2) 质的研究强调对研究现象进行细致深入的分析,而非强调大规模的调查和预测,这可以使我对ASD儿童家长抗逆力的具体动态过程进行探讨。Duggan和Dijkers(1999)以及Smokowski(1999)就提出,质性研究方法是研究个体经历的转折点以及其抗逆力最理想的方法。质性研究提供的丰富信息,使我们能够详细了解个体对其生活经历赋予的意义,以及他们经历的情感和过程。

(3) 质的研究强调在自然情境中研究事物发展的动态过程,而且质性研究能够传达个体对残疾赋予的意义,揭示个体看待生活的方式。因此,质性研究适用于那些探究转折点如何开始,以及保护因素在个人经历中扮演何种角色的研究。这有利于我对ASD儿童家长的抗逆力发展过程进行长期的追踪调查,了解他们的抗逆力在时间过程上的变化。

(4) 质的研究允许小样本,这使我可以集中对典型性ASD儿童家长进行深入的观察与访谈,了解他们在孩子被诊断为自闭症之后的心路历程,并详细展现他们应对困境的行动过程。

(5) 对残疾人相关群体的质性研究能够归纳出与特定历史文化背景相联系的、生动具体的特殊教育理论,为本土化理论的生成奠定了基础。本研究正是从主观文化的视角,将ASD儿童置于中国特定的历史文化背景中,探究本土化的抗逆力理论框架。

二、研究对象的选定

在研究对象的选择上,质性研究使用最多的是目的取样,即依据研究目的,选取能够为研究问题提供丰富资料的人、时间、地点或事物等,以搜集深入而多元的资料，以详尽地回答研究问题。本研究采取目标抽样法来选取研究对象。

（一）确定研究对象的标准

本研究选取研究对象的标准有两个。

（1）ASD 孩子年龄大于 15 岁的家长。确定这一标准的原因为，15 岁的 ASD 孩子按照正常的入学年龄已经初中毕业，就目前我国的情况来看，ASD 孩子上完初中之后可能面临无学可上的问题，ASD 孩子初中毕业后何去何从对于家长来说是很难解决的问题，家长如何看待和应对这个问题关系 ASD 儿童家长抗逆力的发展。因此，相比小龄 ASD 儿童的家长，大龄 ASD 儿童家长经历了孩子从诊断、早期康复、上学到考虑孩子就业的整个过程，更能体现 ASD 儿童家长抗逆力过程的丰富性和完整性。

（2）CD-RISC 抗逆力量表得分不低于 80 分的 ASD 儿童家长。本研究希望研究能够在困境中适应良好，也就是有高抗逆力水平的家长，他们走出困境的故事对其他仍然在困境中苦苦挣扎的家长有借鉴意义。

（二）确定研究现场

初步选定的研究现场为北京市雨人就业支援中心（化名），该中心由 6 位大龄 ASD 儿童的母亲共同创办，创办的初衷是解决自己孩子将来的就业问题，但现在逐渐发展成兼具 ASD 儿童康复训练、职业技能培训、就业支持、社会宣导、教师培训等多种职能的综合性服务平台，在全国 ASD 儿童家长群体中具有重要的影响力和领头作用。该组织共有三个分中心，第一分中心为小龄 ASD 儿童提供康复训练，第二分中心为大龄 ASD 儿童提供职业康复，第三分中心为烘焙屋，教大龄 ASD 儿童做糕点。我去的是第三分中心"雨人烘焙屋"，烘焙屋周五至周日对外提供烘焙培训，目前共有 25 名大龄特殊儿童（包括 ASD、智力障碍两类），每名儿童在家长的陪同下每周接受半天的培训。

之所以选择雨人烘焙屋，一方面是因为该中心在自闭症圈很有影响力和知名度，在 ASD 儿童就业难的当下，该中心在全国是首个尝试探索 ASD 就业道路的家长组织，我到北京上学之前就多次听说该中心。ASD 儿童就业是家长的一大困境，是关系 ASD 儿童家长抗逆力的危险因素。正在为孩子的就业而努力的家长遇到了什么困难？如何看待这些困难？这些都是我非常感兴趣的问题。另一方面是因为该烘焙中心的管理员家长轩轩妈妈是我熟识多年的好友，为我进入研究现场提供了便利,而另一位重要的家长齐齐妈妈是烘焙屋的总负责人,她撰写了1 000多篇博客日志,详细记录了孩子从出生到现在的成长过程,以及家庭生活的喜怒哀乐,是了解ASD儿童及家长日常生活的活教科书。我是齐齐妈妈博客的忠实粉丝,她更新的每一篇日志我都有看过。2014年11月,我陪同武汉的家长到烘焙屋参观,第一次见到了齐齐妈妈和传说中的"齐阿哥"。

(三)进入研究现场

轩轩妈妈是我熟识多年的好友,是雨人烘焙屋的业务负责人,成为我进入研究现场的"守门员"。雨人烘焙屋举办义卖活动需要志愿者的时候,轩轩妈妈会叫上我去帮忙,也会邀请我去中心听专家讲座。由于轩轩妈妈的关系,我在论文选题确定前,就已经以志愿者的身份而非研究者的身份进入了研究现场,与研究现场中的关键人员齐齐妈妈、乐乐妈妈建立了熟人关系。

当我确定研究选题和研究现场后,在轩轩妈妈的安排下,我从2015年10月24日开始以志愿者的身份每周六和周日两天到烘焙屋做志愿服务,协助ASD孩子做糕点、给ASD孩子讲故事等。我在进入现场之初没有告诉家长我的研究目的。一方面是考虑到我虽与轩轩妈妈、齐齐妈妈、乐乐妈妈熟识,但是与烘焙屋的其他家长并不熟悉,对她们而言,我依然是一个突然闯入的"外人",一入场就带有如此明确的目的会让家长反感。另一方面是因为,我需要通过问卷筛选出高抗逆力水平的ASD儿童家长,问卷填写的质量会直接影响我对研究对象的筛选。而家长在填写问卷时,出于对陌生人的戒备和排斥,可能会出现随意作答的现象,影响问卷结果的质量。如我所料,刚入场时,便有部分家长对我的身份表示过质疑。一位家长说:"我参加过很多活动,但是从来没有看到过北京师范大学特教系的志愿者,都不知道北京师范大学还有特殊教育专业。"另一位家长则表示,很多学生一来就发问卷,问卷收走了就见不到人了。对于家长的质疑我虚心接受,站在家长的角度来想,谁也不愿意被当作获取信息的工具。中国是一个讲究人情的社会,陌生人可以通过一来一往变成熟人,熟人之间可以相互帮助,才不至于产生被剥夺感。以下是我第二次进入现场之后写下的反思日记。

研究者在寻找研究对象时,往往过于乐观。他们认为自己的研究具有重要的意义,从而潜意识地认为研究对象也会对其研究有着同样的重视。实际上,研究对象并不会这样认为,填写问卷、接受访谈并不能够给他们的生活带来什么改变。此外,这些家长在抚育ASD孩子的过程中,遭遇过很多的挫折,在被研究者"调查"

的过程中，他们要去回想曾经经历过的伤痛，这些回忆有可能对家长造成伤害。因此，如果家长不信任研究者，肯定不会愿意接受访谈。研究者在不能为家长带来实际"好处"的情况下，以情动人很重要。

2015年10下旬到2016年5月底，近7个月的时间，我周末全在雨人烘焙屋度过。在正式发放调查问卷之前，我花了5个周末的时间与家长建立关系。在这期间，我没有急于暴露自己的研究身份，而是以做志愿服务为主。家长带着孩子来上课的时候，我便辅助孩子签到、穿戴工作服、洗手、准备做糕点的工具和食材、按照流程图做糕点、清洗厨具和工作台……家长们在休息室聊天时，我会到休息室参与家长的谈话，在这个过程中对家长带着孩子康复的经历有了更深的感受。2015年11月，下了好几场大雪，天气非常寒冷，周末不断有家长请假，但是我依然坚持按时到烘焙屋，齐齐妈妈和家长们非常感动，对我也更加地信任，家长有问题也开始找我帮忙。例如，有一位家长希望我帮她找一位陪读老师，陪着孩子在普通学校上学；有的家长希望我帮她向特教中心反映孩子上不了学的问题；有的家长则会在孩子的教育遇到问题时向我咨询……对于家长的问题，我虽然不能一一解决，但是会尽最大努力给予帮助。齐齐妈妈最大的爱好是读书，她在烘焙屋的休息室放了两排大书架，买来很多适合孩子和家长读的书。我发现孩子们每次做完糕点后，有很长一段时间要等待糕点从烤箱出炉，这段时间孩子们无所事事，要么低头玩游戏，要么在走廊上闲逛。我和齐齐妈妈商量后，把孩子们组织起来一起读绘本，而另外一位教体育的ASD儿童爸爸则将不爱读书的孩子组织起来打太极。自此，孩子们在烘焙屋的业余生活丰富了很多。在与雨人烘焙屋的家长建立了良好的信任关系后，我才开始向家长发放我的调查问卷，为筛选研究对象做准备。

（四）筛选研究对象

我于2015年12月6日和12月7日向家长发放了CD-RISC量表。该量表包括能力、本能、接受变化、控制和精神影响五个维度，由25个题目组成，如"我喜欢挑战""我可以控制自己的生活""当发生变化时，我能够适应""纵然看起来没有希望，我依然不放弃"等。量表采取5级评分制，包括"从不""很少""有时""经常""几乎总是"5个级别，得分分别为0分、1分、2分、3分、4分（量表见附录二）。该量表的内部一致性系数为0.89，再测信度系数为0.87，信效度较高，在抗逆力领域的研究中被广泛应用。CD-RISC量表的中文版由肖楠等人修订后，形成了适合中文被试的三因素结构，分别为坚韧、自强及乐观，内部一致性系数达到0.91。我通过邮件与CD-RISC量表的编订人之一Jonathan Davidson取得联系，获得了CD-RISC量表中文版及使用手册的使用权。

为了避免家长对自己的得分情况有所顾虑，问卷采用不记名的方式填写。但是为了事后能够挑选出特定的访谈对象，我事先对发放的问卷进行了编号。共18名家长填写了问卷，其中ASD儿童家长14人，非ASD儿童家长4人，这4人不在本研究的对象之列。对回收的14份问卷进行抗逆力得分计算，只有齐齐妈妈、成成妈妈、乐乐妈妈的抗逆力得分不低于80分，且孩子的年龄不小于15岁。三位家长的抗逆力得分分别是81分、80分、80分。基于问卷筛查的结果，我初步确定了齐齐妈妈、成成妈妈、乐乐妈妈三位访谈对象。

除了以上三位研究对象，我随后又通过滚雪球的方式联系了另外两位ASD儿童家长。确定这两名访谈对象的原因为，本研究的核心主题抗逆力扎根于本土文化中，我希望能够看到在中国文化背景中的ASD儿童家长遭遇困境与应对困境的独特反应模式。我在雨人烘焙屋与一位ASD儿童家长峰峰妈妈聊天时，她提及她人生中的一个重大改变引起了我的兴趣。她说她在机场书店偶然翻看了《黄帝内经》，《黄帝内经》强调每个人的身体器官都有其作用，比如人的脚后跟永远默默无闻地藏在鞋子里面，不会像脸一样风光地露在外面，但是脚后跟也是人体很重要的一部分。她从这里面悟到，人也是如此，每个人都有每个人的作用。"我以前总是拿我孩子和同龄孩子比较，对他提很高的要求，当他达不到的时候，我就很痛苦。但是我现在就觉得，他做最好的脚后跟就行了，没有必要去跟'脸'争。"峰峰妈妈的一席话让我看到了本土文化的力量，中国的文化博大精深，处处充满了智慧，这些文化密码以显性的或者未觉知的方式影响着看问题和做事的方式，从而使ASD儿童家长的抗逆力也带有本土化的特色。非常幸运的是，当我不断思考ASD儿童家长抗逆力的文化模式时，不断接触到有着同样思考的家长。

2015年12月中旬，睿睿妈妈到乐乐妈妈办的幼儿园做讲座。睿睿妈妈在讲座中提及，她和睿睿爸爸十多年来一直坚持用传统文化修身，并用传统文化提升孩子的能力，现阶段的睿睿已经很难看出ASD孩子的典型特质。我对睿睿妈妈的讲座非常感兴趣，便与睿睿妈妈建立了联系。随后，睿睿爸爸也受乐乐妈妈的邀请到幼儿园做讲座，与睿睿妈妈讲故事的讲座方式不同，睿睿爸爸将他们多年来干预睿睿的方法做了经验总结和理论提升，有着严谨的干预逻辑。为了深入了解睿睿父母的故事，我紧接着报名参加了睿睿爸爸举办的为期三天的公益讲座。在这个过程中，我与睿睿爸爸熟识后，还一起合作撰写了两篇研究论文，并成为睿睿爸妈组建的骨干家长群中的一员,以及睿睿爸爸巡回公益讲座的筹备组成员。我最初将睿睿爸爸列为我访谈的重要人员,但是在与睿睿爸爸进行第一次正式访谈之后,我决定将目标对象调整为睿睿妈妈。调整的理由主要是我希望了解家长的心路历程,需要大量丰富的、基于情景的信息和生动的故事。但是睿睿爸爸作为理工科博士,思考问题时非常理性和严谨,所谈及的内容多是从众多的细节信息抽离之后的理性思考,而很少谈及具体的细节。在内心情感的暴露方面,男性与女性也有差距,睿睿爸爸很少与我分享他情感层面的内容。而睿睿妈妈与睿睿爸爸正好相反,她谈起睿睿的事情,如数家珍、妙语连珠,让人身临其境,能为本研究提供丰富的背景信息。在随后的访谈中,我以睿睿妈妈的访谈资料为主,睿睿爸爸的访谈内容则只作为补充资料。

了解睿睿爸妈的故事之后,我希望能够找到更多类似的家长。来自河北省的斌斌妈妈成为我的第五位访谈对象。斌斌妈妈是河北省 C 市自闭症康复机构的创办人,我 2012 年便与她熟识,曾与她一起合编过书籍。2012 年 11 月,斌斌妈妈到武汉做公益讲座,她在讲座中提及国学经典对自己和孩子的帮助,并列举了用《弟子规》规范孩子行为的案例。这是我第一次听家长谈及传统文化在家庭教育中的运用,与睿睿爸爸谈及的很多内容有着相似性。2016 年上半年,睿睿爸爸到 C 市开办公益讲座,我应邀前去做志愿者。借这次机会,我与斌斌妈妈进行了第一次访谈。

通过目的性抽样,我最终确定了 5 位访谈对象,分别是齐齐妈妈、乐乐妈妈、成成妈妈、睿睿妈妈、斌斌妈妈(以上均是化名)。以孩子妈妈来称呼五位家长,是因为无论是在虚拟的社交平台还是现实生活中,家长都以"××妈妈"或者"××爸爸"称呼对方,似乎不在乎自己是谁,只在乎自己是孩子的父母这一身份。五位家长及其 ASD 孩子的信息如表 3-1 和表 3-2 所示。

表 3-1 五位家长的基本信息

姓名	年龄/岁	学历	子女人数/人	曾任工作	现任工作	家庭月收入/元	抗逆力得分
睿睿妈妈	50	研究生	1	外企高管	家庭主妇	1万以上	92
斌斌妈妈	42	本科	2	中学教师	自闭症机构创办人	1万以上	83
齐齐妈妈	49	本科	1	企业员工	雨人自闭症就业支援中心创办人之一	1万以上	81

续表

姓名	年龄/岁	学历	子女人数/人	曾任工作	现任工作	家庭月收入/元	抗逆力得分
乐乐妈妈	44	研究生	2	大学教师	幼儿园园长，雨人自闭症就业支援中心创办人之一	1万以上	80
成成妈妈	51	研究生	1	大学教师	家庭主妇	1万以上	80

表 3-2　五位家长的 ASD 孩子的基本信息

孩子姓名（化名）	年龄/岁	性别	严重程度	教育安置	诊断年龄/岁
睿睿	15	男	中度	私立初中在读	3.5
斌斌	18	男	轻度	公办普通高中在读	3.5
齐齐	17	男	中重度	特殊学校职业高中在读	3
乐乐	15	男	中重度	特殊学校职业初中在读	3
成成	22	男	中轻度	特殊学校职业高中毕业	6

三、资料收集的方法

本研究收集资料的主要方法为开放式深入访谈（访谈提纲见附录一），辅以参与性观察、实物收集和非正式访谈。

（一）访谈

1. 正式访谈

2015 年 12 月至 2016 年 12 月，我对五位家长各进行了三次正式访谈。访谈的地点一般选在咖啡厅、访谈对象的办公室或者家中。访谈时长大约为 2 个小时，但是每次去睿睿家访谈时间均长达 5 个小时左右，一般是下午两点半到睿睿家，晚上九点左右才离开。第一次访谈以开放式问题为主，让家长完整讲述其心路历程。这期间，我准备了初步的访谈提纲，但是只是起一个提示的作用，帮助我对家长谈及的内容进行追问以及让访谈的内容不远离访谈的主题。对第一次访谈的内容进行整理和分析后,我发现家长在第一次访谈中的核心主题是"我与孩子",较少出现家长与其他家人以及与其他社会群体的关系。因此,第二次访谈时,我重点将家长置于更大的社会空间中,从家长与其他重要人,以及与社会大环境的关系等来看待家长的困境以及家长如何获取资源。第三次的访谈则主要是在编码分析之后的查漏补缺,并重点了解家长目前的生活状态以及家长如何看待将来的生活这两个问题。本来预计做完第三次访谈之后,将家长聚在一起做一次焦点团体访谈,但是在与家长接触的过程中,我发现这些大龄家长走到今天,每个人都有她们自己的"一套",也非常坚信自己的"一套",并向年轻的家长输出自己的经验。当谈及别人的做法时,相互之间虽然彼此尊重,但是对别人的做法可能并不认同。

访谈不是客观地向访谈对象收集资料的过程,而是一起营造访谈情景,共同建构事实。因此,访谈者在访谈过程中扮演的角色和访谈的技巧十分重要。我在对五位家长进行访谈时,注重遵循两个原则。

(1)注重与访谈者关系的建立。ASD儿童的家长经历了常人难以想象的艰辛和悲痛,沉痛的经历让他们对外界充满了警惕和防御。如果ASD儿童母亲对作为"局外人"的研究人员没有足够的信任,或许不愿意接受访谈,也或许在访谈的过程中不愿意向其敞开心扉。对于研究者来说,如果没有深入到研究对象的日常生活,不了解访谈对象在真实生活情境中的认知、行为方式,也很难在访谈中与访谈对象进行有效的沟通。因此,我在正式进行访谈前,以志愿者的身份在雨人烘焙屋进行志愿服务,并与访谈对象进行非正式的谈话,通过日常的接触建立良好的关系,建立彼此的信任。正因为有这份信任,家长才可以放心地将她的故事讲给我听。齐齐妈妈在访谈结束时用"掏心掏肺"来形容她与我的访谈,她说齐齐的"癫痫"对她而言就是一个噩梦,她不愿意对人提起,但是在第一次的访谈中齐齐妈妈就给我讲述了齐齐"癫痫"发作前后的事情。

(2)注意提问、倾听、回应等技巧。质的研究十分强调访谈过程中研究者的提问、倾听和回应能力。访谈者如果听不到受访者的真实意图,根本无法进入对方的内心世界,也就不可能对对方的意图做出积极的回应和进一步的探询。与家长访谈时,我仿佛随着这些家长一同经历了她们人生的大喜大悲和大起大落。在家长的故事中,我陪着家长一起哭一起笑,对家长的遭遇感同身受。正是因为我的这份真诚,家长在接受访谈时,逐渐忘记自己被访谈者的身份,而将这场访谈当作一次倾诉,愿意打开心扉告诉我深埋在心底的故事。

2. 非正式访谈

非正式访谈是就情境中发生的具体事情随机问家长，能够为正式访谈的资料提供丰富的信息。我在雨人烘焙屋做志愿者期间，会就孩子或者家长当天的状态与家长随机聊天，这种非正式的访谈有时候反而能够比正式访谈带来更多的信息。例如，有一次，我与成成妈妈谈起成成在做糕点时非常有耐心，摆放糕点时也非常整齐。齐齐妈就我这个话题谈起她自己的性格，说自己也是那种做事很慢的人，继而谈到自己小时候的生活，让我从她的讲述中了解了她的成长环境。她说自己的父母忙于工作，从小是外婆带大的，所以自己生孩子之后儿女心很强，希望花更多的时间陪孩子。这也是她后来辞职陪孩子的一个重要原因，为我的研究提供了很重要的背景信息。

此外，在深入家长生活的过程中，与家庭成员或者员工进行非正式的访谈也能够为我的研究提供重要的信息。例如，我从与烘焙屋的员工谈话的过程中了解到烘焙屋年轻员工生活的艰辛以及员工频繁辞职的信息，也了解了家长为孩子就业寻找出路的艰辛。有时候 ASD 孩子的其他家庭成员也会到烘焙屋来陪孩子上课，在与这些家庭成员的非正式访谈中，我也了解了访谈对象更多的家庭信息。例如，在与乐乐爸爸的一次聊天中，我了解到乐乐进入普通学校之后，为了给孩子创造好的学校环境，乐乐爸妈帮助乐乐的学校向教委写申请材料，申请建设资源教室。齐齐妈妈在访谈中多次提及外婆的善良和外婆对家里的帮助。在参加齐齐妈妈新书发布会时，我见到了齐齐的外婆。在与齐齐外婆聊天的过程中发现，确实如齐齐妈妈所说，这位善良的老人是整个家庭的润滑剂……总之，非正式访谈获得的资料成为正式访谈的重要补充，同时也为正式访谈的追问提供了素材。

（二）观察

观察可以将研究对象的行为放在此时此地的社会文化脉络中，对其发生的过程，以及相关人员间的互动关系获得较为直接、完整和全面的了解。因此，观察可以深入地提供此时此地，关于情境、互动、关系、行动、实践、角色和组织等方面的资料。本研究中，我通过参加访谈对象的团体组织活动、家庭活动等方式，了解研究对象在生活中与重要他人互动的方式、处理问题的方式以及日常生活状态等，间接了解研究对象目前的生活态度和心理状态。观察获取的资料也为后续展开深度访谈提供了背景资料，便于设身处地地理解家长的谈话内容，并向家长提问和追问。例如，我在随成成妈妈和成成参加大学生组织的志愿活动时，在公交车上，成成说话声音大、语速快,语调也明显与常人不同,公交车上的乘客纷纷投来怪异的眼光。但是成成妈妈非常和气、耐心地回答成成的问题,从来没有表现出一点不耐烦。在访谈中,当我就这一现象问成成妈妈时,她谈及她对成成的态度也经历了从排斥到接纳的过程,正是因为她对成成态度的及时调整,成成在青春期很少出现情绪问题。

观察资料也可以对研究对象在访谈时提供的资料进行相关检验,尤其是进入访谈对象的家中,家庭成员之间的相处模式,以及家庭生活状态能够为本研究提供非常重要的情景信息。例如,睿睿爸爸在讲座中播放了许多睿睿一路成长的视频,让我们看到了一个曾经浸润在自我刺激中的典型ASD小孩,成功变为彬彬有礼、多才多艺的翩翩少年。但是睿睿在现实生活中的情况到底怎样?我非常渴望能够真真切切地见一见这位传奇少年。我第一次到睿睿家访谈时,睿睿带着我参观他的书房,给我看他的书法作品,给我弹奏乐器……听他和睿睿爸爸讨论白天在学校学习二胡时的收获,看他吃完饭后主动帮妈妈洗碗……与一家人相处了整整7个小时,我在这个家庭里丝毫没有感受到ASD家庭的愁苦和紧张,反而是比正常家庭多了一份安宁。在C市访谈斌斌妈妈时,斌斌放学后就赶紧拿出作业本写作业,不需要家长耳提面命。访谈结束后,斌斌很有礼貌地将送我到楼下,直到我坐上出租车离开参与到家长的生活中,让我切切实实感受到了家长鲜活的故事,对家长走出困境之后的生活状态有了切身的体验。

(三)实物收集

实物收集可以扩大我们的意识范围,提供与研究对象言行有关的背景信息,也可以对访谈资料进行补充和检验。本研究中需要ASD儿童家长通过回忆来叙述其抗逆力的发展过程,由于时间久远,回忆过程中难免遗漏生活中的关键事件和信息,而家长的网络日志和动态、个人日记、网络报道、珍贵的照片等实物资料则能够帮助他们回忆过往。尤其是齐齐妈妈,自2001年孩子被确诊为自闭症开始,就坚持以博客日志的方式记录孩子的成长过程以及自己的生活,目前博客日志数量已超过1 500篇,点击量过百万。当我听说了这位"名妈妈"之后,坚持看完了她所有的日志,一幅ASD孩子及ASD家庭成长的动态画卷清晰地呈现在眼前,心酸、悲伤与温暖交织其间,我也因此结识了这位了不起的妈妈。因此,研究者在家长允许的情况下,阅读与家长相关的实物资料,能够帮助研究者了解家长曾经的生活故事,从而更加深刻地理解访谈对象的访谈内容。

除了与五位家长有关的实物资料，我也对我国与 ASD 儿童相关的法律法规、教育政策、政府文件等进行收集和分析，以了解 ASD 儿童家长所面临问题的历史、政治、社会条件等结构性情景，这些决策也将成为 ASD 儿童家长行动的条件。此外，为了更加凸显具体文化情景中 ASD 儿童家长特有的困境以及应对困境的行动模式，我也收集了国外相关 ASD 家长撰写的书籍，主要包括《拯救威利——一个父亲为自闭症儿子创造的多彩人生》《我把自闭症儿子养育成天才》等，以便从中西方文化背景下 ASD 儿童家长行动模式的对比中，来总结我国 ASD 儿童家长抗逆力的特殊性。

四、资料分析的方法

在质性研究中，资料收集和资料分析是同步进行的。对资料的及时整理，一方面可以把访谈过程中感触最深的事件、当时的情感和想法等记录下来，避免这些重要信息因为时间久远而被遗忘；另一方面，也可以发现访谈问题，便于下次访谈时进行追问，或者对以后的访谈问题或策略进行改进。因此，在研究的过程中，我会边收集资料，边写备忘录对资料进行分析，实现资料的收集和分析循环往复的动态过程。在具体分析资料的过程中，我采用了类属分析和情境分析相结合的方式。

（一）类属分析

类属分析是在资料中寻找反复出现的现象以及可以解释这些现象的重要概念的过程，具有相同属性的资料被归入同一类别，并且以一定的概念命名。在发展类属的过程中，第一步是编码，目的是将资料分开，然后对它们进行重新分类，以方便同类事情之间的比较，以及促成理论概念的提出。编码的过程要求研究者对资料中的每一个词语都进行认真的思考，需要不断地通过问问题和比较的方式进行，比如不断地问："这句话是什么意思？这个现象说明了什么？"做完第一步的分析之后，要在众多标签的基础上发展类属。类属是将与同一现象有关的编码聚成一类的过程，每一个类属下面的下属类属是该类属所包含的意义维度和基本属性。例如，家长在面对孩子在不同阶段出现的问题以及给自身带来的困境时，为了解决问题，在不同的阶段会采取不同的行动方式，"当早期康复师""当课后辅导师""当职业规划师"成为 ASD 儿童家长特有的新身份和新角色。这三个类属再向上发展，则可以归纳为家长当老师，表明家长在面对支持不足、资源缺乏的社会现实时，主动应对困境的现实举措，如表 3-3 所示。

表3-3 三级编码举例

一级编码	二级编码	三级编码
在家训练	当早期康复师	家长当老师
家里设置小教室		
为孩子创办康复机构		
拼命地教		
恶补特教知识		
学习如何干预自闭症		
24小时和孩子在一起		
动作协调训练		
密集教学		
生活就是训练		
纠正孩子课上的问题行为	当课后辅导师	
制作专属小画书		
特制小课件		
补课到深夜		
查漏补缺		
甩别人几条街	当职业规划师	
家长和孩子互为老师		
孩子能养活自己		
让孩子养活团队		
不就业也无所谓		
会生活最重要		
孩子在家里打工		
充当孩子的垫脚石		
希望孩子创业		
孩子人生要精彩		
规划孩子创业路		
铺设孩子的创业梦		

将五位家长的访谈资料进行开放性编码之后,对一些重要内容在编码的过程中我会及时写备忘录,为后序的分析做准备,备忘录节选如表3-4所示。

表 3-4 备忘录节选

文本	编码	备忘录
我很清楚我的使命就是把睿睿研究清楚，然后把方法总结出来告诉大家。这就是我的使命，其他的事情我做不了。你要让我办机构，我办不了	将研究自闭症作为人生使命	在中国的文化传统中，个体不是一个独立权利主体和精神主体，变成由外力去约束的对象。在睿睿妈妈身上体现得很明显。她的使命就是把睿睿研究清楚，从而把她自己的生命研究清楚，这清晰地体现了这种关系。如果不是为了睿睿，她自己的价值会在工作中发挥得淋漓尽致，但是她最终选择了在孩子的成长中体现自己的价值
我：您那个时候的打击是不是也来自睿睿学习方面的压力？ 能够睿睿妈妈：是啊，你说如果他到了中学，还是这个样子，那谁受得了？到了中学了，那么忙，他也没有时间搞他自己心爱的乐器，作业还做不完，那不是更加节节溃退吗？那还不如自己选择一条、自己退出来算了	体制学校带来的无望	孩子的先天不足与体制教育去个性化的教育模式之间的矛盾，对于对孩子的将来有高要求的家长来说是一个不得不解决的困境。有些自闭症孩子的家长无法解决这一困境，只要求孩子能在这个环境中混下去，但是这位家长无法接受孩子混下去的结局，无法接受孩子没有希望的将来。面对教育制度带来的困境，个人要凭一己之力去改变体制显然希望渺茫，家长只能选择"退场"，避免正面冲突。通过"退场"寻找新的出路，重新找回对孩子将来的控制感

（二）情境分析

情境分析是将资料置于其所处的自然情境中，按照故事发生的时间序列对有关事件进行描述性分析。类属分析抽离出的主题只是几个点，无法反映事件的动态过程，而情景分析和其叙事结构则更加贴近当事人的生活。访谈中，每一位家长的故事线是较为清楚明晰的，她们在访谈中自然而然地从发现孩子有问题开始谈起，然后顺着孩子早期康复、上学、就业的发展轨迹，将故事按照孩子的发展展开。孩子的发展成为情景分析中一条重要的时间线索。在第四章通过情境分析的方式展示了一个完整的、具有典型性的故事，呈现了家长抗逆力的动态发展过程。在此情境分析的过程中，也可以将类属分析融入其中，使故事按照一定的主题、层次展开叙述。

第三节 研究效度与研究伦理

本研究通过解决描述型效度和评价型效度来确保研究资料、研究过程的真实可靠。此外，通过解决研究身份的暴露问题、研究对象的个人隐私与保密问题、研究对象参与回报的问题以及结束研究关系的问题，回应了本研究的研究伦理考量。

一、研究效度

质性研究和量化研究一样，也使用效度来分析研究是否是真实可靠的，但是质性研究的效度不是将研究结果与客观存在进行比较，而是看研究的表述是否真实地再现了研究过程。本研究主要解决描述型效度和评价型效度。

（一）描述型效度

描述型效度指的是对可观察到的现象或事物描述的准确性。本研究在描述型效度方面主要考虑以下几方面的问题。

1．研究者的身份以及研究者与研究对象的关系问题

当我以博士生的身份出现在家长面前时，家长有可能把我当作专业人士对待。这样的身份可能会给家长造成一定程度上的压力，或者家长希望通过和我的对话获取对其孩子康复有用的信息，而偏离了访谈的主题。为了避免这个问题，我尽量淡化自己博士生的身份，而是以一名志愿者的身份参与家长的活动。在参与活动的过程中，多以询问的方式与家长沟通，而不是以专业人员自居随意给家长提建议。在访谈时，我多次提醒自己，不要好为人师，不以自己的专业知识随意下判断，而是对访谈对象谈论的内容保持好奇和新鲜感，通过追问、重复等策略了解更多相关的细节。

2．记忆问题

研究对象在访谈中要回忆过去发生的事情，但可能因为时间久远，对某些具体的问题已经记不清楚了，只能提供大概的描述，而不能提供更多细节，有时甚至会忽略一些重要的事件。尤其是在正式的访谈中，由于访谈时间短，研究对象很容易只选择性地回忆部分内容。为了避免这个问题，我在正式访谈前通过日常谈话先了解研究对象过去的粗略情况，并及时记录研究对象提及的重要线索；在正式访谈中，当研究对象未提及这些重要事件时，我便可以提出相关问题。另一方面，研究对象在自然轻松的场景中，容易回忆起一些关键性的片段。此外，我还在条件允许的情况下，通过对与研究对象相关的重要他人，例如其同事、家人进行访谈，以了解更多信息。阅读研究对象的博客、微博、微信记录等，也是了解其过去信息的重要途径。

3. 研究效应

正式访谈中，研究对象可能与平时表现得不一样。例如，在有录音的情况下，研究对象为了留下好的印象，可能会尽量展示自己好的行为，而隐去自己过去失败的、痛苦的经历。对于这一现象，我绝对地尊重、理解研究对象。此外，我尽量创造轻松愉快的谈话氛围，让研究对象放松下来。观察、日常谈话、实物收集、与重要他人的访谈收集的多方资料，也成为验证研究对象表达内容真实性的重要策略。

（二）评价型效度

评价型效度是指研究者对研究结果所作的价值判断是否恰当。在与ASD儿童家长接触的过程中，我深感他们的不容易，更被他们的勇气所折服。看到他们向政府建言献策、通过媒体做ASD宣导、成立机构解决孤独症孩子的生存问题……基于这样的实践经验，我形成了一个判断：ASD事业能有今天的局面，全靠家长点滴努力的汇集。在政府、社会尚未关注或尚未提供解决措施时，是ASD儿童家长先行打开了局面，并带动了社会的关注和推动了政府政策的完善。这种判断使我将有权威的家长置于ASD事业领军人的地位，给他们的行动赋予太多道德层面的意义。但是，通过访谈发现，家长帮助ASD群体的最初动机多是救自己的孩子，例如，乐乐妈妈为了孩子创办融合幼儿园，齐齐妈妈为了孩子办烘焙屋。而且，并非所有的家长都是带着崇高的理想在从事ASD事业的，他们行动的背后充满了"政府不动，家长不得不先动"的无奈，这些行动便带有了困境的含义。因此，我在研究的过程中，不断提醒自己不要强加个人的判断于家长，提醒自己让家长讲述故事，并从家长的角度分析故事。

二、研究伦理

（一）关于是否公开自己的研究身份问题

我采用了逐渐暴露的方法，在正式发放问卷及正式联系访谈人员之前，我一如既往地保持自己志愿者的身份，到烘焙中心服务和参与家长举办的活动。由于我一直不间断地参加家长的活动，所以志愿者的身份并不是为了研究才刻意为之。在这期间，我采取与家长日常聊天的形式，了解家长的背景信息。因为没有争取家长的同意，我没有录音，而是在事后或者活动空闲时间才及时记录有用的信息。与家长建立了友好的、相互信任的关系后，我才向家长表明自己的研究目的，并征询家长参与研究的意愿，获取家长的同意后才对家长的谈话进行录音。

（二）关于研究对象的个人隐私与保密问题

我在研究开始之前与家长签订了保密协议，许诺不会暴露他们的隐私。在研究论文中，一切与家长有关的人名、地名和单位名等关键信息，都将使用匿名。此外，部分研究资料源于家长博客，为了防止原文引用暴露家长身份，我在引用时，有在其原文的基础上稍加调整。

（三）关于回报的问题

ASD儿童的家长参与我的访谈，为我的研究提供了丰富的信息，这些信息大部分是个人的隐私，甚至会让家长再次回想过去的伤心往事。而且家长要忙于机构的事务，又要照顾孩子，抽出时间参与我的访谈并非易事。因此，当家长需要帮助时，我尽力提供自己力所能及的帮助，比如到活动现场帮忙做会务工作；在机构的日常教学中为孩子提供指导；家长问及我某些专业问题时，给予适当的建议；家长烦心的时候，积极地陪伴与倾听；为家长提供相关的重要专业资料和信息等。例如，烘焙屋的经营十分艰难，主要靠卖饼干赚取一定的费用维持日常开销。烘焙屋经常举行义卖，我会主动报名参加他们的活动，最远的一次是跟随家长到河北卖糕点。我也会经常在社交网络上分享烘焙屋的宣传信息，向身边的朋友推荐烘焙屋的糕点，尽力帮助她们销售产品，体谅家长的辛苦。我也会在访谈结束后请访谈对象吃饭，或者在恰当时机给家长赠送合适的礼物。2015年圣诞节，我给烘焙屋的每个孩子都买了一份小礼物，看到孩子们收到礼物开心的样子，自己也觉得很幸福……这些微小的帮助对于家长来说或许算不上什么，但是她们能够感知到我的诚意，我也通过这些举动真真切切地融入这个群体，而不是为了建立关系而建立关系。

（四）关于如何结束研究关系的问题

国内一位有权威的ASD儿童家长在一次讲座上说："家长的故事不是研究的重点。"当时听到这句话感触颇深，也是曾经困扰我的问题。曾经有一位ASD孩子的家长私下向我抱怨："我很不喜欢填问卷，每次填问卷，看到那些问题心都是揪着的。这些搞研究的把问卷收走后，跟我们一点关系都没有，对我们也没有任何帮助，他们就是为了自己的研究成果。"家长的抱怨透露出他们对研究人员研究成果的期待，他们希望研究成果能够对现实的困境有所帮助，另一方面希望研究者有持续的跟进，而不是在获取资料后便"抛弃"研究者，带着研究资料"逃之夭夭"。

对于与研究对象的关系，我一直以来都在以志愿者的身份参与家长活动，并尽自己所能帮助这个群体，因此研究的结束并不是研究关系的结束。相反，我对家长的生活和应对困境的动态过程有了更深入的了解，将来能够更有效地帮助这个群体。对于研究成果，我希望能够通过公益讲座、出版相关成果的方式，让更多的家长了解成功应对困境的经验，让更多的家长从中受益。

第四章　绝望中的希望：抗逆力的动态过程

　　近年来，社会大众对 ASD 群体的关注越来越多。但是翻阅有关 ASD 的新闻，报道的大多是些悲伤和绝望的故事，读之压力扑面而来。例如，在第十个自闭症日即将来临之际，类似"大龄自闭症家庭的终极焦虑：我死了，孩子怎么办？""自闭症少年在托养中心死亡"等新闻报道引发了社会广泛的热议。面对处处充满绝望的 ASD 群体，那些适应良好的家长的故事显得极为珍贵，能够为困顿中的家长带来希望。鉴于类属分析抽离出的主题或概念脱离了具体的情境，以及忽略了资料的连续性，无法反映动态事件的流动过程，本研究在进入以类属分析为主的第五章和第六章之前，采用情景分析为主、类属分析为辅的方式，呈现一位家长抗逆力的完整故事，目的在于用自然、连贯的方式，再现 ASD 儿童家长抗逆力的时间序列，使读者对 ASD 儿童家长应对困境的过程有一个全面、细致的了解。

　　访谈中，五名 ASD 儿童家长调动资源以及应对困境的行动具有共通之处，体现出相似的文化内涵。但是家长何时开始展现抗逆力、抗逆力何时面临解体以及何时又发展出新的抗逆力，这一具体的发展轨迹则不尽相同，例如齐齐妈妈在孩子确诊后陷入绝望中，但是孩子进入小学的这段时间，成为齐齐妈妈人生中最享受的时光，而这段时间对成成妈妈来说则是"动荡的岁月"。当孩子进入青春期后，有的家长能够享受孩子成长的喜悦，而斌斌妈妈和齐齐妈妈却又开始为孩子新出现的青春期情绪问题而焦虑。因此，在同一个故事中，无法以时间为主线，将所有访谈对象抗逆力的发展过程串联起来。本研究最后决定选择呈现睿睿妈妈的故事，理由主要有两点。

　　第一，睿睿妈妈是五位家长中抗逆力得分最高的，是本研究最具有代表性的家长。抗逆力水平越高，说明家长的适应状态越好，对睿睿妈妈的访谈和生活观察也印证了这一结论。我至今回想起在睿睿家做访谈的情景，依然觉得很温馨。我和睿睿妈妈在她的"主战场"餐桌边访谈，睿睿则在书房看书练字，完全不需要家长的叮嘱和陪同。孩子到了弹钢琴的时间，来到客厅见我们聊得正酣，又安静地回到书房调整自己的学习内容。吃完晚饭后，我们继续未谈完的话题，睿睿则穿着妈妈的花围裙在厨房忙碌开来。当我就这个情景问及睿睿现在做家务的能力时，睿睿听了妈妈给我的回答，似乎并不满意，提出了他自己的看法。

睿睿：妈妈，我给你说一个错误啊。当然你也不用太紧张，也不要太往心里去啊。

睿睿妈妈：你说。

睿睿：其实我跟你说，就你刚才回答姐姐做家务这个问题，可以用一句话就概括了。什么一句话呢？得要我自己想做的时候，自然而然就去做了。其实一句话就可以概括的嘛。

睿睿妈妈：这样啊，我没有这么了解你的内心啊！

三次在睿睿家访谈的亲身经历，让我感受到了普通儿童家庭应有的轻松、愉快和有序，这和以往与其他ASD家庭相处，时时刻刻担心孩子出状况的紧张感截然不同。家长和孩子经常围绕传统文化经典展开平等的对话，又让这个家庭多了一份一般正常家庭很难拥有的智慧和安宁。对于此前睿睿爸爸在讲座中提及的"享受ASD"，我始终无法理解，做到接纳ASD已属不易，又何来享受？但这几次访谈的经历让我对睿睿爸爸提及的这种状态有了直观的感受。很多家长同我一样，对"享受ASD"这种状态是陌生的，是不敢企及的。本章将睿睿妈妈从困境走向"享受ASD"的过程呈现出来，能够给困境中的ASD家长以希望。

第二，从睿睿妈妈访谈资料中浮现出的类属，具体体现了本研究抗逆力行动模式中所要讨论的所有重要主题。尤其是改变自己层面的"内省修身"和接纳孩子层面的"变废为宝"两大主题，在之后ASD儿童家长抗逆力发展机制中占有重要地位，而这两个主题则是睿睿妈妈抗逆力发展过程中的两个重要支点。其他几位家长虽然有体现这两大主题，但是没有睿睿妈妈如此深刻。例如，"内省修身"成为斌斌妈妈人生的转折点，但是她在"变废为宝"发展孩子特长方面并没有如睿睿妈妈一样，将其当作一项核心策略。因此，睿睿妈妈发展抗逆力的行动模式具有典型性和代表性。在进入类属分析为主的章节之前，本章以睿睿妈妈的故事为代表，将提取出的类属置于家长的心路历程中，还原了这些重要类属所处的具体情景。

第一节 深陷绝望

人生的种种预设还没来得及展开，便被一纸残疾判书击得粉碎，孩子的残疾和自己未知的将来让我焦虑又彷徨。

——睿睿妈妈

困境中的突围：自闭症谱系障碍儿童家长抗逆力发展的研究

一、幻想落空

睿睿妈妈从小在一个女强男弱的家庭里长大，这种成长经历让睿睿妈妈从小就认为"女人太重要了，不仅在外面要和男人一样拼，在家里也要是绝对的主力"，从而继承了母亲争强好胜的性格。睿睿爸爸是海外留学博士，负责很多国际项目，来往的都是高学历的国际人士。只在国内念了大学的睿睿妈妈为了与丈夫平起平坐，决定去国外读硕士。她一边读书，一边考国际注册会计师，在奋力拼搏的过程中，发现自己怀孕了。家人都劝她放下学习，安心怀孕。睿睿妈妈则认为，"怀孕做母亲就是十个月的事情，我的人生、我的未来那是一辈子的事情，我根本就没把怀孕当一回事。"睿睿妈妈为了拿到文凭并通过考试，经常熬夜学习，压力非常大，到怀孕六七个月的时候，无法坐着看书，只好把书摞高，挺着大肚子站着看书。她被自己的勤奋感动得流泪，她很自豪地想："我这么爱学习，孩子将来肯定爱学习，英语肯定也很好。"

回国后，睿睿妈妈在一家大型外企从事金融工作。孩子一岁多的时候，家长便发觉睿睿跟同龄孩子不一样，别的孩子在小区里能够扎堆一起玩，而睿睿每次都走开不理别人。而且同龄的孩子都比睿睿的能力好，睿睿好像什么都不会，快两岁了也不会说话。家长并没有把孩子往有问题的方面想，就觉得孩子性格内向，有自己的个性。睿睿父母忙于工作，在孩子一岁十个月的时候就将他送到了幼儿园。送去幼儿园不久，老师就向家长反映，睿睿合作性非常差，必须有一个老师专门陪着才行。但是家长还是认为孩子只是年纪小，并没有意识到孩子的问题。

睿睿上幼儿园期间连续两次患中耳炎，治疗后又开始出现梦中惊厥、脾气古怪等问题，家长将孩子带到儿科医院做检查，希望给孩子进行一些调理，却被医生告知孩子疑似自闭症。家长的第一反应是不承认，认为是医生误诊。睿睿妈妈带着一刻也坐不住的孩子在过道上玩，她看着孩子在过道上像个幽灵一样，举着手跑来跑去，还发出怪声音，心里也开始怀疑。"我平时没有觉得这是什么了不起的事情，但是那一刻我觉得，坏了，麻烦了，恐怕人生的轨迹要发生转变了。"即使如此，家长依旧不想承认这是现实。为了证实自己的想法，家长又带着孩子去了其他儿童医院。医生给孩子做了智力筛查，智商只有69分，结论是轻度智力障碍。当听到医生的诊断结果时，睿睿妈妈冲医生大发脾气："你这医生简直没有一点专业素质，凭什么说我的孩子有问题。"睿睿妈妈一门心思地、不断地带着孩子去做诊断，就是希望医生能够印证自己心中的幻想——孩子是正常的。为了不让幻想落空，她紧接着又托关系找到了北医六院专门做自闭症诊断的医生，医生说孩子太小，不能完全确切地说孩子是自闭症，但是他有很多的行为是家长不能忽视的，要赶紧回去给孩子进行训练。

似是而非的诊断结果给了睿睿妈妈幻想的空间，她觉得随着孩子慢慢长大，孩子会变好。睿睿妈妈也非常自信，她想："凭我的学习能力和各种资源，把孩子教好应该是没有问题的。"不愿意服输的睿睿妈妈想："你们都说这个孩子不行嘛，我就非要争这口气。"但是接下来每隔半年的复诊结果却没能让睿睿妈妈争回这口气。第一次复查的结果是广泛性发育障碍，第二次复查时，医生就直接说："你这个孩子不能再耽误了，就是典型的自闭症。"在国内确诊后，睿睿妈妈又怀疑国内医生的诊断水平，借着老公出差的机会，带着孩子去了澳大利亚，找到澳大利亚最有权威的专家给孩子做了诊断，诊断结果是中轻度自闭症，这一次的确诊让家长彻底死心了。家长去的时候，满怀期望，是希望国外的专家给孩子摘去"自闭症"这顶帽子，告诉家长是家长多虑了，然而诊断结果比国内还要严重，而且还是孩子在经过几年的干预和训练之后。家长说："多希望医生把这个'中'字给去掉。"

兜兜转转将近两年的时间，面对医生一次又一次的诊断，家长一次次地逃避和不承认，直到家长心中最权威的专家给出确切的诊断，家长才被迫彻底接受孩子是残疾的现实。"这就像是用锥子扎你一样，母亲爱孩子的心那是天然的。"幻想的落空逼着睿睿妈妈重新面对孩子的问题，曾经用"孩子还小"来麻痹自己的借口被无情地拆穿，孩子呈现的种种问题让家长感到绝望。

我只要带着孩子出去，就特别紧张，他人小，跑得又快，一转眼就不见了。那个时候我随时心都是提在嗓子眼里的，很紧张。有一次，我去上厕所，让朋友的女儿帮我看着，结果没守住，孩子跑丢了，找到的时候天都快黑了。我一把抱住儿子，哭着说："儿子啊，你怎么能够丢下妈妈不管了。"我当时坐在地上都哭得不行了，孩子却跟没事人一样，还呵呵笑着到处看。那一刻真的挺绝望的。

更让睿睿妈妈焦虑的是孩子的将来。"你看着他这样糟糕的状态，想想他的未来，你简直无法忍受，长大了是那么傻的一种状态，这怎么可以？"要强的睿睿妈妈曾经奋力追赶丈夫的步伐，也渴求事业上的成功。但是人生的种种预设还没来得及展开，便被一纸残疾判书击得粉碎，孩子的残疾和自己未知的将来让家长焦虑又彷徨。家长实在是想不通，"我那么努力地去奋斗和拼搏，不就是为了给孩子创造一个不错的成长环境吗？孩子怎么就得了这个病？我的同学都挺好的，都可以成为专业领域的精英，为什么就要给我这样一个孩子呢？"要求更快、更强、更高的睿睿妈妈被更慢、更弱、更低的孩子拉入到人生的低谷。

二、资源难求

睿睿第一次在北医六院诊断后,睿睿爸妈就在北医六院的图书室买了很多专业书籍,开始恶补自闭症方面的知识。同时,睿睿妈妈开始寻找能够给孩子做康复训练的机构。她有一个坚定的想法,就是要让睿睿在6岁前跟正常孩子一样,能够上正常的小学。

为了给孩子找一家合适的训练机构,睿睿妈妈开着车跑遍了北京城,当时北京自闭症儿童康复训练机构数量少,比较有名的星星雨和五彩鹿两家机构都在北京郊区。睿睿妈妈说:"那段时间,我被巨大的痛苦控制着,开车的时候神情恍惚,不能掉头的掉头,不能左转也左转了,好几次被警察抓住。"但是去看了那些比较好的康复机构后,家长无法接受。

机构都在村庄里,不在马路边,路都是坑坑洼洼的泥巴路,环境特别的糟糕,而且那里的孩子程度都很重。我宁肯自己带着,也不让他去那种地方。我本来是在CBD上班的,单位是在××大厦豪华的写字间里。人生落差简直太大了,接受不了,就觉得自己要被抛弃了。人生落差太大了,没办法转变。

除了无法接受人生的落差,睿睿妈妈不愿意带着孩子去这些机构的另一个原因还来自自己盲目的自信。

我当时真的是一叶障目,没有意识到问题的严重性。所有人都听不懂睿睿说的话,包括睿睿爸爸,都要我给他转述一遍。其实我自己也没听懂,完全是猜出来的。这其实就是问题,但我当时不觉得。还有,别人跟睿睿说不要去危险的地方,他不听的,只有我告诉他才可以。社会性相当差,离开妈妈,就寸步难行。

家长在市区找了一家机构做感觉统合训练。孩子半天在幼儿园上学,半天在机构接受训练。机构的训练要求有家长陪同,睿睿的外公外婆都年过七十,只能接送孩子而无法带着孩子训练。睿睿妈妈将诊断报告拿给单位的领导看,告诉领导:"我的孩子得了这个病,我要带着孩子去训练,我只能上半天的班。"获得单位领导的同意后,睿睿妈妈每天上午带着孩子去机构做训练。训练完后,睿睿妈妈回公司,家里的老人接孩子去幼儿园上半天的课。训练了半年后,孩子没有什么进步。睿睿妈妈又托关系找到另外一家机构,老师给孩子做个训,家长给孩子做感觉统合训练。半年后,孩子有一些进步,但是随着孩子年龄的增长,环境对孩子的标准越来越高,孩子与同龄孩子的差距也越来越大。

第四章 绝望中的希望：抗逆力的动态过程

第二节 燃起希望

只要发现孩子在某方面表现出一点点兴趣的苗头，我就赶紧冲上前，一只脚就伸进去，让这扇门打开，我就是孩子的垫脚石。

——睿睿妈妈

一、内省修身

ASD孩子不会关注环境，普通孩子通过观察和模仿就能够学会的生活自理能力，ASD孩子却要家长和老师系统地教。"洗脸、拧毛巾、挂毛巾这一个连续性的动作，我和睿睿爸爸从孩子两岁多开始教，教了四年他才学会。教孩子用勺子往嘴里送饭也教了好多年。"就如很多ASD儿童家长所说，教ASD孩子不是以天来计算，是以年来计算的。睿睿妈妈看到孩子学习如此费力，她感到万分焦虑，她无法想象一个学洗脸要学好几年的孩子将来能做什么。为了教孩子，睿睿妈妈学习了在当时被认为是最科学和最先进的干预方法。但是睿睿妈妈对这些方法抱着怀疑的态度。她的判断逻辑是，如果这些方法是最好的，那么一直接受这些方法干预的大龄孩子应该有很优秀的案例，但是当时并没有能够说服家长的案例。国内外一些专家在讲座中提及大龄ASD孩子通过干预后能够在超市码货、在图书馆整理书，或者当清洁工……睿睿妈妈不相信这是ASD孩子最好的干预结果，她坚信："将来我的孩子一定不只是这个样子，应该有更好的方法，只是没有被发现。"

就在苦苦寻思更好的干预方法而不得，目前的干预方法又不能很好地帮助孩子的时候，睿睿妈妈通过朋友接触到了传统文化。睿睿妈妈抱着好奇的态度看了朋友推荐的《弟子规》，本来没抱有期望，但当她看了之后，《弟子规》给她带来了很大的触动。

我不看不打紧，一看发现自己真的一条都没有做到，毫不夸张，一条都没有做到。我一边看一边后悔，我这四十年都干什么去了。其中，给我印象最深刻、最触动我的就是：不力行、但学文、长浮华、成何人。虽然我学习和工作很努力，在常人眼里，我是一个很优秀的女人，结果一看，我就是长了一身的浮华。我就像长在悬崖边的一棵大树，树越大摔下去的概率就越高，一棵大树应该长在大地上，而不应该长在悬崖边。德性就是这块大地。

"教，上所施，下所效也；育，养子使作善也。"睿睿妈妈意识到："我整天和孩子在一起，我的一举一动、一言一行都会潜移默化地影响孩子，成为孩子模仿的对象。我首先要把自己的毛病改了，孩子才有可能改正他的毛病。"睿睿妈妈是典型的行动派，一旦发现自己的改变对孩子的成长有帮助，便立即投入行动。

（一）修恭敬心

睿睿妈妈辞职回家带孩子之后，觉得自己承担了所有照顾孩子和教育孩子的责任，又当家长又当老师，特别辛苦。而睿睿爸爸忙于工作，很少有时间陪伴她和孩子，睿睿妈妈对睿睿爸爸多有抱怨和指责。此外，她辞职之后，将自己此生的职场梦想寄托在睿睿爸爸身上，觉得对方承载着两个人的梦想，应该更加努力、更成功。当睿睿爸爸没有达到她的预期时，睿睿妈妈便开始抱怨睿睿爸爸，甚至嫌弃对方。"我那个时候巴不得他不在家，巴不得他去出差。要是他不在家，我就少干一些家务，因为我和睿睿在家吃饭就可以随便一点。"睿睿妈妈的态度也潜移默化地影响着睿睿对爸爸的态度。

睿睿爸爸让睿睿做事，睿睿会看我的脸色，只有妈妈许可了，他才会去做。有时候，爸爸想抱着他亲几口，睿睿是很僵硬的，他要看我同不同意。如果妈妈说"让他亲几口吧"，他才会让爸爸亲几口。就到了这种地步。睿睿爸爸多有抱怨，说我把孩子教得唯母命是从。

学习传统文化之后，睿睿妈妈意识到自己没有尽到做一个女人的本分，没有做一个好妻子。"我以前也真的不知道怎样去做一个好女人，我都是用我妈妈交给我的那种强悍的方式去对待我的先生。"为了改变自己对睿睿爸爸的态度，找回对睿睿爸爸的恭敬之心，睿睿妈妈做的第一件事就是带着睿睿给睿睿爸爸鞠躬。

睿睿爸爸下班回来的时候，我就带着睿睿给他爸爸鞠躬，对他说"你辛苦了"。然后给他准备好拖鞋。

睿睿妈妈在改变自己对丈夫态度的过程中，不仅收获了一份更加亲密的夫妻关系，更重要的是，睿睿在妈妈长期的耳濡目染中，终于打破封闭的状态，开始主动关心爸爸妈妈。

有一天他爸爸下班的时候，在没有我提示的情况下，他主动走到门口给爸爸鞠躬，然后给爸爸拿拖鞋，说"爸爸，你辛苦了"。我觉得这太不可思议了。平时他这样做一定是我要求的。那天是他自己主动去做的，没有人教他。更不可思议的是，有一次我感冒了，发着高烧，非常难受。孩子在临睡之前站在我的床边，用很温柔的声音对我说:"妈妈,你好好睡一觉,明天就好了。"而且他说完后流眼泪了。我说:"你怎么哭了?"他说:"我看到妈妈生病,我难过。"那一刻我真的太激动了(流泪)。自闭症孩子很难跨过去的一个坎就是不通人情。睿睿能够这样说,我觉得太不可思议了。那个晚上我激动得睡不着觉,这在孩子以及我的生命中都是一个划时代的里程碑式的信息,我就挨个给亲戚朋友发短信,让我的亲戚朋友来和我分享这种喜悦。

(二)修慈悲心

睿睿妈妈对自己的高要求同样也转移到孩子身上。睿睿进入小学之后,她对睿睿的学业丝毫没有放松,希望睿睿的成绩能够维持在中上水平。孩子在一、二年级时成绩尚可。但是再往后,学习越来越吃力,每天加班加点地学习,成绩却不断下滑。睿睿妈妈看着孩子满试卷的红叉,忍不住对孩子发火。

我有一次去睿睿班主任的办公室,正好看见睿睿的考试成绩,好几科是七十多分。看着满卷子的红叉,我气极了。这些知识点我在家给他复习了好多次,我觉得他也掌握得差不多了,不应该出这么多错。回到家,我惩罚了他,这算是我惩罚他最狠的一次吧(流泪)。那时他正好放假了,我逼着他一天练八个小时的钢琴。我就想,你能力不行,你就得比人家多付出,你只有这条路可走。

决定修行之后,睿睿妈妈怀着慈悲心接纳孩子,理解孩子。"睿睿的能力达不到同龄人的水平,我们却要逼着他去做超出他能力以外的事情,这对孩子是非常残忍的事情。他在学习方面就是存在困难,他并不是说偷懒、不爱学习或者故意考这么低的分数,他是真的没有办法。我得理解孩子,不能逼他。"除了对自己的孩子有慈悲心,睿睿妈妈通过不断地修行,从一个总挑别人毛病的女强人到现在能视他人的孩子如同自己的孩子。

现在我看到别人的孩子出了问题,就像是我的孩子出了问题一样,特别地心痛。比如我带睿睿和他国学班的同学去医院检查牙齿,班上有个学生的八颗大牙全是坏的,需要补牙,一次只能补两个,要去好几次。孩子是住校的,我给孩子的家长打电话,家长根本没时间管,就拜托我。我就带着他孩子去医院,挂不上号还找熟人帮忙,然后一趟一趟地带着他去,直到全部补完。我就是心甘情愿地去做这些事。

(三)戒傲慢心

睿睿妈妈性格中最为突出的特点就是争强好胜,而且谁也不放在眼里。即使是自己的老公，她也要一比高下，当初出国留学就是为了和丈夫平起平坐。孩子被贴上残疾的标签后，让她觉得"气短"，但是她依然要通过找出别人家孩子的不足，把人家的孩子比下去。

原来我看到别人家的孩子比我的孩子好，我心里受不了的，我总是要想法设法找出那个孩子的弱点来。在普通孩子面前是这样，那在特殊孩子面前更是要找人家的不足。

睿睿妈妈争强好胜的性格无处不在，她说这种心理对自己来说真的就是一个毒瘤，它让自己非常不自在、不舒服。为了戒掉自己的傲慢心，她放低自己的姿态，成就别人，隐藏自己。例如，在睿睿上小学之后，睿睿学校开设了京剧社团，睿睿妈妈成为京剧社团随叫随到的志愿者，与老师形成了"活我干、名你拿"的默契。即使到现在，睿睿已经转学到私塾，睿睿之前的学校有大型的活动但人员不够时，依然会叫睿睿妈妈帮忙。

改变自己并非易事，睿睿妈妈主要借助国学经典将道理转化为行动。自睿睿上小学一年级开始，睿睿妈妈就坚持每天早上5：30起床诵读一个小时的经典，等睿睿起床后，再带着睿睿诵读一个小时。到目前为止，他们从未间断过晨诵。在睿睿转入私塾之前，她带着睿睿背诵了《弟子规》《三字经》《道德经》《论语》《大学》《金刚经》等近五万字的经典。

我们的心就像大海边上的礁石一样，非常坚硬，但是经不住海浪一次次的洗刷，经过长时间的冲刷，礁石又变成了沙滩。每天诵读经典对我的熏陶就是把不好的念头和恶习每天带走一点、每天带走一点。

接触到传统文化，并依照传统文化的要求改变自己，这对于睿睿妈妈而言是人生中重要的转折点。自我修行也成为睿睿妈妈至今依然在坚持的、走出困境的制胜法宝。

二、专职教师

睿睿妈妈在单位的工作业绩突出，刚工作不到两年已经成为部门负责人，在公司有了自己的"地盘儿"。她本来是想一心往上爬的，但是由于睿睿的问题，上班时间无法保证，心思根本不在工作上，工作业绩也受到影响。"孩子得了这种病，我必须得救他，我自己所有的一切都可以不要，因为所有的东西都不如孩子的健康和康复重要。"睿睿在澳大利亚确诊后，睿睿妈妈回国第一件事就是向单位辞职。

辞职后，睿睿妈妈成为一名全职妈妈，全程陪着孩子在机构训练，也一边学习一边在家教孩子。当教孩子越来越得心应手后,家长干脆全天自己在家教孩子。睿睿的动作协调性很差,一个很矮小的土坡,无论家长如何教和诱导,孩子就是不敢自己走。睿睿妈妈发现尚未开发好的圆明园到处都是荒土坡,为了训练孩子的大动作,办了一张年卡,每天开着车带孩子去圆明园爬坡,冬天很冷的时候依然去,坚持了大半年的时间,把圆明园所有的土坡都走了一遍。"那个时候我对圆明园相当地熟悉,每个角落我都去过了。"经过两年的家庭训练,孩子在语言、认知和运动方面进步很大。在一次家长培训上,睿睿妈妈结识了访谈中的乐乐妈妈。这位家长为了孩子开办了一所融合幼儿园,幼儿园里面就有为特殊孩子提供专门训练的康复机构,可以免去家长路途奔波的艰辛。睿睿妈妈将睿睿送到这所融合幼儿园,并在幼儿园附近租了房子。在这个幼儿园学习一年的时间里,孩子上午在普通班融合,中午接受单独的个训,下午做感统训练,吃完晚饭再去幼儿园弹钢琴,睿睿妈妈则全程陪着孩子。

没有信得过的资源,没有专业的支持,家长为了解决人生中最大的困局——"孩子的残疾",只能选择辞掉工作,扮演家长和教师的角色。睿睿妈妈辞职后,从大社会重新走入家庭这个小圈子,她的生活重心从自己变成了孩子,自我的生活和发展都被摆在了次要的位置。

三、编织人情网

睿睿7岁从融合幼儿园毕业,到了上小学的年龄。北京的小学在招生时,需要对孩子进行面试。为了能够让孩子顺利"混进"小学,家长在孩子上幼儿园时,给孩子报了钢琴、游泳培训班,临时抱佛脚学习的才艺让孩子在面试时顺利"蒙混过关",家长也并未告知孩子是自闭症。睿睿进入普校后,遇到了种种困难,也给班级教师的教学带来了困扰。比如孩子坐不住,上课喜欢敲桌子、敲文具盒,老师需要反复地提醒他。孩子进入学校第三天,家长就接到了老师的投诉电话。班主任说:"睿睿妈你来一下,你的孩子完全不在状态,注意力超级不集中,老师已经没办法正常教学了。"孩子还因为焦虑紧张,在课堂上发生尿裤子的事情……

(一)主动沟通

对于老师的抱怨和孩子的不适应,睿睿妈妈采取了种种措施,核心就是要争取主动权,主动与教师沟通,帮助老师找对策略解决孩子在课堂上的问题,不能等到孩子被拒绝才采取行动。睿睿妈妈表示,这样做的核心目的就是让孩子能够在普校

"混"下去,还要舒服地"混"下去。

我一看这种情况,我要争取主动嘛。我回家把孩子可能会出现的状况,以及应对策略全部都写下来,写了大概三页纸,然后复印了九份。老师中午吃饭的时候,我就一个一个去拜访,跟老师说睿睿的情况。老师一看你那种认真的态度,也就接受了。我每天接孩子的时候,都是很主动地跑到老师跟前去交流。

睿睿妈妈每天在接送孩子的时候,都会很主动地与老师交流,这与班上部分只忙于工作从来不管孩子的家长形成了鲜明的对比,睿睿妈妈的主动在老师心里留下了很好的印象。老师因为家长的态度接纳了家长,从而也接纳了孩子。

(二)主动支持

睿睿妈妈为了与老师建立良好的关系,也为了获得进学校了解孩子情况的机会,只要学校或者班上开展活动需要招募家长志愿者,总是第一个报名。

我跟老师的沟通很多,我恨不得24小时扎在学校的。学校有什么活动、班上有什么活动,我肯定是第一个回应的,这是多好的机会进到学校里去啊。比如班级元旦节要搞活动,班里面需要打扫教室、布置教室,我都会过去帮忙。

在学校成立京剧社团后,睿睿妈妈更是成了社团重要的后勤保障人员。睿睿妈妈几乎承包了社团日常排练和外出比赛的所有后勤工作,包括请老师、接老师、安排排练时间、选择服装、买服装、搭配颜色等,成了最大的幕后工作支持人。"活我干,名老师来拿,我为学校做了太多太多这样的事情。"睿睿妈妈也成功打入学校内部,成为学校的半个工作人员。睿睿妈妈的付出为孩子在学校赢得了宽松的生存环境。睿睿的社交能力有限,随着年龄的发展与同伴在社交方面的差距就越明显,没有共同话题。"班上同学的日常话题是流行的游戏、动画片和明星,睿睿根本不知道,玩不到一起去。我可以去给他找伙伴,但是硬绑在一起,孩子的压力很大。"没有好朋友的睿睿,课间休息成为很难熬的时间。但是因为睿睿妈妈与老师建立了很好的关系,睿睿下课的时候可以进出老师的办公室,老师的办公室成为孩子的避风港。

老师都很喜欢他,他一下课就跑到老师的办公室去晃悠,老师都很关照他。其他的孩子看到老师这么喜欢睿睿,也不会招惹他。他自己也知道,有什么事就跑去找老师。

四、变"废"为宝

睿睿语言发育迟缓,气息不足,音量小,发音不清晰,别人很难听懂他说话的内容。睿睿妈妈的一位朋友建议让孩子学唱京剧，唱包公，包公一身正气，睿睿需要这种阳刚之气。行动力十足的睿睿妈妈赶紧在网上下了视频，她自己学会之后开始教睿睿。每天去学校的路上，睿睿妈妈都会带着孩子唱京剧，孩子从小音准，学唱京剧学得很快。这个意外的收获让睿睿妈妈对孩子的干预从之前的"纠错补短"转向"扬长带短"。家长的重点不是让孩子发展才艺，关键是通过他感兴趣的东西来发展他的能力。例如，孩子机械记忆力强，喜欢自言自语，睿睿妈妈就教孩子背诵国学经典，通过诵读大量的经典，干预孩子的语言，发展孩子的心智；睿睿行为刻板，喜欢敲桌子、晃手，家长就让他学弹钢琴、打鼓；孩子肺活量低，体育考试不达标，她便让孩子吹奏葫芦丝等乐器；睿睿语言不好、气息不足，睿睿妈妈让孩子学唱京剧、吟诵……睿睿妈妈说："只要发现孩子在某方面表现出一点点兴趣的苗头，我就赶紧冲上前，一只脚就伸进去，让这扇门打开。"

哪怕是孩子的刻板行为，睿睿妈妈也在其中看到了孩子的闪光点。由于孩子的刻板，他能够长时间专注地做一件事情，而且不受他人的影响，这个特点在睿睿妈妈看来是拿钱也买不到的好品质。

睿睿国学班的老师说，这个学校唯一知道自己什么时候该干什么事的人只有睿睿（大笑）。放学了，其他的孩子都打打闹闹，跑进跑出。但是只要没有特殊的情况，下午四点半睿睿的钢琴声就会准时响起。

睿睿妈妈并不确定孩子将来会在哪一方面开花结果，哪一项长项会成为他的安身立命之本，家长抱着最低的期待。如果孩子会一些才艺，起码将来他的个人娱乐休闲可以得到很好的安排。无心插柳柳成荫，家长培养长项的干预方法凸显了孩子的优势，使孩子占有了更多在普通学校生存的资本，为孩子在普通学校赢得了发展的空间。

孩子班上新来了一位副班主任，是个京剧老师，要在学校成立京剧社团。我就赶紧找到这个老师，让他听睿睿唱京剧，看孩子能不能加入京剧社团。老师听了之后，说孩子唱得还可以，适合唱老生。我又赶紧在网上去搜这方面的知识。老师布置的各种唱段，我先拷贝回去，自己先学，然后带着睿睿在家里、在去学校的路上练习。

家长和孩子的努力赢来了初步的成就。睿睿在北京市 A 区的青少年艺术节比赛中，获得了京剧一等奖。这件事情在学校引起了轰动，老师和同学都非常惊讶。这次比赛获奖后，孩子在学校的生存状况发生了改变。学校之后所有类似的演出和比赛都让睿睿参加，睿睿也很争气，给学校赢得了很多荣誉。学校也因此变得很有名气，成为对外展示的窗口学校，经常有世界各地的学校老师来参观，而睿睿则是学校每次对外演出必不可少的人物，成了为校长和老师口中的"大腕儿"。

第三节 再回绝望

孩子进入小学之后，你就要想到他以后要中考、要高考，但是睿睿对数学一点概念都没有，升学这条路恐怕是走不通的。这样想的时候，你就会很绝望，刚刚燃起来的一点希望又破灭了，这种从希望到失望的过程转换是最折磨人的。

——睿睿妈妈

一、升学无望

睿睿妈妈对睿睿的将来抱有较高的期待，并不满足于孩子将来只能从事社会底层的工作。在体制教育内，睿睿作为有先天残疾的弱势群体要实现阶层的向上流动，不得不通过一次次的考试向上爬，依靠优异的成绩与主流的普通学生竞争。睿睿的语文和英语成绩在班上中等偏上，最令睿睿妈妈头疼的是睿睿的数学成绩，无论家长怎么辅导、无论孩子孩子如何努力，睿睿最多也只能考七十多分。

四年级的时候，为了迎接全区统测，老师告诉我，那个学期他数了一下卷子，做了一百三十多张，大大小小的卷子，还是两面印的。你说这不是把我们逼疯吗？孩子在学校里做不完，你回来一看孩子带回来的卷子，到处都是叉，你知道那肯定是他没懂的地方，你还不得给他补吗？但是你花了大量的时间陪他做语文、数学题，把那些卷子翻来覆去地做，怎么就没有效果了？

ASD孩子在身心发展方面的障碍使他们在激烈的考试竞争中不具有优势。家长想到将来的中考、高考，孩子绝对不是千军万马中能过独木桥的那个，要通过普通教育这条路实现孩子从社会底层向上的流动行不通。"如果孩子将来小学、初中好不容易都毕业了，到了最后还是进了特殊学校，这个我无法接受，太绝望了。"

此外，睿睿身在体制教育之内，就必须遵守这个场域的游戏规则：成绩论成败，分数论英雄。分数成为评价老师和学生的核心标准，如果学生只发展才艺，而学习成绩无法提高，就会影响到整个班级的平均分。

提高学习成绩才是硬道理。在体制内的滚滚洪流之下，你跟人家玩，你就要遵守人家的规矩，要不然你就不要跟人家玩。我的孩子遵守那里的游戏规则，在那里学习，又只能获得70%的知识，可是我想要他培养的东西——品性、完整的人格、音乐能力，这些在体制内都得不到重视，我们心有余而力不足。

二、兴趣发展受限

睿睿的兴趣爱好和优势是音乐，这也是他在主流环境中能够立足的重要资本，但是重分轻能的单一学校文化无法为孩子多元化的发展提供空间和时间，孩子不得不放弃自己的优势，被迫适应不适合自己的游戏规则。睿睿妈妈陪伴孩子在普通学校就读的经历，让她体会到孩子学习失败的痛苦，以及升学之路的无望。睿睿在升学方面没有优势，在才艺方面，家长也清楚地意识到，孩子表现出来的才华只是相对于他其他的能力而言，当孩子步入社会，和音乐学院专业人员同台竞技的时候，依然不具备优势。

你现在小，跟人家说你是自闭症孩子，人家还可以让着你，显示人家的爱心。但是到了二十多岁、三十多岁，当你跟专业的人竞争的时候，人家会让着你吗？在利益面前谁会让着你？

如果想要在才艺方面有所发展，睿睿必须比常人付出十倍、百倍的努力，但是身在普通学校，孩子必须花大量的时间应付作业和考试，并没有足够的时间练习乐器。睿睿妈妈想到孩子上了中学之后有做不完的作业，学业压力更重，孩子学习自己喜爱的音乐的时间更少，孩子的出路会更加渺茫。

睿睿在才艺方面崭露头角，睿睿妈妈对孩子的将来充满了期待。当家长发现孩子在普校的升学之路无望，发展才艺时间无法保障也没有希望时，家长不知道孩子将来的路在哪里，燃起的希望又一次次被浇灭。这种退而求其次、节节溃退的感觉在家长看来是最无望的，甚至超过了孩子确诊后的绝望。孩子确诊后，家长依然充满了信心，坚信通过自己的努力孩子依然是有希望的。但是当家长奋力拼搏，做出种种努力之后，依然看不到希望时，家长感受到的是真正的绝望。睿睿妈妈用"钝刀子杀人"来描述自己当时的状态。

第四节 重见光明

我就觉得应该把睿睿这个生命研究清楚，通过研究他的生命，把我自己的生命研究清楚。我到底要干什么？明白我应该要干什么之后，我一定要把它干好，我就是要交这张答卷的。

——睿睿妈妈

一、主动退场

睿睿妈妈和爸爸是体制教育的弄潮儿,他们通过顺应体制教育改变了自己的命运,但是这个成才之道无法在孩子身上复制。"睿睿跟别的孩子一样就这样读下去,估计也能'混'出来,但是他肯定会走得很艰辛。"睿睿妈妈并不满足孩子"混"的状态。

传统的体制教育对孩子会有帮助,但是不能极大地帮助孩子。他需要的是个性化的教育。但是这种个性化的教育绝对不是在培智学校或者机构,一定是在一个正常的环境中,而且又能结合孩子自身的特点,对他的帮助才是最大的。

睿睿妈妈意识到传统的体制教育无法给孩子提供个性化的教育,特殊学校又无法给孩子提供高质量的正常化教育。面对无路可走的僵局,学习传统文化的经历和收获让睿睿妈妈在普通教育和特殊教育的夹缝中,寻找到一条新的出路——私塾。睿睿妈妈在睿睿上小学前已经开始学习佛教经典和国学经典,她在学习的过程中也带着睿睿一起学习。最初带孩子诵读经典是为了改善孩子发音不清晰的问题,坚持了一段时间后,睿睿妈妈发现,诵读经典不仅能够发展孩子的语言,还能增强孩子的定力。当孩子能够安静地诵读经典时,孩子的专注力明显提升。此外,孩子诵读《弟子规》《道德经》等名篇后,家长带着孩子在生活中力行,孩子在这个过程中知道什么事可做、什么事不可做,有了清晰的标准,孩子就不焦虑。就如佛教中所说的"戒、定、慧",孩子知道戒和定之后,日积月累,就能生智慧。家长希望孩子上私塾的另外一个想法是,ASD孩子的社会交往可能终生都会带有ASD的特质,社会交往的缺陷让他们在生活中很难处理跟别人的关系,也就很难交到朋友。但是睿睿妈妈想:

《文心雕龙》中有一句话,意思大概是读圣贤的经典就是思接千里,你的思维是在千里之外的,是神交。他每天就和孔子、老子这些圣贤做朋友,那个水平也是很高的,没有现实中的朋友也没什么了不起啊。而且我和睿睿爸爸感觉,我们那么多的朋友,走到现在其实都变成了熟人,走到你内心的朋友也就只有几个。灵魂的伴侣,有一两个就够了,其他的都是熟人,可交可不交。

当睿睿妈妈意识到诵读古圣先贤留下的经典不仅能发展孩子的语言、增强孩子的专注力、开发孩子的智慧,还能解决孩子的社会交往问题时,她不再焦虑,她认定私塾是孩子最好的出路。做出决定后,睿睿妈妈花了几年的时间寻找合适的私塾教育。要从普通学校退出来,走上一条全新的、未知的道路,家长不得不谨慎。

有的私塾是完全按照佛弟子培养学生的，这些地方招的多是在社会上沾染了很多恶习的孩子，他们到那里是要去做"为道日损"的事情，恢复到正常的状态。我们的孩子什么都不会，是要做"为学日益"的事情，这种私塾不适合。还有一种私塾就是大量地读经，那种更糟糕，除了读经什么都不让干。孩子本来就兴趣单一，你还啥都不让他干，几年下来孩子除了会机械性地记忆，什么都不会，那就完了。

睿睿的兴趣和优势就是音乐，睿睿妈妈要给孩子找到一个既可以学习传统文化，又可以发挥优势、学习才艺的地方。睿睿妈妈一直苦苦寻求而不得，但是一直没有放弃，最后终于在朋友的介绍下认识了睿睿现在的国学老师黄老师。

这位老师对儒学研究比较深，强调入世，既要求孩子读经，又要求君子要有器。你说你德行好，你得有一个平台去展现。他对儒家的研究很透彻，要求学生"志于道，据于德，依于仁，游于艺"。我一接触到这个老师，就觉得这个老师是我理想中的老师，孩子要在大量经典的滋养之下，跟一大批的古圣先贤交朋友，让他们的思想每天来滋养自己，这样他还有可能变成一个有作为的孩子。

黄老师所在的私塾强调孩子将来要有所作为，又开设了国乐社，注重孩子才艺的发展，正是睿睿妈妈理想中的私塾。睿睿妈妈毅然让睿睿转学到私塾学习。睿睿在这所私塾读了半年，私塾就被一所九年一贯制的私立学校"招安"，成为这所私立学校的国学部，原来在私塾学习的睿睿就有了学籍。有了学籍，睿睿将来还可以再回到体制教育，睿睿的出路就多了一种。睿睿随私塾进入私立学校后，可以选择直接就读该学校的初中部，也可以在学习国学的同时在初中部选修课程。但是睿睿妈妈选择让孩子踏踏实实在国学部背诵经典和发展长项。睿睿妈妈的思路是："学好数理化，阅读能力是基础。孩子阅读理解能力差，题目都看不懂，他怎么做题？所以我们的计划是睿睿16岁的时候开始学习数理化，在这之前他的任务是背诵20万字的国学经典、解经，再就是把书法、篆刻、音乐这些基础全部解决，这些是要童子功的，是要从小扎扎实实地打好基础的。当这些任务完成后，孩子就有了多余的时间，而且他的知识面打开了，思维、逻辑、表达、理解能力也强了很多，再学习数学就容易很多。孩子可以进初中部学，我也可以找数理化的老师一对一给他上课，很快就上完了，不需要一个学期一个学期去学啊。跟着班级学习，老师要照顾全班，效率太低了。"

睿睿妈妈带着睿睿主动从普通学校退出之后，从一刀切的培养模式中解脱出来，有了更多的自主空间，可以根据孩子的优势和需要规划孩子的学习生活，实现了家长追求的个性化教育。在这样的环境中，睿睿有了非常惊人的成长，家长也从节节败退的绝望中重新找回对孩子的信心。

这种转变真的是到了书院才有的。到了书院以后，明显地看见他很多的能力发展出来了。他的语言表达、对问题深入的思考，包括近期对同学的关心，处理和老师、同学矛盾的能力，都发展出来了。

二、互为老师

睿睿的快速成长让家长看到了希望，孩子的将来不再遥不可及。目前需要做的就是踏踏实实地走好当下的每一步，家长也十分享受陪伴孩子的过程。

跟睿睿在一起，我们总是有新的挑战和新的课题。他的问题出现了，我们就要想办法来给他解决：是自己教，还是请老师来教？是搁置一段时间，还是等他成长？以及怎么教？所以他是导师，我们是老师。导师负责出课题，我们负责解决问题，然后又带着他成长，大家是互相提着在进步。例如，睿睿进入青春期后，变声了。如果他的声音将来变不过来，他就不能唱戏了。我就跟他说："如果你不能唱戏，但是你又喜欢戏曲，你就去学京胡和竹笛，这样可以给京剧和昆曲伴奏，你就多一条路。"现在一年半的时间，他已经会吹七级的曲子了。而且这个过程中发现他大嗓唱不了，可以唱小嗓，可以唱轻音。别的孩子青春期变声期就歇着了，他什么都没有耽误。

睿睿妈妈成为睿睿成长过程中的垫脚石，总是用心地体会孩子的需求，然后给孩子创造最好的发展条件去满足孩子的需求。为了更好地帮助孩子，睿睿妈妈处于睿睿学什么，她就要跟着学习的状态。

刚开始一定是我带着他进去的，陪着他走一段，他找到了方法之后就自己哼哧哼哧地往前走，我就不管了。比如弹钢琴，也是我带着他练，现在我就不管了，他弹得怎么样是老师说了算，不是我说了算的。他现在已经弹到肖邦了，那么复杂的曲子，我也不懂。所有的东西，都是我陪着，带着他进去，一步步地走，等他上路了，找到方法了，而且学得不错了，我就撤出来。然后我再去看看别的，看他还差什么东西。

家长要成为称职的老师，自身也要不断地学习、不断地进步。睿睿妈妈辞职在家，除了陪伴孩子，其他的空闲时间一直处于学习的状态。

睿睿带领着我们不断去解决问题的过程使我逐渐明白，父母一辈子的成长，不是像我妈妈想的那样，就是送完孩子读书、孩子长大结婚、然后伺候孩子坐完月子就完事了。你作为父母，活在世上，活一天你都要想着我要成长，孩子在成长你也要成长，生命不息，成长不止（大笑）。

三、甩别人几条街

睿睿妈妈重新找回对孩子的信心，也对自己的培养方式确信不疑。当定下方向后，睿睿妈妈就带着孩子默默地耕耘，把每一分钟都过得有意义。

睿睿放假在家依然坚持每天早上5：50起床，晚上9点睡觉。学英语、学《说文解字》、背200字的国学经典、做两篇阅读题、复习以前背过的书、拉京胡、吹竹笛、弹吉他是最近他每天坚持做的事。这些事情都是他自己安排的，也都是他喜欢的，所以即使每天重复这样的生活，他也乐在其中，并不觉得厌烦。

在年复一年的坚持中，睿睿的很多能力有了质的飞跃，甚至很多能力成年人也达不到。睿睿妈妈自豪地说："我们就是要他有一技之长，但是他的能力先天不足，他就要通过自己的努力，比别人花更多的时间。他几十年这样坚持，才能够把别人'甩出几条街'（笑）。到了那个时候，他就比较容易成功，他一定能够在社会上找到一席之地。"家长并不清楚孩子将来会在哪一方面有大的作为，但是他们认为睿睿有可期待的将来。

在读经方面，睿睿背诵的经典已经接近15万字，解经的任务慢慢地提上日程。大量国学经典的阅读和背诵，使睿睿在看待问题时开始有一些自己的思想和见解。在听睿睿爸爸的公益讲座期间，睿睿爸爸播放了大量睿睿成长的视频。其中有一段是睿睿在国学课上与同学讨论人与人交往的话题时发表的见解。

睿睿：就人和人之间的交往啊，有些时候交往到熟悉的程度，特别是男人之间，就你打我打，喜欢开玩笑。女人之间毕竟温和一点，还可以，但是男人之间就有点看不出来敬意。正确的做法应该是越熟悉的人应该越有敬意。

在才艺方面，睿睿在学校有专门的时间来发展才艺，竹笛、二胡、钢琴、京剧、昆曲、葫芦丝、毛笔字，每一样都在稳步发展，而且带动了学校国乐社的发展。

以前大家都是在那里干巴巴地吟诵，吟诵的调子只有一个主旋律，没有高低的变化，然后又不断重复，很枯燥的。睿睿去了之后，就跟老师说"这个曲子可以用钢琴伴奏，这个吟诵可以用葫芦丝伴奏"，他把学校所有的吟诵都音乐化，学校的吟诵一下子就立体化了，上了一个档次。

睿睿妈妈为了支持睿睿在音乐才能方面的发展，遍访名师，给他提供最好的资源。睿睿在音乐方面的才能得到这个领域许多大家的认可，这也让睿睿妈妈对睿睿更加有信心。

睿睿现在在学唐调吟诵，上海有一个96岁的老先生，是唐调的传人。春节之前我带着睿睿去拜访了老先生。老先生听睿睿朗诵一段后，给他指出了一些问题。回来以后，从春节开始到现在的这半年，他每天早上都在听老先生的吟诵，吃早饭都在听。今年端午节的时候，我又带他去见了老先生。老先生听了睿睿的唱段后非常高兴，说睿睿的学习态度非常好，愿意教他。这位老先生的学生也跟睿睿说："孩子，你回去好好学，我们唐调就需要你这样的传人，你就踏踏实实地把老师先生的调模仿得惟妙惟肖，以后我们这个唐调吟诵学会搞活动的时候，我们再把你隆重地推出，你就是真正的唐调传人。"

睿睿在官调的吟诵方面也很有造诣。北京国子监官调吟诵的老师在网上看到睿睿的演出视频后，找到睿睿妈妈，说："十几岁的孩子，我就没见过几个像睿睿这么全面的。"睿睿妈妈带着睿睿与这位老师见面之后，他听了睿睿的吟诵大喜过望，跟睿睿妈妈说："我教了这么多的学生，全国各地的学生都有，就没发现像睿睿这样的好苗子。"他鼓励睿睿："你以后要是是音乐老师，那就厉害了，你给学生讲音乐，你讲到乐器怎么演奏，什么样的曲子用什么样的乐器演奏，你全都会。"

在语言方面，睿睿能够与他人进行流畅的对话，日常生活中已经没有刻板语言。我去睿睿家访谈时，一开始还带着对自闭症的"偏见"，担心他听不懂谈话，刻意简化自己的语言，交流几次后，发现完全没有必要。我和睿睿妈妈访谈的时候，睿睿有时候也会走出来坐在一旁听一下，睿睿妈妈完全不避讳睿睿谈及他小时候的表现。

我：妈妈说你小时候的事情，你不介意吗？

睿睿：嗨，我都习惯了，我们家经常有客人来，老妈跟他们聊这些事，我就像听评书一样。

睿睿带我去他书房，给我一一介绍他的那些心爱的乐器。当我夸他很厉害的时候，小伙子不好意思地笑了笑说："就这么回事儿吧。"看着站在自己面前的这个大男孩，不刻意去寻找，在他身上已经很难发现自闭症的影子。

社会交往是ASD孩子的核心障碍之一，是最难解决的问题。睿睿妈妈早年为了让睿睿培养社会交往能力，多是求着睿睿的同伴跟睿睿一起玩，或者买好吃的贿赂睿睿的同伴，哄着这些孩子跟睿睿一起玩。但是，睿睿妈妈发现这种办法"吃力不讨好"。

我以前买些好吃的，请别人家的孩子来我们家玩，结果睿睿跑到另外一个屋里玩，关着门不出来，我跟这些孩子玩得热火朝天，这样的社交没有意义了嘛。

经过摸索，睿睿妈妈暂时搁置孩子的社会交往，她认为孩子怎么努力也做不到，说明时机还不到，先要去建设孩子的先备能力，先把能做的做了，以后再去解决孩子的大问题。此外，睿睿妈妈想要寻求主动的社会交往，而不是被动求来的社交。

> 我要将睿睿培养成比正常人都要好很多的人，当他的能力大过别人很多的时候，他不需要交朋友，别人都想和他交朋友，那不就好办了吗？

睿睿在国学部两年半的学习时间里，已经渐渐向睿睿妈妈所期许的方向发展。睿睿在音乐方面的才能被学校的学生和家长认可，部分普通孩子的家长开始找睿睿教自己的孩子学乐器。睿睿爸爸在公益讲座中给我们播放了睿睿在学校教同伴吹葫芦丝以及给低年级学生讲解《论语》的视频，小老师当得有模有样。睿睿爸爸说：

> "他对那些学生要求还挺严格的，每次结束之后还要给人家布置作业，人家也听他的。教了一学期，学校的元旦晚会，他带着两个小徒弟一起做了汇报演出。小徒弟吹葫芦丝，他给他们钢琴伴奏。这个既能帮助别人，又能社交，还能与人合作，用到的语言也是非常自然的，还锻炼了自己的才艺，一举多得。"

睿睿在社会交往方面依旧与同龄人有差距，但是睿睿现在开始意识到与同伴交往的乐趣，并开始享受与同伴的交往。

> 有一次，他与同学去看电影，几经商量，同伴接受了他推荐的电影。事后他给我打电话，非常地地激动，他说他自己有了很大的突破，知道怎么跟同学交流了。

睿睿在核心障碍方面的突破也得到了当年给睿睿确诊的澳大利亚专家的认可。

> 睿睿爸爸前年去澳大利亚讲座，我和睿睿也一起去了。我们请那个专家和他当年的同事一起吃饭，他们见完睿睿后，大吃一惊，说"没想到你的孩子会康复得这么好"。那位教授当即邀请睿睿爸爸到澳大利亚的自闭症研究中心去工作，来加强这个团队的研究。

睿睿爸爸接受了他们的邀请，跟他们一起做研究。夫妻俩最终均因为孩子的关系，纷纷转行从事了与自闭症相关的工作。睿睿在各个方面都表现出很好的发展状态，家长不再焦虑孩子的将来。睿睿妈妈并不确定睿睿将来会干什么，但是她确信孩子的将来是非常值得期待的。

> 我不知道他将来会靠什么去立足，但是我有一个培养的思路，琴棋书画吹拉弹唱，睿睿得样样精通，至于将来他在哪里能够开出花结出果来，这个不由我定。但是睿睿的将来非常值得期待，因为他现在在才艺方面的很多能力成年人也达不到。三十而立，他还有十六年年，我就陪着他慢慢地成长。把眼前该做的事情全力以赴地做好，我就没有什么可忧虑的了。

国学经典中的智慧也让睿睿妈妈敢于对睿睿的将来有高的期待，并知道如何一步步实现这个愿望。

老子在《道德经》里说"千里之行,始于足下",千里之外虽然远,但是你一步步走下去,总是能够走到的,就没什么好焦虑的了。子思在《中庸》里说:"人一能之,己百之;人十能之,己千之。果能此道矣,虽愚必明,虽柔必强。"如果一个人做一件事情做一次做不好,那么做一百次、做一千次总能做好吧,这不是正像我们的自闭症孩子吗?他现在是很弱,但是只要坚持,他一定能够做得很好。这些都是中国几千年流传下来的经典名言,是有道理的。

四、生命科学家

睿睿妈妈本来在职业发展上大有前途,因为孩子辞职成为一名家庭主妇。但是她一路走来,并没有对自己的选择后悔。相反,面对自闭症这一世界难题,睿睿妈妈能够将ASD孩子培养得如此优秀,她为自己的成就感到骄傲。在这个过程中,睿睿妈妈看到了自己的选择和行动背后更深层的意义,那就是要弄清楚世界难题"自闭症",从而也肯定了自己的生命价值。

我同学说我:"你看曾经的同学,不是银行行长,就是财政局的局长,人家出来都是车接车送、前呼后拥,你看你就是一家庭妇女。你十几年不工作,严重脱节了(大笑)。"在某个时段,这些话会对我造成影响,但是我现在也很看得开,你们做得好,我真的很随喜、很赞叹你们的成就,但是我也不自卑啊!因为我觉得我在做一件很了不起的事情,我觉得我是生命科学家,我在见证一个生命的成长,这是一个全世界都没有解决的难题,如果我把它解决了,我丝毫不觉得我的贡献比我的同学在职场上的贡献小,甚至我的意义大过他们。因为这个对全人类、对全世界的人都有帮助,这个贡献是很大的。

困境没有成为睿睿妈妈的拦路虎,反而成为她成长的垫脚石,让她在应对困境、化解困境的过程中,对生命、对自己的价值都有了全新的诠释。她很感恩孩子带给自己的改变。

睿睿就是我生命中的贵人,他就是来引导我们的。要不是睿睿,我现在肯定一门心思想的是怎么到上市公司去圈钱,怎么想方设法地给自己多捞点钱。

第五节　广阔天地

我觉得我现在的生活是一种祥和的状态,我感觉到这种生活是佛力加持,是社会大众的供养，是别人在成就我，我对这种状态是感恩的。

——睿睿妈妈

一、小爱变大爱

睿睿妈妈通过研究睿睿的成长弄清楚了自己到底要干什么、应该干什么。

我很清楚我的使命就是把睿睿研究清楚，然后把方法总结出来告诉大家。这就是我的使命。我明白应该要干什么之后，我一定要把它干好，这就可以了，我就是要交这张答卷的。

当睿睿爸爸转行开始从事 ASD 的研究后，睿睿妈妈和睿睿爸爸决定把带睿睿成长过程中的经验总结出来，告诉更多的家长。睿睿爸爸目前在国内已经开展了十多场公益讲座，睿睿妈妈则在身后为睿睿爸爸提供"枪支弹药"，睿睿爸爸在讲座中播放的很多睿睿从小到大成长的视频，就是睿睿妈妈深入到孩子的学校拍摄的。睿睿妈妈和爸爸达成共识："我们绝对不会用自闭症这件事来挣钱，虽然我们干预睿睿花了很多的钱，但是我们没有想过通过这个事情把我们花出去的钱挣回来。"当我问及睿睿妈妈对自己将来老年生活的畅想时，她说她会一直陪伴孩子成长，在这个过程中，总结在不同阶段陪伴睿睿的经验，然后毫无保留地分享给更多家长。她笑称自己以后肯定不会得老年痴呆症，因为自己在陪睿睿的过程中不断地学习、不断地思考、不断地总结。睿睿家现在主要靠睿睿爸爸挣钱养家，在北京郊区租房子住，经济并不算富裕。但是，睿睿一家对物质生活的要求并不高，更重要的是，睿睿现在的发展状况良好，睿睿妈妈认为：

"我们现在不需要去挣很多的钱，等我们离开后，睿睿也不需要给他留一大笔钱才有可能活下去。睿睿将来有能力养活自己，我们就不用担心。他长大了自己能够吃饱穿暖、有个地方住就可以了，要那么多钱干什么。"

我参加过三次睿睿爸爸的讲座，第二次是应邀到会场做志愿服务，也加入睿睿爸妈创建的家长群中。睿睿爸妈每天早晨七点前一定会在群里跟大家问好，以身作则，提醒大家带着孩子开始诵读经典，而且每天都会在群里和大家分享引导孩子的心得，或者解答家长的提问。我加入的家长群不少，也会不定期地浏览家长的聊天记录，大多数家长群的聊天内容被"孩子的问题"和"家长的无助"充斥着，孩子的问题和家长的问题层出不穷，让人感受到压抑和无望。唯独这个群像一个规矩明晰、有序的组织，睿睿爸妈作为领头人，带着这个大群体稳步有序地向前走。

二、生命的祥和

睿睿妈妈曾是一位谁也看不上的超级女强人，却因为孩子的自闭症与孩子陷入苦难中。从刚开始的苦苦挣扎到接受命运再到改变自己的命运，这一路走来，睿睿妈妈认为自己获得了一次重生。当她回头看自己的生命历程时，她说：

"人生中所有的苦难都是生命的考验，越是苦难，越是增长智慧。"

现阶段的睿睿妈妈每天都能在陪伴孩子的过程中收获共同成长的喜悦，生活上越来越简单，学问上越来越精进，她说她对这样的生活非常感恩。

我每天跟着睿睿学习新的东西，现在又接触到《说文解字》，每天都为学日益，然后每天自己修心又可以做到为道日损，老子所讲的"道"里的两种状态我都做到了。生活上越来越简单，学问上越来越精进，而且还有睿睿这么可爱的孩子在身边，每天给我吹奏那么美妙的音乐，所以说特别地祥和，没有什么不好。活在当下，享受当下，感恩，享受，然后努力。

第六节 抗逆力的过程特征

睿睿妈妈在孩子被诊断为自闭症之前，有着令人羡慕的学历和职业，有着远大的职场抱负，是一位名副其实的女强人，甚至是女超人。但是在孩子被诊断为自闭症之后，睿睿妈妈从人生的高峰跌落至人生的谷底，其抗逆力经历了一次质变的解体。就如睿睿妈妈所说："你再优秀都没有用，一旦提到孩子，你就心虚，你就气短。"面对孩子带给自己和家庭命运突如其来的转变，家长要从人生的低谷重新爬起来，找回希望和对生活的控制感，并非易事，需要经过很长一段时间的摸索和尝试，才逐渐从危机中产生新的生命力。在睿睿妈妈应对困境的过程中，有三个重要的转折点，分别是"内省修身""变废为宝，发展特长""主动退场"。"内省修身"指向睿睿妈妈自身，是贯穿其抗逆力发展始终的行动；"变废为宝，发展特长"和"主动退场"指向孩子，为孩子找到他最适合的发展方式。这三个转折点都使家长重新建构了保护性的生态环境，降低了危险因素的来源。

从睿睿妈妈抗逆力发展的整体过程来看，家长经历了绝望—希望—绝望—希望的过程，这一循环往复的动态过程也构成了睿睿妈妈抗逆力解体—生成—再解体—再生成的过程，如图4-1所示。孙玉梅（2011）的研究也表明，ASD儿童家长的生活经验是在阻力与助力相互博弈之中,包含负面经验到正面经验再到负面经验不断循环往复的过程。睿睿妈妈抗逆力的发展过程说明,抗逆力并非一种固有的品质,并不表示一旦形成就不会变化。抗逆力的改变,必须视个人与环境的互动结果而定。当家长所拥有的保护性因素不足以承受外界环境带来的压力时,家长的抗逆力水平也会减弱甚至丧失。

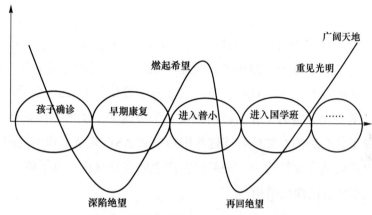

图 4-1　睿睿妈妈抗逆力发展的动态过程

第五章　层层围困难突围：抗逆力的阻碍

抗逆力的定义包括两个重要的操作性要素：个体遭遇困境和个体成功应对。困境在抗逆力的结构中称为危险因素，是阻碍抗逆力发展的危机事件、累积的压力等，成为个体抗逆力的起点。ASD 儿童家长在孩子被诊断为 ASD 之后，他们的生活发生了什么样的变化？遭遇了什么样的困境？形成这些困境的原因是什么？对 ASD 儿童家长造成了什么影响？如何解读这些困境？对 ASD 儿童家长困境的分析，必须要将它放在更广阔的文化结构中，去寻找它产生的背景材料，以了解 ASD 儿童家长抗逆力危险因素背后的深层结构。

第一节　自闭的围墙

Rothenberg 根据他在自闭症机构工作的经验写下了《有着绿宝石眼睛的孩子》一书。他在书中写道："这些年，我被这些自闭症孩子为自己塑造的各式各样的碉堡惊呆了。这些碉堡可以保护他们免受外在可怕的感官刺激，这些孩子便生活在这些碉堡中。"

一、关系网与孤岛

随着时间的推移，儿童生存的生态环境会不断变化，逐步从家庭走向学校、工作场所和社会。儿童作为一个有能动性的主体，会在走向更广阔世界的这个过程中，不断编织社会关系网，使自己从这个关系网中获取资源和利益。根据费孝通先生的差序格局理论，每个人都有一个以己为中心的社会关系网络，网的规模和大小依靠"攀关系""讲交情"，是私人关系的增加。而 ASD 儿童核心障碍之一就是社会交往障碍，他们缺乏恰当的社交技能，无法进行自发性的社会活动，也缺乏对社会性互动的回应。即使在家庭这个最原生态的、最直接的、360 度浸泡式的环境中，ASD 儿童也难以与父母发展出良好的亲子关系。访谈中的几位家长都曾经历过亲子关系难建立带给自己的困扰。

成成妈妈：成成小的时候叫他没有反应，你跟他说话，他也从来不看你。送他去上学，跟他说再见，他头也不回就走了。看到人家父母跟孩子那么亲，挺难过的。

齐齐妈妈：齐齐沉浸在自己的世界里，对爸爸妈妈视而不见、充耳不闻，他是那样地冷漠和无动于衷。这一切，让我心痛，甚至绝望。我曾经好几次想带着他离开这个世界。

ASD 儿童也无法开始或者维持一段符合其年龄发展水平的社会关系。家长拼尽全力将孩子塞进普通学校，很重要的原因就是希望孩子能够进入普通孩子的圈子，发展其社会交往能力。但是，当孩子真正进入之后，家长发现自己的孩子与普通孩子完全不是一个世界的人，社交能力的巨大差距使 ASD 孩子与普通孩子没有共同语言。ASD 孩子不仅没有发展出他的社交圈，还可能因为同伴的欺负进一步陷入封闭的世界。斌斌在学校经常受欺负，这对家长和孩子来说都是十分痛苦的经历。

我的孩子从小被逗着玩，他是一个被欺负着长大的孩子，他在别人看来就是个小怪物。别人一碰他，他就尖叫，别人就觉得好玩，就老喜欢逗他。他受了很多委屈，在六年级的时候甚至跟我说："妈，不想上学了，我们班的孩子老打我，追着我打。"那时候孩子回来身上到处都是瘀青，是被同伴踢的。我们也没办法帮他解决这些问题，五六年级的孩子长大了，他们学会了当着老师一套，背着老师一套，开始欺负我的孩子。看着孩子身上的瘀青，我很不好受，很痛苦，我在家里哇哇大哭（激动）。

两利相权取其重，两害相权取其轻。为了让孩子不紧张、不挨打，还能上学，斌斌妈妈能想到的办法就是斩断他和所有孩子的联系，她让斌斌告诉所有的同学："谁都别理我，我不愿意跟你们玩，我也不想跟你们玩。"最后就变成了所有人孤立斌斌。斌斌反而乐得其所，他终于可以独来独往，不受同学欺负了。但是斌斌同时也失去了与同伴社交的机会。

行动者以个人身份持有的资本总量会因为间接持有的关系资本而增值壮大，与其具有连带关系的行动者持有的资本为网络中的人提供了获胜的筹码。但是，ASD 儿童像一座孤岛，他们以己为中心，却不能以己为中心建构自己的关系网，成为社会中自孤立和被孤立的一个群体。ASD 儿童虽然进入了社会关系的场域，但是却无法与他人建立起关系，更无法通过与他人的有效互动运作社会网络中的资源，他们成为社会网络中的边缘人。任何一个成员只要处于消极被动的状态，手中据有的资源的数量就会减少或者质量下降，并被推向社会的边缘或不重要的位置。ASD 儿童既无法从家庭场域中积累文化资本，又无法从社会场域中积累社会文化资本，单靠

ASD 孩子自身的力量，他们无法在这个社会立足。对于家长来说，他们最担忧的事情也正是孩子长大了该怎么办。斌斌妈妈在谈及医生告诉她孩子终身不能自理的心态时，他那是从天堂掉入地狱的感觉。

医生当时是这么说的：智力残疾，终身不能自理。我一下就傻了，终身不能自理？我就开始想象街头流浪的人，浑身都是黑的，捡着垃圾吃，要么就是瘫在家里，锁在家里不能出去的，不能自理嘛。就是一下子这种落差是很大的，当时一下子就觉得完蛋了。有从天堂掉到地狱里的感觉，很难过很难过。

二、异常与正常

有一种压力叫作"身为 ASD 儿童的父母"。Randall 等人提出，家长养育 ASD 孩子很大的困难在于要去处理他们的问题行为，这比养育其他发展障碍的孩子更加艰难，很少有发展障碍的孩子会如 ASD 孩子一样给家长带来如此复杂的压力。Totsika 等人（2011）对 18 415 名 5 至 16 岁的儿童进行了大样本调查，结果表明，在 ASD 儿童、智力障碍儿童以及正常儿童三类样本中，ASD 儿童（伴有智力障碍和无智力障碍）的情绪问题行为水平最高。种种异于常人以及让人难以理解的问题行为，给 ASD 儿童家长带来了沉重的教养负担。面对 ASD 儿童的问题行为，身为主流文化群体的家长常常不知道如何处理。齐齐妈妈曾经记录了十几项孩子在某段时间出现的刻板地近乎强迫的行为。例如：无休止地重复排列矿泉水瓶子；一不留神就开始自顾自地不停转圈；东西坏了一定要马上修好，修不好就大发脾气，有一次停电了，齐齐大哭不止，把舌头咬了一个大洞；厨房里的调料等必须藏在他拿不到的地方，否则就被扔到楼下或者被倒进水槽；不允许家人关阳台窗户，每天半夜准时醒来冲到阳台检查窗户是否关着；出门时，口袋里一定要装指甲刀；见着陌生人要求人家伸舌头，要给人看病……

对于长期与 ASD 孩子共同生活的家长来说，异己的自闭特质和自闭文化对他们来说是莫大的挑战，几位家长都用到了"磨人"一词来形容与 ASD 孩子相处的经历。齐齐妈妈说："每天被他无数件这样的事纠缠着，再好的耐心也会被耗尽，一天下来精疲力竭，以致早晨起床前无比沮丧，因为又要开始面对他的种种问题！" ASD 孩子的问题行为也成为他们被他人进一步排斥和歧视的重要因素。

除了两大核心障碍，ASD 儿童由于缺乏对周围环境的关注，普通儿童通过模仿就可获得的生活技能和语言技能，他们却需要家长以月甚至以年为单位设计系统化的课程进行专门教学，这也给 ASD 儿童家长带来了沉重的负担。睿睿妈妈为了让孩子敢走下坡路,带着孩子走遍了圆明园的每一个土坡;为了让孩子会洗脸、挂毛巾,家长教了几年。齐齐 3 岁 10 个月会说第一句话的时候,老师特地叫来齐齐爸妈和所有的老师,让齐齐站在凳子上表演说话。齐齐妈妈在日记中写道:"今天对齐齐来说,应该是对我们全家来说,具有历史性的意义。从今天起,齐齐开口说话了!我们全家人像过年一样高兴。"我在给 ASD 孩子做语言训练的时候,常常能体会到家长干预孩子的艰辛和不易,甚至是濒临崩溃的感觉。我曾经教一位 5 岁的 ASD 孩子打招呼,但孩子每次都只会机械地重复我的那一句"乐乐,早上好",而不会说"赵老师,早上好",这种挫败感常常使自己非常懊恼,而家长却是长期浸泡在这样的挫败感中。

在缺乏接受差异和多元的社会中,ASD 儿童要立足于社会,不得不学会主流社会的游戏规则。为了避免孩子将来沦落到被社会抛弃的地步,家长早期最迫切的想法就是让孩子变得"正常",让他们能够从封闭的世界走出来。斌斌妈妈在孩子诊断后拼命教学,就是要把孩子教成正常人。

斌斌第一次测智商,结果只有 50 分,这肯定是不可以的。我要把他教成正常人,我那个时候就是抱着这样的想法,凭着这一股劲头,然后就在家里拼命地教他。

睿睿妈妈在孩子确诊后,立刻辞掉了工作。"我几乎来不及哭,没有时间。6 岁前是 ASD 孩子最佳康复时期,我得抓紧时间。"但是让 ASD 儿童学习主流群体的文化难上加难,对 ASD 儿童和家长双方都是巨大的考验。面对 ASD 孩子学习的困难和种种问题行为,没有发展出抗逆力的家长常常处于崩溃的边缘。

斌斌妈妈:孩子诊断后,我所有的精力都在孩子身上,也处于一种高度紧张焦虑的状态,然后导致我也出问题。你看到我现在的脸很圆,我那个时候满脸横肉,超级紧张,见谁就说我们家孩子有病,见谁都想打架。后来,我们副校长找我谈话,他说"这个社会不会有人同情祥林嫂的"。我说"跟我有啥关系",他说"你没觉得你像祥林嫂吗"。(笑)那个时候,反正我就想,你不给我请假,我就哭,一哭就哭上半天。然后哪天闲着没事,我待着待着就想哭了嘛,我就去领导办公室,我说"你们哪里有屋子",领导问我想干啥,我说"我就想找个地儿哭会儿,你得给我找个屋"。(大笑)然后领导说"那你哭吧,我们都出去"。然后我就真的哭,那个时候心里是受不了的。

家长也多次谈及,当教孩子学东西,怎么也教不会的时候,往往会情绪失控,会对孩子发脾气,甚至动手打孩子,孩子在这个过程中积累了很多的负面情绪。为了帮助 ASD 儿童走出自闭的围墙,融入社会,家长要孩子必须适应和迎合"正常文化"。在 ASD 孩子"正常化"的过程中,家长和孩子都付出了代价。

第二节　学校的排斥

经过这么多年的艰苦训练，孩子在各方面都取得了较大的进步。一转眼，齐齐8岁了，已经过了上学的年龄，他能不能上学这个问题一直压在我们心头。最近孩子最爱做的一件事情就是把书包收拾好，然后对我说："妈妈，去学校！"听他这样说，我心里特别难过，我不知道能不能圆他的上学梦。

——齐齐妈妈

一、达标：入学艰难

普通儿童到了入学的年龄，从家庭步入学校是一件再平常不过的事情，但是对于ASD儿童来说，像同伴一样上学无疑是一个梦，学校是一道横在他们面前费尽心思才有可能突破的围墙。他们从上幼儿园开始，就面临着不断被拒绝的遭遇。齐齐在学前教育阶段，多次被退园，最后不得已送到了隔离式的康复机构，就再也没有机会回到正常的幼儿园。齐齐妈妈用"狼狈不堪"总结了齐齐不断被退学的经历。

齐齐第一次被退园，是因为幼儿园老师说他实在太多动了，没有精力单独照顾他。随后齐齐又去了另一所普通幼儿园的特殊班，这所幼儿园是非常好的幼儿园，但是对待特殊孩子和普通孩子的态度完全不一样。特殊班的孩子跟普通班的孩子吃的不一样，吃也吃不饱，中午连睡觉的地方都没有，只能站着，普通班的孩子都是有床睡觉的。再就是特殊班的孩子程度也挺重的，哭啊，闹啊，老师也不管……

乐乐妈妈由于市区的幼儿园不愿意接纳乐乐，不得已只能自己办园。

我们去找公办园，公办园以没有专业教师为借口拒绝；去找民办园，他们怕乐乐的问题影响他们招生，更不愿意接收。后来就去找郊区的幼儿园，园长说有家长陪着就可以，但是郊区的幼儿园离孩子康复训练的地方太远了，孩子去上学就做不了康复。

从两位家长的孩子进入幼儿园遇到的阻碍来看，"没有精力""没有专业教师""影响招生"成为幼儿园拒绝ASD儿童的理由。由于我国学前教育尚未得到重视，学前教育公平缺乏法律保障，普通幼儿园对ASD儿童的排斥是"明目张胆"的。大量私立康复机构的存在，在一定程度上缓解了家长孩子上不了幼儿园的焦虑。但是，当ASD儿童到了上学的年龄后，着重解决早期干预的康复机构无法再解决特殊儿童的学校教育问题，ASD 儿童上学难的问题开始凸显，成为家长极为头疼的事。当普通儿童家长在为孩子择校时，ASD 儿童的家长却在为孩子无学可上而挣扎。

受教育是每个人最基本的权利。1994 年在西班牙召开的世界特殊教育大会上，包括中国在内的 90 余个国家政府与 25 个国际组织的代表通过了《萨拉曼卡宣言》，该宣言强调，每一个儿童都有受教育的基本权利，有特殊教育需要者必须有机会进入普通学校。我国最近几年十分重视特殊儿童的平等入学权利。2020 年，教育部印发的《教育部关于加强残疾儿童少年义务教育阶段随班就读工作的指导意见》明确提出："县级教育行政部门要结合区域义务教育普通学样分布和残疾儿童少年随班就读需求情况，加强谋划、合理布局，统筹学校报生计划，确保随班就读学位，同等条件下在招生片区内就近就便优先安排残疾儿童少年入学。"但是在实际实施的过程中，特殊儿童的平等入学权利依然没有得到全面保障。访谈中的几位家长的孩子上学时，正处于我国随班就读发展的初级阶段，政策保障的缺失使特殊儿童上学更为艰难。

成成妈妈：我带成成到户口所在地小学去上学，学校一看成成与普通孩子明显不一样，就要求我带着孩子到指定的医院去做认知评估，要达到 70 分才到学校上学。没办法，我就带着成成去做评估了，评估结果是 69 分。我记得其中有一个问题是问孩子吃的鸡蛋是从哪里来的，成成就说是从市场买来的，那个医生就给了 0 分。我就跟那个医生理论，我说你不应该给他 0 分，他没有这个生活经验，他就知道鸡蛋是在市场买的。医生说：那不行，标准答案是老母鸡下的，其他孩子都知道。我特别愤怒，少这一分孩子就上不了学。其实，医生就是觉得成成上不了正常小学。

"标准答案"使成成失去了上学的机会，成成妈妈只能听从医生的建议让孩子晚一年上学。在齐齐入校前，学校校长和班主任到家里家访，以确定齐齐能否在普通学校就读。齐齐妈妈为此紧张得无法入睡，提前好几天就在家排练，告诉齐齐该如何表现。

为了给老师们留下好的印象，我提前好几天设计齐齐在老师来家时要做的事情，然后不断地演习。紧张的时刻终于来了，依照之前的方案，老师们进门的时候，我领着打扮得非常精神的齐齐向他们问好……

睿睿妈妈谈到她在孩子入小学前给孩子报了很多兴趣班，目的就是让孩子通过学校的面试。

孩子入小学要面试，他总得会点东西吧，什么都不会，学校肯定不要啊。我们就让孩子学打乒乓球，学了两次，教练不教了，说受不了。然后我们又带他去游泳馆游泳，好不容易学会了。面试的时候，老师问他会什么，他跟老师说：我会弹钢琴，我会游泳，会三种泳姿。老师一听还不错，还会自我推销，就收下他了。

2018年新修订的《中华人民共和国义务教育法》（简称《义务教育法》）规定："普通学校应当接收具有接受普通教育能力的残疾适龄儿童、少年随班就读，并为其学习、康复提供帮助。"2018年新修订的《中华人民共和国残疾人保障法》（简称《残疾人保障法》）规定："普通小学、初级中等学校，必须招收能适应其学习生活的残疾儿童、少年入学。"我国相关法律硬性规定学校不能拒收残疾儿童，但是就上述几位家长的孩子入学的过程来看，学校对于到了法定入学年龄的残疾学生，并不是"我家大门常打开"，而是"我的地盘我做主"。想要入场，首先必须获得入场的"门票"，即学生的能力要达到学校的要求。学校并不会明文规定不招收残疾儿童，但是会通过设置招生门槛的形式，以"非制度手段"将不符合其要求的 ASD 儿童排除在外。现代教育制度在文化资本的分配和再生产中起着决定性作用，享有文化资本的分配和再生产功能的学校在学生入学之初就开始启动它的筛选权力。普通儿童和特殊儿童在入学时都要参与学校各种形式的考试和测试，学生需要通过自身的努力才能赢得入学的机会。在教育资源分配不均的今天，学校的入学测试依然大行其道。设置入学筛选标准的做法将 ASD 儿童的残疾假定为他们失败的根本原因，为普通学校拒绝 ASD 儿童找到了借口。

二、随读：隐性隔离

ASD 儿童进入普通学校后，也只是获得了一种临时的身份，随时可能由于不良的表现被"退场"。访谈中的几位家长的孩子在入学后，很快就接到学校老师的投诉电话。

斌斌妈妈：孩子送到学校后，老师忍了两天，到了第三天，老师就去找学校领导了，校长也跟我打电话了。一开始我就忍着，等到了第五天，我还是跟老师沟通了。老师说了孩子一大堆的不是：上课的时候，一不留神就坐在桌子底下了；一提问，他不经过允许就站起来胡说，不让他站起来他就大喊，班上的同学就大笑；一打上课铃，他就开始说话，课一结束，他就安静不说话了。还有一个事最关键，他说的话老师听不懂，老师说的话他也听不懂……

睿睿妈在孩子刚去学校三天，就接到班主任打来的电话："睿睿妈你来一下，你的孩子完全不在状态，注意力超级不集中。"

斌斌在诊断时智商只有 60 分，通过斌斌妈妈几年的教导，入学前斌斌第二次智商测试分数提高到117分。斌斌妈妈对此无比骄傲，但是当老师说她教不了斌斌时，斌斌妈妈又重回绝望。

这一下子又把我砸下来了，比起刚诊断的时候我更紧张、更焦虑。这种焦虑也会影响孩子，甚至到了我只要叫他的名字，他就会紧张害怕。

类似的控诉电话不绝于耳，几位家长都表示曾经最害怕听到的就是老师的电话。从以上案例可以看出，普通学校要求入场的学生自动符合学校文化场域中的种种文化规则，遵守课堂纪律则是其中一条。当学生不能达到其要求时，学校第一时间想到的不是如何给予支持，而是将问题抛给家长和孩子。当问题得不到解决时，ASD儿童就会遭到主流群体的排斥。

成成妈妈："他班主任就经常跟我说，你们家成成太有问题了，他根本就不适合在普通学校，就应该去特殊学校。我一开始就不理他那套。之后，班主任就跟我说：如果你想带他走的话你就走，如果你不想走的话，你就这样在学校待着，我们也没有办法，我们也不能让你走。"

"就这样待着"可以看出学校面对ASD学生的"软排斥"态度。学校没有办法强制性地开除学生，但可以采取不关注和不管不顾的态度，让家长知难而退。当家长依然拒绝把孩子带走时，学校接下来的行动是给学生贴上"随班就读"的标签，让学生在班级"随班混读"。

成成妈妈：班主任对成成不理不睬，一直让我把他送到特殊学校，但是我就一直不理她嘛。她没办法，就要求我带孩子去医院给孩子测智商，然后给孩子开一个随班就读的证明。我非常不愿意去，孩子也不愿意去，成成还问我为什么要去医院。但是没有办法，学校就要一个结果。

一旦学生具有随班就读证明，其考试成绩就可以不算入班级平均分，不再影响班级的成绩排名，教师便可以摆脱"包袱"，形式上让特殊儿童在班级融合，但教学上可以光明正大地忽视特殊学生。随班就读政策的目的本是让隔离环境中的特殊儿童回归主流，但是在实践中却成为一种新的"融合中的隔离"。在普教教师心中，"随班就读生"成了"借读生"的同义词，只在班级占一个位置，但是并不具有合法身份。

如果说成成第一次和第二次被迫测智商是为了赢得入学的机会，那么第三次测智商便是老师在逼迫成成退场。一旦成成测完了智商，被贴上"随班就读生"的标签，成成就变成学校的局外人，老师与他的师生关系也就解除。如果ASD孩子"随班混读"的窘境长期得不到解决，就容易被迫退场。成成在被迫随班就读后，临时的学生身份也没有保住。在多方的压力下，成成妈妈不得不带着孩子离开了普通学校。

困境中的突围：自闭症谱系障碍儿童家长抗逆力发展的研究

  普通学校的功课多，节奏快，孩子听写没问题，但是阅读理解能力差，连带着数学也差，看不懂题，学习成绩肯定是好不到哪里去的。那个时候老师给我很大的压力，说成成学习成绩差，说有普通孩子的家长告状，让我把孩子送到特殊学校去。学校也有老师私底下给我说，成成在学校挺可怜的，下课没有人跟他玩，还有学生欺负他。成成也知道同学欺负他，他也很不开心。

  面对多方围攻，成成妈妈不得已将孩子转入了另一所普通学校的特殊班，升学之后去了特殊学校。孩子从普通学校回流到特殊学校，对家长来说是一次沉重的打击，这预示着孩子将来的升学道路被阻断，失去了正常向上流动的渠道，孩子将来如何发展？家长更加迷茫。

  访谈中，齐齐妈妈和乐乐妈妈的小孩在随班就读期间均办理了随班就读证明，成绩均不算在平均成绩中。在成绩上不"拖累"班级，ASD 孩子就有可能在普通教室里获得一个席位。家长只能通过这样的妥协，为孩子获得学习的机会，哪怕是只是"随读"和"混读"。融合教育不仅仅是给特殊孩子提供进入普通学校就读的机会，还应该给他们提供相关的支持与服务，帮助他们在普通学校顺利融合。但是在我国培养和选拔精英的应试教育体制中，特殊学生在普通学校很难获得平等的、合适的教育。正如邓猛等人对"随班就读"中"随"字的本质的分析，"随"字意味着特殊学生能够跟上就"随着"，跟不上就"随便"，是可以随意抛弃的附属品，"随班就坐"和"随班就混"成为难以避免的现象。我曾经对一名普通学校的校长就他们将一名 ASD 儿童退学的原因进行访谈，那位校长说："既然我们无法改变教育体制，那我们就只能招收能适合这种体制的学生。"ASD 儿童需要努力获得进入普通班级的资格。当他们进入普通学校后，需要适应普通班级中的规则，否则只能面临被淘汰和退场的命运。

三、考试：升学无望

  我国现行的精英教育体制仍然以传统的面向升学考试和培优为目的，强调竞争、考试和升学率，教育的过程充满了残酷的竞争，教育公平被放在了次要的位置，学校成为争夺成绩和分数的竞技场。ASD 儿童在这样的教育体制中具有先天的劣势，无法适应学校的游戏规则，更无法凭借一己之力在考试中取胜。睿睿妈妈对此谈道：

  "在体制内的滚滚洪流之下，你要玩，你就要遵守人家的游戏规则。你多花点时间搞数理化才是硬道理，要不然老师那里过不了关。"

  暂时没有被普通学校拒绝的 ASD 孩子，也终究要面临升学的问题。面对激烈的竞争，普通生也只有少部分成绩优异的学生能够在考试中取胜，而 ASD 儿童想要在竞争中生存下来就更加困难。先天残疾导致ASD儿童的身体文化资本处于劣势，无法在不利的处境中自发地调动自身的能动性，他们需要依靠学校提供相应的制度文化资本来弥补其不足。但是先行的教育体制并没有相应的弥补机制，特殊孩子在升学中更加无望。睿睿妈妈谈到：

"我们的孩子不爱竞争，也没有竞争的优势，在以后的中考、高考中，他们绝对不是千军万马中能过独木桥的那个。"

睿睿妈妈想到孩子将来好不容易小学、中学毕业了，最后可能还是要进特殊学校，就无法接受这样的现实，多次用"绝望"、"最折磨"来形容当时的心情。齐齐在读小学和初中时，成绩均不计入班级平均分，虽然获得了"随班"的机会，但是面对残酷的高考，齐齐不再能够通过"混读"向上流动，从普通初中毕业后，又重新回到特殊学校。对于齐齐妈妈来说，孩子离开普通学校进入特殊学校是无奈之举，但也是唯一的选择。

齐齐被职高录取的时候，我很惆怅，对他爸爸说，齐齐再也没有普通学校可以上了。他爸爸说，能够上职高也不错，高兴得就像孩子考上大学一样。

家长清楚，如果不去特殊学校，孩子只能回到家庭，又重回封闭的状态。升学考试制度成为一种设立围墙的行为，在优胜者和淘汰者之间设立了一条社会边界，ASD儿童则成为最容易被区隔在学校围墙之外的群体。

第三节 社会的歧视

我以前就是这么想的，如果我离开世界的那天，政府不能让自闭症孩子有尊严地活着，我一定会带着乐乐一起离开这个世界。

——乐乐妈妈

一、成年难自立

访谈中几位家长的孩子都即将面临就业的问题，尤其是成成已经从特殊学校的职业高中毕业了，至今没有找到工作。如果ASD儿童长期赋闲在家，无事可干，原有的社会能力会退化。家长并没有期望孩子能够挣钱养家，就是希望孩子能够进入社会。就如齐齐妈妈在一次新闻采访中说的："我们甚至不指望他们能够养活自己，就是希望他们能够有事情可做。"

这种最低的期望和渴求反映出家长不希望成年后的孩子再次被阻隔在社会的围墙之外，希望他们能够融入社会。但是，家长这种最低的期望也难以实现。《残疾人保障法》明确规定："国家机关、社会团体、企业事业单位、民办非企业单位应当按照规定的比例安排残疾人就业，并为其选择适当的工种和岗位。"但事实是，众多企业宁可交保障金或者不享受税收优惠政策，也不愿意招收残疾人就业。

我国大龄ASD人士的就业基本上处于空白状态。社会大众对残疾人群根深蒂固的歧视与排斥，使ASD人士很难找到一份工作。

成成妈妈：成成毕业之后，我帮孩子找过不少工作，但是人家一看他那些怪异的行为，还有说话也跟别人很不一样，连面试的机会都不给他。还有，人家一看他的文凭是特殊学校发的，也会有偏见。

当家长等不及政府自上而下的支持时，他们只能自发背负探索ASD儿童就业出路的重担。齐齐妈妈携手其他ASD儿童家长创办的雨人就业支援中心，就是为ASD孩子将来的就业做准备。

雨人就业支援中心的运营十分艰难。齐齐妈妈告诉我："支援中心的运营成本高，仅租金一年就要几十万，还不包括员工费。"烘焙屋的收入主要依靠对外销售各种糕点。面对激烈的市场竞争，家长只能主打"亲友牌"，依靠亲朋好友的购买或者社会爱心人士的帮助来销售产品。我曾经同机构的工作人员驱车4个小时到外地参加某大型活动的现场义卖。当天雾霾沉沉、尘土飞扬、柳絮乱飞，眼睛都无法睁开，犯有鼻炎的我在现场呼吸困难，只能不断地拿湿纸巾堵鼻孔。齐齐困了，齐齐妈妈在地上铺上塑料纸，齐齐就在振聋发聩的摇滚音乐声中倒头大睡。我和几位大龄家长在恶劣的环境中提着饼干到处吆喝，但是忙到傍晚，收入也不到三千块钱。连续三天的义卖活动我只去了一天就已经疲惫不堪，而其他家长则要连续三天奔赴活动现场，而且类似的义卖活动是家常便饭。面对ASD孩子就业难的僵局，ASD儿童的家长只能依靠自己的力量去探索孩子的出路，家长被迫承担了太多的职责，而大龄ASD孩子就业的压力则成为家长不可承受的生命之重。有一次在机构做志愿服务的时候，我发现平日里一向注重形象的齐齐妈妈满脸憔悴，白头发也多了不少。当我问及她缘由时，她一脸无奈地说：

"最近卖月饼，要做后期，要弄文案，都是我一个人在弄，新来的老师又没办法马上接手。做这些事情，自己的生活会受到很多干扰，如果定力和心态不够好，你就会各种烦躁。说实话，经营这一摊事好有压力，我现在做梦都在卖饼干。以前我觉得我就是个小女人，就是个妈妈，后来就觉得无形当中这种社会责任附加给你，你还不得不去做。这三年我就是这样熬过来的。"

二、母去身何寄

如果 ASD 儿童无法就业，最后只能被"圈养"在家中，重回封闭的世界。面对无处容身的大龄 ASD 儿童，家长必须面对的问题就是"将来自己走了，孩子怎么办"。我国第一家自闭症康复机构的创办人田慧萍女士在《开讲啦》节目中演讲时说："我很早就下了决心，如果我走的时候，我不能看到我的儿子有尊严、有保障地活着，我就带他一起走。"她也曾经想要带孩子离开这个世界，但是，她最终没有真正行动。她对孩子发脾气说："因为你，我连死的权利都没有。"

访谈中，大龄 ASD 职业康复机构的教学主管告诉我：

"政府老早就推出了公立的温馨家园，就是赋予养老院一个新的功能——职康站，负责残疾人的职业康复。我曾经跟职康站的一名负责人沟通过，他说他们以前都是负责照顾老人，现在一下子进了那么多残疾人，没有专业人员，根本不知道如何与残疾人沟通。关键是残疾人的就业也不同于之前老人的社区生活，难度太大了。"

由于 ASD 孩子社会性的障碍，政府精神残疾人专门设立的保障性单位不能接受 ASD 人士。日本有一所非常有名的大龄残疾人服务机构"榉之乡"，接受年满 18 岁以上的障碍人士，其中 70% 是 ASD 人士。齐齐妈妈与几位大龄 ASD 家长曾一同去考察过。该机构有重度 ASD 人士养护中心、福利工厂、ASD 人士家庭式住所、作业场等部分。政府的共识是，孩子到了一定的年龄，是社会的责任，与家庭没有关系。因此，国家和地方承担了机构大部分运营费用，每个重度 ASD 人士每月可以从政府得到残障福利补助，在福利工厂工作的 ASD 人士还可以得到额外的工资。因此，日本大龄 ASD 人士的生活完全可以自理，家长没有后顾之忧。在我国，政府尚未关注大龄 ASD 人士的养护与就业问题，家长不得不依靠自己的力量为孩子创造一个将来能够养老的场所。成成妈妈说：

"我曾经和几位家长商量，到郊区去找一家农家院，大家住在一起，将来和孩子一起养老。然后家长前仆后继地去照顾这些孩子。但是，这些想法目前都没有实现。"

访谈中的五位家长经济条件较好，他们可以为自己的孩子留一笔钱，即使孩子不工作也不会为经济发愁。但是，家长担心的是，由于社会性的缺乏，即使给孩子留再多的钱也不能解决其生存问题。睿睿妈妈说：

"你为他挣再多的钱他也不会用，也不会管理，说不定还被骗走了。到时候你两眼一闭，你哪里能管这么多。你唯一能做的事情就是你比孩子多活一天，你还

困境中的突围：自闭症谱系障碍儿童家长抗逆力发展的研究

未必能耗过去。我们俩都是年龄比较大了才生的孩子，我们不可能陪他到他死的那一天。"

成成妈妈也有同样的担忧：

"你把孩子交给任何一个人，都不会放心的。交给亲戚或者家长组织，我是不放心的，起码得有个三方互相监管，互相牵制。"

对于 ASD 孩子的早期康复和上学问题，家长通过艰辛的摸索，都可以得到较好的解决。但是孩子成年之后何去何从的问题，已经超出了家长的承受范围，心有余而力不足。

第四节 家长被迫自闭

我的认知就是这样：前三十年看父敬子，后三十年看子敬父。但是孩子终身不能自理，我就觉得我的后三十年完蛋了，这一切都完了，我就受不了，在我受不了的时候我就发脾气。

——斌斌妈妈

一、生活无序

家庭生活中的仪式和常规为家庭生活提供了参照，能够为家庭提供稳定感。但是家庭成员中的慢性疾病会破坏家庭的正常生活。ASD 儿童家长的生活在孩子被诊断为残疾之后全然改变，家庭生活也离开正常的发展轨道，陷入未知的混乱和无序之中。

乐乐妈妈：知道自己的孩子是自闭症之后，我就辞职了。第二天我就辞职了。

睿睿妈妈：睿睿在澳大利亚确诊后，我就决定回去要辞掉工作，没办法再这样下去了。半年不在状态，工作业绩还有跟同事的关系就没有以前那么紧密了。我的心思不在那里，工作业绩也不好，同事关系也就没有那么好了。

成成妈妈：领导说要提拔我，同事就说我不可能，因为当领导肯定要付出很多时间嘛。因为成成，我在事业上慢慢地就没什么追求了。后来党委书记问我说你要不提前退休。

斌斌妈妈：当初辞职是为了赚钱，为了宝儿，工资也不高，培训吃住在外面花了很多的钱，还欠债了。当时内心深处就是想，我要给他留一笔钱。这孩子总得给他攒钱，我就拼命地工作……

齐齐妈妈：为了孩子，终究还是辞职了，上班生涯从此画上句号。一直忍着，还是忍不住落下泪来。

访谈中的五位家长均因为孩子选择辞职，成为孩子的专职教师。当她们从工作岗位重回相对封闭的家中，接下来需要面对的就是混乱无序的生活。这种无序在ASD儿童的早期干预阶段体现得最为明显。早期干预对于ASD儿童的康复至关重要，但是我国的早期干预体系并不健全，绝大多数康复机构是私立性质的，且多由ASD儿童的家长创办，存在机构资源分配不均、质量参差不齐的问题。家长在孩子被诊断为自闭症之后，不仅要面对期待的失落和孩子是残疾的绝望，接下来还需要面对去哪里为孩子寻找康复资源的问题。在寻找的过程中，家长的生活开始陷入无序状态。下面以同时期美国一位孩子被诊断为自闭症之后，家长获取资源的途径来进行对比，更能凸显我国ASD儿童家长的困境与艰辛。巴奈特是一名自闭症儿童的母亲，她的孩子出生于1998年，与访谈中几位家长的孩子年龄相仿。巴奈特在《我把自闭症儿子养育成天才》一书中详细记录了教育孩子的过程，孩子确诊之后，她能通过正式渠道帮助孩子获取由政府出资的专业人员的干预和治疗。

杰克两岁多的时候，由于有州政府出资，杰克开始了每天一小时、每周五天的语言障碍矫治。此外，每星期还有专业治疗师、物理治疗师和发育治疗师各来我们家一次，每次一个小时或更长时间。除此之外，我们还要每周花大概40小时接受应用行为分析的治疗。

杰克妈妈的苦恼来自太过密集的干预使家庭生活受到影响，而我国的ASD儿童家长的苦恼则来自没有资源。家长在为孩子寻找康复资源的过程中，颠沛流离、四处奔波。以齐齐妈妈为例，孩子先后被幼儿园以及培智开学开除，在走投无路时，只好将孩子送到外地的机构训练。老人一起到外地照看孩子，齐齐妈妈则每周周末从北京坐火车到外地看孩子。为了孩子的"留学"，全家正常的生活秩序彻底被打乱了。

整整两年的时间，我每个周末坐火车去外地看孩子，星期天晚上再坐火车回北京，周一早上直接从火车站去单位上班。这样我每周就有两天时间跟孩子在一起。那一个又一个周末，我是在和孩子相见的欣喜和离别的伤感中度过的。我的离开会让孩子焦虑，每次我都是等他还在睡觉的时候偷偷走，但他起床了就会满屋子找妈妈。

其他几位家长也经历了孩子早期干预阶段的"兵荒马乱"。乐乐妈妈在孩子确诊后便毫不犹豫地辞职了，专程带着孩子做训练。乐乐一天要在三家康复机构轮流上课，机构之间的距离很远，一天大部分时间耗在路上。

孩子当时上午、下午、晚上都有训练，不同时段的项目要去不同的地方，这三个地方还隔得远，就得跑来跑去。北京堵车又严重，我们只能早上很早就出门，基本上早饭和中饭都是在车上吃的，只有晚上这一顿饭可以在家里吃。孩子早期干预确实需要抓紧，但是真的弄得你很疲惫。那时候我每天都休息不好，开着车恨不得都能睡着，有时候还真睡着了，突然间醒来要猛踩刹车。

乐乐妈妈为了让孩子不用四处奔波，不得已将房子出租出去，自己在机构附近租房子，过了近五年"走到哪租到哪"的生活，直到孩子上小学，她和孩子才回到自己的家。斌斌妈妈和成成妈妈虽然早期没有辞职，但是心思也全在孩子身上。斌斌妈妈所在的城市缺少优质的康复资源，经常要到外地听讲座学习，或者带着孩子到外地接受康复训练。为了能请假外出，她不得已寻找各种理由骗假条。

我那个时候就是请完事假请病假，上两天班再请假。领导也拿我没办法，就说你回来上几天吧，销了假你再请吧。我那个时候没办法。有一次，我跟领导请假，说孩子要到外省做训练，老人陪着去，但是我不放心他们，要把他们送过去。结果到了那里了，我就给领导打电话说，出租车把我脚撞了，走不了路，其实纯粹是撒谎。

成成妈妈为了陪孩子，上班经常迟到早退，也放弃了很多学习和升迁的机会，被领导称为"烂泥扶不上墙"。

孩子一有事我就得请假，还经常迟到早退，领导对我很有意见，老找我谈话。领导就觉得我太不努力了，原来还挺想让我往上升的，但是后来就不找我了。后来我又去大学进修，也是为了时间自由一点，可以照顾孩子。

孩子早期干预带来的生活无序只是家长"兵荒马乱"生活的开始，随后，ASD孩子每向前走一步，都是困难重重，家长稍有不慎，生活就会陷入混乱。齐齐妈妈在博客中转发了另一位大龄家长给她的信，真实反映了ASD儿童家长的生活。

逛街、买菜、带孩子……这才是正常的生活。但是，二十多年来，它已经被自闭症覆盖了，完全找不到生活原本的模样，吃饭也是为了有力量继续面对自闭症，何等悲哀而壮烈！

对于ASD儿童家长来说，最让他们无法面对的现实是：当自己行动不便以及离开这个世界的时候，孩子怎么办？这成为所有ASD儿童家长的忧心之问。对华南地区ASD人士及服务现状的调查报告中，94%的家长非常忧虑孩子将来的生活、就业及安置问题。成成妈妈在访谈中提道："目前的这种生活状态也没有什么不好，其他的不是问题。我目前唯一的压力就是自己的养老问题和以后我们老了孩子怎么办。"

她目前能做的就是不要去想将来。事实上，ASD儿童的家长不堪重负，选择自杀或者结束孩子生命的事件并不少见。

二、老无所依

"养儿防老""母凭子贵"等反映了中国文化中代际之间的相依相存。对于ASD儿童家长来说，在孩子出生之前，他们对即将出世的孩子有各种期待。斌斌妈妈在访谈中详细描述了她在孩子出生之前，给孩子设计的高才生路线。

> 我给我儿子设计了北京大学的路线。我在中学教书嘛，我当时研究的就是哪些奖可以加分、拿什么证可以加分、证可以怎么得、如何去买这个证。也就是我的孩子还没有出生，我孩子的高考分数已经加了50分了。我就在研究体育可以得什么奖、画画可以得什么奖。奥林匹克竞赛也可以加分，高考前有两次机会，而且化学最简单、最好拿分。我天天就研究这些，都已经研究透了，啥都规划好了（笑）。我当时幻想的就是，我儿子风流倜傥，得考北京大学，北京大学毕业了是要去中国科学院的，是个高才生。就是那么幻想的。

孩子被诊断为残疾，不仅意味着家长对孩子的期望落空，也意味着孩子的将来没有了盼头。ASD儿童家长需要比普通儿童的家长付出百倍、千倍的努力，但是最终却很有可能无法实现反哺的期待。家庭的养老保障职能失效，代际互惠出现了断层。为未出世的孩子设计了北京大学路线的斌斌妈妈，在得知孩子得了自闭症时，如同从天堂掉到地狱一般，只能用哭闹和发脾气表达自己的绝望。

> 我一发脾气就想打孩子，因为我认为我所有的不幸都来自这个孩子。我婆婆说"别哭了，再哭眼睛哭坏了"。我说"你怕啥，反正你有好儿子，你站着说话不腰疼，我没好儿子"。我妈说"你哭坏了我咋办"，我说"你愁啥，你有我了，我给你养老送终，没人给我养老送终"。终生不能自理嘛，可不就这样，我痛苦我就哭，我就闹，反正我受不了就发泄，然后就一家子都跟着难受，整个家族就跟我陷入一个很困难的状态。

中国的社会组织是一个大家庭套着多层小家庭，可以说是一个"家庭的层系"。在家族主义制度下，家庭生活是中国人第一重的社会，人的一生都脱离不了家庭生活和家庭内部的相互依赖。在家族主义制度下，父母与子女形成了相互依赖的文化，父母要养育子女，子女要赡养父母。因此，子女的未来如何也反映了父母的生活状况。家庭人文化与孝文化将个人的幸福完全指望在另一个人身上，当家庭成员不能担负起他该有的职责时，家庭中的其他人的命运就会受到牵连。斌斌妈妈"你有好儿子，我没好儿子""你有人养老送终，我没人养老送终"的逻辑正反映出家庭养老保障制度带给家长的围困。

齐齐妈妈：白发人送黑发人是普通人难以接受的，但是对我们这些"星儿"的家长来说，却是莫大的幸福。

乐乐妈妈：我以前就是这么想的，如果我离开世界的那天，政府不能让自闭症孩子有尊严地活着，我一定会带着乐乐一起离开这个世界。

成成妈妈：目前最让自己担忧的就是自己老了以后怎么办、成成以后老了怎么办。

这几位家长的心声让我们看到，ASD 儿童家长不仅要面临"养儿防老一场空"的困境，还要面对 ASD 孩子康复终身性的问题。在家庭自负责的文化中，ASD 儿童成年难自立的问题需要家长来解决，他们不仅要担心自己的养老问题，还需要担忧孩子的养老问题。

第五节　抗逆力危险因素的特征

镶嵌在中国深层文化结构中的"正常"文化、精英文化以及对残疾人的歧视文化使 ASD 儿童家长抗逆力的危险因素有着明显的本土文化特色。家族文化则使 ASD 儿童家长和孩子形成了命运共同体，孩子的困境成为家长抗逆力发展最大的阻碍。

一、层层文化围困：家长难突围

国内外的研究表明，ASD 儿童极具挑战的行为特质使 ASD 儿童家长的教养压力高于其他类特殊儿童的家长。在文献综述部分，通过对国外 ASD 儿童家长抗逆力危险因素的总结发现，在社会福利制度较为健全的西方社会，抗逆力的危险因素主要来自与孩子和家长自身有关的、个体性方面，例如，孩子的症状严重程度、ASD 孩子的数量、父母的情绪和婚姻质量等。在众多危险因素中，国外已有的文献很少提及外在的社会环境对 ASD 儿童家长产生的压力。相反，健全的法律和社会保障体系为家长提供了丰富的应对困境的资源。例如，Luong 等人（2009）的研究就表明，学校的支持是 ASD 儿童家长最重要的支持资源。专业人员提供的基于家长的入户干预有效地减缓了家长的教养压力。但是本研究中，外在的社会环境为 ASD 儿童和家长设置了一道道难以突破的围墙。学校和社会对残疾群体的歧视和排斥贯穿 ASD 儿童成长的全过程，使家长不仅要面对 ASD 孩子带给自己的种种挑战，还要应对外在社会环境中人为的障碍。压力之大、困境之深，使 ASD 儿童家长抗逆力的发展十分艰难。就如一位大龄 ASD 儿童家长所说："我感觉自己的人生就是一个困境，四周全是墙，没有一扇门能走出去。"

第一重围墙体现为"正常"文化对"异常"文化的排斥。ASD 儿童先赋性的文化特质将他们封闭在自我的围墙之内，他们无法与围墙之外的人群产生互动。但是单一的主流文化不会以理解和尊重的姿态对待自闭症文化，而是要求所有人遵守主流文化的规则，少数族群的 ASD 儿童不得不依照主流文化的规则行事。在家长将孩子"正常化"的过程中，由于方式方法不恰当，导致孩子和自己都积累了很多的负面情绪。第二重围墙则体现在学校的精英文化设立了重重无形的围墙，通过达标、随读、考试等"软"手段，让已经入场的 ASD 儿童在主流文化群体中依然处于被隔离、被阻挡的地位。傅王情和肖非（2016）对随班就读回流儿童的调查发现，特殊儿童进入普通学校遵守的是双重标准：第一重标准是法律规定的准入制度；另一重标准则是普通学校实际运行中采取的核心标准，即学生的学习能力达到学校的要求。面对法律制度层面的硬性规定，学校通过"学习能力达标"这一筛选机制实现了对处于弱势地位的 ASD 儿童的"隐形排斥"和"软拒绝"。这与我国长期以来盛行的精英教育文化有着密切的关系。学校承担了筛选和选拔精英的功能，教育是不断地甄别、筛选、淘汰落后者的残酷竞争过程，ASD 儿童则成为精英文化中的牺牲品。第三重围墙体现在长期以来社会大众形成的对残疾人的歧视文化，在社会领域人为地设置了"不准进入"或"限制进入"的障碍，将 ASD 儿童阻挡在门外，剥夺了这一群体的发展机会，使他们处于弱势地位。ASD 儿童深陷在自我封闭的围墙中，社会各个生态系统又设立重重围墙，阻止 ASD 儿童入场，进一步固化了 ASD 儿童自我封闭的状态。文化塑造的隐形围墙使围墙之内与围墙之外的人分成了两个不同的阵容，泾渭分明，ASD 儿童陷入孤立无援的境地。在孩子自边缘化和被边缘化的过程中，家长被迫与孩子一起被边缘化，导致他们对社会能力和社会资源的失权，从而严重制约了家长抗逆力的培养与发展。由此带给家长的第四重文化的围墙为代际之间高度依赖的家族文化，家长的命运因孩子受到牵连，陷入老无所依的困境中。

孙隆基在《中国文化的深层结构》中提出，每种文化都有一组独特的文化行为，它们以该文化特有的脉络相互关联，该脉络关系就是这组文化行为的结构。镶嵌在社会历史中的深层文化结构体现在人们日常生活中，成为无法抹掉的集体无意识。

而社会大众对残疾人的态度、ASD 儿童需要穿越的学校和社会围墙，无不存在着文化潜意识。这些难以撼动的深层文化结构构成了一道道坚固的围墙。有形的围墙易拆，无形的围墙难除。围墙象征着中国人的传统、封闭和保守，但是对于 ASD 儿童家长的生活实践来说，围墙则意味着排斥和隔离以及难以突围的困境。这些深层的文化结构也导致中国文化背景中的 ASD 家长有着独特的生命体验。

二、命运共同体：孩子的困境成为家长最大的困境

孩子的自闭、学校的排斥、社会的歧视使 ASD 儿童生存极为艰难。中国精神残疾人及亲友协会自闭症委员会的负责人曾说："家长是自闭症服务事业中挺立不倒的脊梁，家长挺立着，孩子们就有属于自己的一片天。所以，我们只能是'生命不已，挺立不止'，这已成为家长终身的宿命。"在社会保障制度不健全的情况下，家长成为孩子唯一的依靠。从家长遭遇的困境可以看出，家长将孩子遇到的困境当作自己最主要的困境，而很少凸显与自我发展有关的困境。家长一直在谈论孩子的成长，孩子成为凸显在第一位的人，而家长成为隐藏在孩子身后的影子。家长谈及的所有与自己心理状态有关的词汇，例如"悲哀""痛苦""绝望"等都是与孩子捆绑在一起的。ASD 儿童家长与孩子形成了一个命运共同体。

"共同体"一词是指人类由于无法期待自身的完美性，只能依赖融入一个在共同价值辐射下的关系网，通过其他人或者与其他人的联合来实现自身的发展。共同体的共同性主要体现为共同的利益，即个体与个体之间、个体与共同体之间有着共同的利益关系。在 ASD 家长与孩子形成的命运共同体中，家长带着孩子从封闭状态走向开放的社会系统的过程中，孩子遭遇的文化围墙也是家长的阻碍，孩子的困境也是家长的困境。当我们从文化的视角去分析该命运共同体形成的动因时，会发现除了母爱，家长的这种集体认知还带有文化的烙印。中国自古以来就奉行家庭主义价值的社会，由血缘关系连接起来的家庭人员之间有自然的亲密关系，彼此需要承担无条件的相互照顾的责任和义务。子女通常被视为父母自我的一部分，父母会为子女全心全意付出。潘光旦就曾提出："父母显然以儿女之事为一己之事，为一己欲望之一部分。"即我们通常俗称的"上对得起祖宗、下对得起子孙后代"。由此可见，在家庭本位的社会中，人们把家庭看得比个人更重要。这与个人本位主义的社会存在很大的差异，个人主义文化中的个体强调个人权利，缺乏对家庭的义务感。即使在家人遇到困境时，他们也难像中国人一般，压缩自我的成长来成全家庭的完整。正因为有家族主义的文化基因，家长被与孩子之间的义务关系包围，无法摆脱，从

而形成了共生的关系。因此，在我国家族主义文化的背景中，家长与孩子形成命运共同体是一种普遍存在的现象。杨国枢等人就提出，一体感是家族主义的情感内涵之一，例如父子一体、夫妻一体、兄弟一体等，彼此有融合为一体的强烈情感。而由于外在文化中种种不利因素的围困，ASD群体形成的家人命运共同体较一般人更为紧密，形成了"相依为命"的关系。

第六章　关系网中的资源调动：抗逆力的展现

抗逆力的展现是当个体处于危机情景中时，表现出比预期更好的结果，以及假定这个正向结果来自某些介入过程的影响。ASD 儿童家长深陷重重困境中，有哪些保护资源可以调动？通过何种途径调动？家长如何运用保护资源去应对困境？以及具有抗逆力的家长现阶段处于何种生存状态？这些问题交织在 ASD 儿童家长抗逆力展现的过程中。初次整理 ASD 儿童家长的录音稿时，深感每个家长应对逆境的经历是如此不同，充满了偶然的因果关系。但是随着阅读和分析的深入，那些关乎 ASD 儿童家长特殊意义世界的词开始显露出来，例如"修身""关系""人情""家族"等，这些词串联起来构成一个新的整合性的故事，从而展现了 ASD 儿童家长突破困境的密码。

第一节　内省修身

孩子被诊断为残疾后，家长对孩子、对生活的期待落空，预设的人生轨迹被全然改变，生活发生了翻天覆地的变化，这对家长来说已经是巨大的考验和挑战，而社会的重重文化和制度的围墙又加剧了家长的重担。家长面对重重压力，容易产生绝望、痛苦、焦虑、愤怒等消极情绪，变得脆弱和紧张，自身性格中的不利因素也会被激发和放大，累积更多的压力，这种压力又会传递给孩子和其他家人，进而形成恶性循环。

斌斌妈妈：孩子诊断后，我很难过很难过，不仅自己难过，还让我的家族的所有人跟着难过。因为难过的时候我会发脾气，会不管不顾地哭闹，反正我受不了就发泄，然后一家人都跟着我难受，整个家族就跟我陷入一个很困难的状态。如果孩子在身边，我还会怪罪孩子，会一直打孩子，因为我认为所有的不幸都来自孩子。孩子也被我折磨得紧张害怕。我现在想想啊，真的对不住孩子（低沉）。妈妈真的是魔鬼。

齐齐妈妈：这几天我又开始焦虑了，心情特别烦烦躁，稍有不如意便大发脾气。碰巧遇到一件事情，在平时这根本就不算什么，但是我却将它不断地放大。最后，终于没有克制住，找了个借口冲老公发泄了一通，纯属借题发挥。老公黑着脸，坐在那里生闷气……

家长的焦虑、紧张等情绪会影响家长的情感幸福，也成为家长抗逆力的危险因素。面对极具挑战性的世界难题自闭症和社会文化的层层围困，家长需要足够强大才能使自己和孩子达到良好的适应状态。一位妈妈在讲座中说："为了自闭症儿子，我要做一个钢铁侠！"齐齐妈妈则说："带着一个自闭症孩子，无论身体还是心理都得超皮实才行。"那么，家长如何成为"钢铁侠"？如何做到更加"皮实"？在西方个人取向的社会文化背景下，自我具有独立性，个体能够将自己当作客体来认识，出现心理困扰时，他们倾向于通过外求的方式求助心理医生，能够直接倾诉其心理和情绪上的困扰。而中国由于传统文化中的耻感文化，如爱面子、怕丢脸等，形成了一种对心理异常的病理观，在面对心理健康问题时较少采用西方主流文化群体惯用的方式——接受心理咨询或者专家服务，他们常采用先自我调节、后寻求外界帮助，先求诸己、后求诸人的心理困扰应对方式。例如，景怀斌（2006）的调查均发现，绝大多数中国民众在遇到心理问题时，位于首位的调节方式是自我调节，这是中国人在长期的文化浸染中习得的一种反应模式。

一、自我调节

自我调节指的是个体遇到心理困扰后的自我心理调适，例如，培养意志力、自我激励等。家长自我调节的方式各不相同，例如，齐齐妈妈主要是通过写作和阅读释放压力和获得内心的平静。

当初开通网络博客的初衷是希望将齐齐成长的过程记录下来，也希望给自己找一个可以宣泄的平台。这么多年坚持下来，空闲的时候随意记录生活的零零碎碎，我觉得非常舒服、非常自在。读书也是一种重要的放松方式，对我来说，如果不读书，我估计早就发飙了。

乐乐妈妈则在想不开的时候，会想象那些情况更加糟糕的孩子，通过向下比较来寻找平衡。

我有个朋友的孩子是脑瘫，连站起来都困难，一辈子要在轮椅上生活。他们家经济条件很好，但是朋友说，即使我给孩子买再好的车，他也无福享受。我就想，每个孩子在某一个阶段都会遇到困境，让你陷进去，无法自拔。但是我的孩子现在起码能够正常地生活。

反思也是家长常用的一种自我调节策略，他们常常会在事后反思自己对孩子的教育、对家人和生活的态度，希望自己变得更加平和、强大。

成成妈妈：正常孩子一般三岁就掌握的语言，成成怎么都学不会，我教着教着就着急了，觉得他怎么这么笨啊，就会冲他发脾气，自己心情也变得非常糟糕。可是，冷静下来，就觉得他真的可能像是到了一个外星球，对我们的语言不懂。我得帮助他，而不是惩罚他。

总体来看，家长依据自己的主观原则进行自我调节，能够从当下的困境中寻找到喘息的空间，是舒缓压力和负担的重要方法，对他们的心理健康有很大的帮助。但是这种策略具有明显的情景性和不稳定性。因为家长所要面对的困境是长期的、全方位的，面对孩子层出不穷的新问题，家长当下的自我调节只能在一定程度上缓解当时的压力，并无法让家长形成持久的抗逆力。齐齐妈妈在冲老公和孩子发脾气后，心生感慨：

人的力量真的是有限的，有时候感觉到所有这一切都在挑战自己的极限，而无法保持平常心。但愿明天太阳升起的时候，我的心情能够恢复平静。

二、修身正己

Rutter（2006）在研究抗逆力的发展机制时，尤其强调抗逆力发展过程中的重要转折点，他认为这些转折点是抗逆力是否生成的重要因素。而某一项经历或者某个事件之所以成为生活的转折点，是因为个体能够感知到生活模式发生了明显的变化。斌斌妈妈和睿睿妈妈在谈及自己人生中的重要转折点时，均强调学习传统文化对自己人生的重要影响。睿睿妈妈面对孩子的困境走投无路时，在好友的推荐下翻看了《弟子规》，发现其中规定的113件小事自己竟一条也没有做到，她想："要改变孩子，自己却做得这么糟糕，如何有能力带着孩子脱离苦海？"由此走上了通过传统文化修身的道路。睿睿妈妈说："这次经历是她人生中的一个拐点。"至今，内省修身一直贯穿在睿睿妈妈的生活中。斌斌妈妈因为听讲座偶然接触到传统文化，好学的她对传统文化产生了兴趣，并开始自学相关的国学经典。斌斌妈妈说："真的是传统文化救了自己。"

斌斌妈妈：我在这个过程中明白了太多太多的东西，你不知道中国人是多么智慧。我真的觉得是传统文化救了我，因为它让我明白了人为什么活着、人应该怎样活着，是传统文化让我知道人是有精神追求的。

对斌斌妈妈和睿睿妈妈来说，学习和践行传统文化是她们抗逆力发展中的重要转折点。中国古代的重要典籍大多力求阐述修身文化，例如《论语》《大学》《中庸》等均强调修身是齐家、治国、平天下的根本。学习和践行传统文化落实到家长个体便是内省修身。那么，两位家长是如何通过传统文化修身的？以及如何依据传统文化修身和改变抗逆力的？以孔子、荀子为代表的"道德实践论"者认为，人的内省离不开外在的道德学习与实践，修炼内在身心需要与外在的学习和实践相结合。在知的方面，儒家思想强调学习经典，以认识古代圣贤修己治人之道；在行的方面，则强调运用经典理论来指导现实。

（一）诵读经典

斌斌妈妈和睿睿妈妈在"知"的层面，十余年来每天坚持诵读国学经典，以外在的道德原则和规范作为自我省察的标准，不断地对自己的言行进行反思。例如，睿睿妈妈每天早上五点半起床诵读经典，即使是早上送孩子上学，她也能够在地铁上或者开车的过程中完成每天的晨诵功课。她的QQ签名"少而精、不间断"正反映了她的坚持。斌斌妈妈说她在接触传统文化之后，每天都会坚持做功课。

我每天要读一遍《弟子规》《大学》《道德经》，这是我每天必做的功课。我也会从网上下载很多国学大师讲传统文化的视频，利用在火车上或者开车的时间来学习。

完善自己的道德修养不是一蹴而就的，而是需要长期不间断地修炼。两位家长长期坚持诵读经典，并结合经典不断反思自己的言行，正是在借圣贤经典的力量来完善自己。

睿睿妈妈：我们的心就像大海边上的礁石一样，非常坚硬，但是经不住海浪一次次的洗刷，经过的长时间的冲刷，礁石又变成了沙滩。每天诵读经典对我的熏陶就是把不好的东西每天带走一点。

（二）践行经典

在践行方面，修身强调运用经典来指导现实。在伦理社会中，人是关系性的自我，个体的修身也是将自己置于各种关系中，否则人就失去了意义。在种种关系中，家庭关系是最为重要的，其中，夫妻关系和亲子关系是家庭关系的核心。如果这两对关系是冲突的，家庭环境就会成为高危环境，会阻碍家长抗逆力的发展。冲突发展到一定程度，家庭这一整体就会面临失去秩序甚至破裂的危险，使家长的抗逆力进入低水平状态。两位家长为了实现自身与家人之间关系的和谐，核心策略便是通过修身改变自己。

1. 改变夫妻关系

和谐的夫妻关系对ASD儿童家长抗逆力的发展尤为重要。但是ASD儿童教养的困难性容易引发夫妻之间原有的矛盾，并激发新的矛盾。已有研究表明，与普通儿童的家长以及唐氏综合征儿童的家长相比，ASD儿童家长的离婚率更高、婚姻满意度更低。斌斌妈妈表示自己以前是一个无比强势的女人，在丈夫面前指手画脚。这种强势的性格严重影响到她和丈夫的关系，两人吵架、打架成了家常便饭。

以前我一回家就开始抱怨孩子他爸："我在学校得干那么多的活，家里就这么点事你还干不好，鞋子不记得刷，孩子作业也不记得看。"总之，对他一大堆的牢骚。他也不乐意，就来一句："就这样，爱干不干。"我一听脾气又上来了，然后两个人就开始吵架。我们俩以前吵架都吵到了民政局，离婚就离婚，不过拉倒。我毫不避讳地说，我对我老公的种种不满在于，我觉得自己很能干，而他就愿意享受自己的生活，所以就造成了我在前进，他在后面爬得很慢。我就认为他所有的东西都跟不上我，他所有的东西都是落后的，所有的东西都是不对的，然后我就非常生气。

学习和践行传统文化之后，斌斌妈妈调整自己的心态，回归女人的角色，接纳丈夫的状态，给足丈夫应有的尊重，找到自己在家庭中合适的位置。夫妻关系的改善是她修行之后最大的收获。

读传统文化之后，我知道了，作为一个女人，最大的能量是用自己的柔顺之美去协调一个家庭。女人应该像水一样随圆就方，滋养万物而细无声，即使有能力有头脑，也不要傲慢，看不起对方。柔顺谦卑是一种智慧，而不是逆来顺受和忍气吞声。我以前就认为：家里里里外外的事都是我在管，你什么也不是。他太没面子了，为了证明他的存在，他就只能跟我吵架。我现在是给足了他面子，跟他的朋友、亲戚在一起的时候，我保持低调，让大家觉得是他在当家。而当我不去要求他的时候，他反而有了很大的变化。以前他是一个生活在自己的世外桃源、不问世事的人，而现在开始主动参加我机构的活动，而且还开始主动去学习和听讲座，这都是我没有想到的。

2. 改善亲子关系

在干预孩子的过程中，家长极力想让孩子变得正常，却忽略了自身的改变对孩子的重要性。斌斌妈妈以往在教孩子的过程中，常常着急上火，对孩子大发脾气，甚至会打骂孩子，孩子在这个过程中变得焦虑不安。"以前我一不顺心就对孩子吼，他也会对我吼,两个人的关系变得特别糟糕。甚至有一段时间,只要我一叫斌斌的名字,他就会紧张害怕。"家长的焦虑和压力成为引发 ASD 孩子更多问题行为的导火索。睿睿妈妈对此也深有体会:

> 如果家长只学习技术,一味地要求孩子改变,而不修炼自己,在家动不动对孩子发脾气、打孩子,家庭成员之间关系不和、夫妻之间吵架,孩子在这样的家庭环境中成长,就不仅仅是自闭症的障碍了,还会出现很多新的情绪问题,情况会变得更严重。

当家长先改变自己的态度,放平心态,不再对孩子百般指责和刁难时,家长和孩子的亲子关系开始变得和谐。

> 斌斌妈妈:后来,我主动调整心态,不再对他大吼大叫。当他冲我发脾气的时候,我就表现得无动于衷,他也就吼不起来了。你会发现,当你能管得住你自己的时候,关系很自然就变了。这就是佛家说的"我若定万物定"。

此外,"教,上所施,下所效也;育,养子使作善也。"家长在日常生活状态下非自觉地完成"示范",孩子则在日常生活状态下非自觉地"效仿"。家长表现出善的行为,也会潜移默化地影响到孩子的行为。因此,家长要引领 ASD 孩子,也必须先要"修身正己"。

> 斌斌妈妈:我以前下班回家了就爱看手机,孩子耳濡目染也喜欢玩手机。经常是我玩手机他就抢我的手机,抢去之后开始玩游戏。后来我跟家里人商量,下班后尽量不开电视、不开电脑、不玩手机,多陪孩子。长期坚持之后的进步就是,即使手机放在桌上,孩子也不怎么感兴趣了。家长是孩子的榜样,想要孩子养成好的习惯,家长自己首先要给好的示范。

道德主体长期学习和践行这些道德准则,便会将其内化为自己的行事准则,自觉地遵照道德准则的要求行事,从他律走向自律。睿睿妈妈说,她修身的初期经常会陷入与自己的原有恶习进行斗争的状态,但是经过十多年的坚持,这些准则已经成为她的一种自然反应。

齐齐妈在新更新的一篇博文中写道:"我们改变不了现实,唯一能改变的是自己的心态。"自我调节与内省修身均是家长调试自我心态的重要策略,但是相较于具有主观性和不稳定性的自我调节,内省修身更利于家长心态的稳定。张俊芳(2006)提出,人生活在世界上,要遵循主观准则和客观准则。主观准则是个人依据主观情感建立的行为原则,不具有客观普遍性。而客观准则是判定人们行为是否具有道德价值的依据,具有客观普遍性。一个人行事时,仅自己认为是有根据的还不够,还需要使自己的行为准则符合客观法则。ASD儿童家长的自我调节依据主观准则，而内省修身依据则是客观原则。家长面对外界沉重的压力，内心的焦虑和痛苦常会使他们面对复杂的困局失去理性和正确的判断，当他们以流传千年的经典作为为人处世的参照时，他们能从"权威人士"那里得到"你应该怎样做"的答案，不容易迷失方向，还能借助圣人的力量将现实中弱小的自己进行武装，从而获得力量和内心的平静。

三、内省修身与抗逆力

在费孝通论述的差序格局理论中，每个人都是其社会影响所推出去的圈子的中心，并由己到家，由家到国，由国到天下，如水纹波浪一般向外扩张，形成了个人与家庭、个人与陌生人、个人与社会的伦理关系。种种伦理关系决定了"己"的角色和行为规范。那么，关系网中的"己"如何履行自己的角色以及如何面对在履行这些角色中遭遇的困境？差序格局理论引用儒家文化对"己"的规定，认为对于波纹中心的"己"，要克己修礼，克己就是修身。ASD儿童家长的内省修身与其抗逆力的关系主要体现在两个方面。

（一）内省修身有助于家长处理好"我与自身"的关系，实现内心的安宁，从而避免了危险因素的连锁效应

张晓红等人指出，修身是道德自我建立的根本途径。修身的真谛意味着按照一定的社会道德标准，不断地改变自身，战胜自我，超越自我。儒家思想将修身与保持心理平衡紧密地联系在一起，认为个体通过后天的修身，可以最大限度地改善心态，完善人格，从而获得内心的宁静。"正气存内，邪不可干"，即当人充满正气时，外来的邪气就难以侵入，所谓的"邪不压正"恰是如此。家长在进行道德修养时，通过道德上的自我反省、自我解剖、自我教育、自我改造、自我提高，练就一身"内功"，培养一身"正气"，就可以在置身于种种困境时，不轻易乱了阵脚，避免被负面情绪俘获。曹纯瑷（2007）等人的研究表明，单单父母过度焦虑就可能给家庭造成不可预知的具有骨牌效应的负面影响。当家长由于外在压力引发种种负面情绪时，命运共同体以及整个家庭都会陷入更艰难的处境。当累积的压力超过家长的应对能力时，ASD儿童家长的抗逆力也会被解体。但是持有正念的家长能够减少养育孩子带给自己的压力，家长的正念成为家长焦虑、压力和沮丧的重要调节变量。当家长通过内省修身稳定自己的内心时，即使身处困境依然能够理性行事，

不轻易被外界的压力左右，就可以避免已有困境引发家长的负面情绪以及由家长负面情绪所引发的其他消极结果。

（二）修身能够帮助 ASD 儿童家长处理人与他人的关系，实现关系网络的和谐，从而给自己营造保护性的生存环境

在中国文化的符号系统里，当外在人际关系和压力对个人心灵造成的困扰超过个人自我心理状态的知觉程度时，个人理性失去调节造成的情感问题会被转化为社会道德问题，将西方人属于情绪领域的内容外在化为有关人事纠纷。在这样的文化背景中，中国人往往把心理问题与个人道德品性联系起来，通过修身提高道德水平成为中国人缓解心理冲突的重要途径。对于 ASD 儿童家长来说，已有家庭矛盾以及因孩子的残疾而引发的新的人际矛盾成为 ASD 儿童家长抗逆力的危险因素。例如，Patterson（2002）提出，当家中有孩子被诊断为慢性疾病时，家庭中原来存在的矛盾，例如夫妻矛盾，可能会因为夫妻之间教养方式的不一致而变得更糟糕。ASD 儿童家长为了改变人际矛盾带给自己的压力，选择通过向里用力的修身方式来调节这种压力。人要处理自己与家、社会、国家的关系，形成良好的互动关系网，根本在于社会网络中的个体的修身。正如《大学》所言"身修而后家齐，家齐而后国治，国治而后天下平。自天子以至于庶人，壹是皆以修身为本。""此谓身不修不可以齐其家"。《论语·雍也》提道："己欲立而立人，己欲达而达人。"意思是自己对人建立仁爱之心，别人才会对你仁爱；自己对人宽容，别人才会对你宽容。如此推己及人便做到了仁，这是儒家道德修养中用于处理人际关系的重要原则。ASD 儿童家长从修身内省改变自己到正己化人"齐家"，提升自己的道德修养，最终达到的效果是家长与他人之间的人际和谐，实现了内外一体的平衡。当他们通过内省修身处理好种种关系时，也可以通过良性互动的关系网获取保护资源，借他人之力与自己共渡难关，从而形成其自身的抗逆力。家长通过修身稳住自己的内心，便抓住了抗逆力的核心，找回了对生活的控制感。正如斌斌妈妈在访谈中所说："我现在所有思维的点就放到管理自己这件事上，事情变得简单，所以我现在不会心累。"

内省修身与抗逆力的关系如图 6-1 所示。

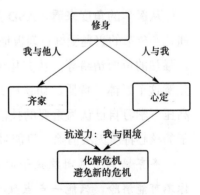

图 6-1 内省修身与抗逆力的关系

困境中的突围：自闭症谱系障碍儿童家长抗逆力发展的研究

第二节　接纳自闭症

美国的大龄 ASD 人士天宝·格兰丁和肖恩·巴伦在《社交潜规则》一书中提道："ASD 人构成了一种特殊的文化，就像其他所有的文化一样，我们具有一套社会规范、潜规则和特有的思维方式。ASD 人士每天必须生活在不属于自己的文化中，这种文化盲目地要求我们遵从，而不是尊重 ASD 文化的特殊性，这让我们的社会适应过程变得极度困难，充满了沮丧与焦虑。"ASD 儿童家长在早期干预阶段，争分夺秒地训练孩子，就是希望通过干预使孩子不断接近"正常"，帮助孩子适应主流群体制定的社会规则。在这个过程中，由于家长的要求和干预方法不当，孩子在被迫训练时积累了情绪问题，家长也因为孩子进步缓慢陷入焦虑和压力中。齐齐妈妈反思一路教育孩子的经历，对于曾经强迫孩子学习非常自责：

"我们的孩子就像封箱里的老鼠，在成长的过程中不断地被教导、被否定，很少有自我主导的机会。孩子小的时候，他不想去机构做训练，我们为了不耽误孩子训练的时间，就强行抱着他冲到公交车上，强行带着他去训练，那时他还小，没办法反抗，但是这些负面情绪一直积累，到了青春期就完全爆发了。我见过很多能力好的自闭症孩子，由于承受不了外界的压力最后精神失常，家长也被迫抑郁了。这些例子让我意识到，逼迫自闭症孩子只会让孩子和家长走上绝路。"

一、理解与共情

从医学的角度来看，ASD 儿童的临床症状包括：缺乏社会交往能力；有明显的僵化和狭窄的兴趣爱好；刻板地遵守某些习惯或仪式化的语言，会因为细微的改变引发强烈的负面情绪等。从文化学的角度来看，不擅长社交、喜欢一成不变成为 ASD 儿童这个群体的特质。访谈中的几位家长在教孩子的过程中，最初也会强迫孩子在高压下学习自己认为重要的技能，在不断地试错的过程中，家长开始意识到 ASD 孩子的核心特质无法消除，只能最大程度地改善。

齐齐妈妈：自闭症孩子的思维和行为方式就是跟我们不一样，他的核心特质你不可能消除，只能一点点改善。你在和他共处的时候，就要允许他这种状态的存在。就如盲人看不到，你就要给他铺设盲道，帮他扫清障碍物。自闭症孩子理解不了我们的社会规则的时候，你也需要用他们能够理解的方式跟他相处。

当家长开始尊重 ASD 儿童的特质时，他们开始学会从 ASD 孩子特殊性的角度引导孩子，而不再像以前那样用强制的方式强迫孩子改变。例如，齐齐到了青春期出现了比较严重的情绪问题、睡眠障碍和种种刻板、强迫的行为。面对孩子新的问题，齐齐妈妈谈到最多的策略就是理解和共情。例如：齐齐到了青春期不允许头上长出一点头发，几乎每天都要去理发店剃头。

我其实是不愿意他剃光头的，天天跑去剃头不仅麻烦，大冬天的还冷。但是剃光头是他的喜好啊，这个你是遏制不了的。他自己身上有钱，一不留神就跑到理发店去了，在这个过程中，他把学校和家附近的几家理发店都跑遍了，对比之后他还知道哪家剃头剃得最干净，还跟理发店的小哥关系很好，这也是他自己生活能力和社会性的提高。这样一想，我就接受了他这个看似刻板的行为，我自己就不焦虑。当我不焦虑的时候，我可以冷静地跟他讲道理。比如，遇到某段时间他有表演，我就跟他商量，我说："齐齐，你现在参加了表演，还是要有一点头发的，那样更帅气。"这样的方式他可以接受，然后可以坚持一段时间，等节目表演结束了再去剃头。

成成语言发展缓慢，成成妈妈在教外国人学习汉语的过程中，发现成成就像这些外国人一样，来到了另外一个语言环境，要学习一种陌生的语言，处处存在困难，她开始站在孩子的角度理解孩子的难处。

成成妈妈：正常孩子一般三岁就掌握的语言，可是成成怎么都学不会，我教着教着就着急了，觉得他怎么这么笨啊，就会冲他发脾气，自己心情也变得非常糟糕。可是，冷静下来，就觉得他真的可能像那些外国人一样，到了一个新的国家，对我们的语言不懂。

我自己在教 ASD 孩子的过程中，也深刻地体会到成人的强迫敌不过孩子的刻板，理解之后的引导比强迫孩子改变更有效。我曾经接触过一名 ASD 男孩，他在很长一段时间里重复自言自语说"大象"，如果没有人制止，他可以一直沉浸在这种无休止的重复状态中。妈妈对孩子的刻板行为极为恼火，她采取的处理方式就是只要孩子说"大象"，就强迫孩子闭嘴，但并没有效果。在我的建议下，家长借用孩子喜欢的活动——画大象来扩展孩子的语言和绘画技能，经过一段时间的坚持，孩子在妈妈的引导下能画出一幅"动物世界"，并能用语言描述多种海洋类动物的特征、动作等。在自己喜欢的活动中，孩子的语言变得丰富，兴趣得以拓展，刻板行为也相应地减少了。

在家长与孩子组成的命运共同体中，孩子的困境就是家长的困境，如何有效处理孩子的问题成为家长达到良好适应状态的关键因素。当家长能够从孩子的角度思考问题和理解问题时,他们能够更加有针对性地开展孩子的教育,减少与孩子的对抗,从而也缓解了与孩子的冲突。

二、发展特长

每个人都是天才,但如果你用爬树能力来判断一条鱼有多少才干,它整个人生都会相信自己愚蠢不堪。

——阿尔伯特·爱因斯坦

医学将ASD儿童的行为刻板及兴趣狭隘当作一种病症看待,是需要予以消除的怪异行为。但是,从ASD人士的角度来看,他们长期固执地从事的事情正好是他们最喜欢和最擅长的,是成人干预的契机。睿睿父母将培养孩子的方法总结为"启智培能",核心就是要从孩子的兴趣出发,培养孩子的特长,以长补短,以点带面。睿睿爸爸在讲座中总结他们的干预方法时提道:"早期干预利用了脑发育的可塑性,丰富的环境刺激增加神经元间的连接和神经通路,促进脑的发育。家长花同样的时间在孩子感兴趣和孩子不感兴趣的两件事情上,孩子的大脑肯定在感兴趣的事情上接受到的刺激更多。因为孩子对不感兴趣的事情会逃避或者不会主动学习。"睿睿的刻板行为和狭窄的兴趣成为家长干预的起点。例如,睿睿的手指喜欢不停地敲东西,上课也会不停地敲桌子,睿睿妈妈便让孩子学习弹钢琴,满足他手指爱动的需求;睿睿总是喜欢自言自语,睿睿妈妈让她学习唱京剧……睿睿妈妈不仅用心去发现睿睿的兴趣爱好,还为了睿睿特长的发展寻找名师,给孩子提供最好的资源。当睿睿取得一些在他人看来微不足道的进步时,她就会为睿睿提供展示的平台,给他极大的鼓舞,树立孩子的信心。

我经常组织我的朋友当睿睿的观众,给孩子安排表现的机会,哪怕他做得不好,我也要鼓励他。我经常说:"呀!聪明的孩子,你怎么这个也会啊!来,亲一个亲一个。"我的那些朋友后来告诉我:"当时听你说那些话,我们都觉得肉麻,酸得要死。你的孩子花那么多的时间学,才有这么点成就,我们的孩子不用学就会了。"不过她们看到睿睿现在的成绩,真的是由衷地赞叹。

孩子有了一技之长后,开始有机会上台表演,他在表演的过程又可以锻炼舞台上的适应能力、与他人的合作能力等,还提高了孩子的自信心。睿睿妈妈说:"培养长项成为一种很好的干预,从他感兴趣的一个点开始深入,逐渐以点带面,以长补短,从而带动其他方面能力的发展。"

睿睿爸爸：自闭症孩子与正常孩子相比，差距不是一点半点。但是与他自己比，他在某一方面总是发展得比较好，家长要去发现孩子的兴趣点和长项。"趣"，在《说文解字》中是"快走"的意思。如果家长发现孩子看到吃的跑得快，那说明他对吃的感兴趣。孩子对吃的感兴趣也可以啊，比如有的自闭症孩子特别喜欢吃土豆，我们就可以根据他的喜好设计一系列的活动，比如土豆的颜色、形状，做菜要几个土豆、去哪里买、怎么买、怎么做。孩子喜欢他，就愿意学，说不定孩子有朝一日就能够成为厨师。任何事情都可以发展好，就看家长用不用心。

ASD儿童兴趣单一，这些为数不多的兴趣是孩子宝贵的资源。找准孩子的兴趣点，通过对某一个兴趣点的培养，进而带动孩子其他能力的发展，有可能成为ASD孩子将来的安身立命之本。大龄ASD人士天宝·格兰丁强调发展ASD儿童特长的重要意义在于：对于社会交往能力欠缺的ASD人士来说，他们可能很难发展出友谊，职业就是他们的生活，而这些特长可能会为他们提供一份可以充实生活的职业。齐齐对美食达到了痴迷的程度，他梦想的职业就是厨师。爱好美食的齐齐现阶段能够独立完成买菜、做饭、洗碗、收拾厨房等一整套的工作。

齐齐妈妈：齐齐十分抗拒学习，每天不停地念叨不想学习、不想看书、不想写作业。他眼下唯一读得进去的书就是菜谱，一看可以看一小时。只要跟吃有关的事情，他都会做得好。外婆做的菜，只要他在旁边看过的都不会忘，知道步骤以及放的配料等。有一阵子他每吃一种食物都会问我："这个吃了有什么好处？"然后还买了一本《食物营养成分大全》，遇到不懂的就自己查。以至于齐齐现在知道很多菜名，知道做这些菜需要哪些配料、做菜的工序以及这些菜的营养价值。我想既然做饭是他的兴趣，那我们就扬做饭之长，避学习之短。

发展ASD儿童的特长也可以使之成为他们与同伴进行社会交往的手段。天宝·格兰丁说："同龄孩子喜欢和我玩是因为我擅长做东西，他们也因此忽略或原谅了我的行为问题。"睿睿因为在音乐方面的才能被他现在就读的学校聘为音乐老师，每周给低年级的学生上乐器课，不仅赢得了同伴的尊重，也为他赢得了与社会互动的机会。斌斌从小擅长写作文，在小学和初中获封了"故事大王"的称号。

斌斌妈妈：到了初中后，班上的男生开始有自己的想法，喜欢追求标新立异，斌斌因为自闭症的特质，常在作文中或者赏析电影时有不一样的看法，班上的男生还挺欣赏他的，下课也愿意找他说说话。

《我把自闭症儿子养育成天才》的作者在讲述自己带着孩子走出自闭状态时，尤其强调要顺应孩子的发展优势："我没有理由仅仅因为不了解他，或者他与某些所谓的

困境中的突围：自闭症谱系障碍儿童家长抗逆力发展的研究

正常儿童的发育模式不符，便不让他去追求他真正感兴趣的东西。如果我们真想帮助孩子，我们就不能只把眼光停留在他不能做的那些事情上。"当家长尊重ASD孩子的文化特性，尊重孩子的学习优势和特质时，便可以将孩子的负面因素转化为正面因素。而且，当家长不再用主流文化的标准强迫孩子时，家长和孩子都会更加轻松愉快。

三、接纳自闭症与抗逆力

从文化学的视角来看，ASD儿童群体的视觉学习优势、刻板固执以及不善于社会交往应该被视为文化差异谱系中的一种可能性，而且这些在正常人看来的"障碍"和"异常"也为ASD群体主观能动性的运用提供了相当的空间，因为这就是该群体的生存方式。在抗逆力的发展过程中，压力并不是存在的具体需求，而是一种实际的、被感知到的需求——能力不平衡状态。Saunders等人（2005）的研究显示，相比孩子的实际发展水平，家长对孩子残疾水平的认知和评价会给家长带来更多的压力。当家长坚持用主流文化的标准来评价ASD孩子，而不考虑他们的特殊性时，家长与孩子之间会形成明显的张力，而这种张力是家长抗逆力危险因素的重要来源。Smart等人（1991）的研究表明，对残疾的接纳是个体对残疾适应的重要中介变量。当家长不再处处以"疾病"和"问题"的眼光看待孩子时，家长从孩子残疾这件事情上感知到的压力就会降低，压力变为合力，孩子这一高危环境得以重构，家长更容易发展出其抗逆力，如图6-2所示。Bitsika（2012）的研究也发现，当家庭成员能够清楚地理解ASD儿童的需要时，家长的焦虑和沮丧水平会降低，同时能够增强家长满足孩子需要的信心和效能感。MacDonald（2010）的研究更是直接表明，家长对ASD儿童的接纳成为家长焦虑、压力和沮丧的重要调节变量，也成为影响家长幸福感与孩子问题行为关系的中介变量。本研究中，ASD儿童家长通过理解与共情对待ASD儿童的种种问题行为，有效地解决了ASD儿童的种种问题行为，缓和了亲子关系，减轻了ASD儿童家长的压力，与以上研究结果表现出一致性。更为重要的是，在家长与ASD儿童形成的命运共同体中，孩子的困境便是家长的困境。因此，ASD儿童家长为了抗逆力的发展，必须解决ASD儿童发展的问题。当家长尊重ASD儿童的特质，顺应孩子的发展优势时，孩子的进步就成为家长抗逆力发展的重要保护因素。就如睿睿妈妈所言：

"我现在看清了孩子的发展方向，就没什么好忧虑的。我就全力以赴做好眼前该做的事情，该拜访名师，我就带他去访名师，给他的发展创造最好的条件，然后陪着他慢慢地成长。"

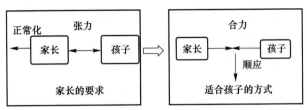

图 6-2 接纳自闭症与抗逆力的关系

第三节 家长当老师

家庭具备生育、抚养、教育、情感、养老、经济等功能，但是随着教育体系和社会保障制度的不断完善，家庭中的抚育和教育功能大部分被托儿所、幼儿园、学校替代，养老功能也被社会替代。在普通儿童家庭功能逐渐精确和窄化的情况下，ASD 儿童家庭由于 ASD 孩子康复资源不够、无学可上、无业可就、老无所依、康复具有终身性等问题，不仅要承担传统家庭原有的六大功能，还要额外分担早期康复、学校教育、职业教育等社会应该承担的功能。家长成为 ASD 儿童的生命领航人，为了能够承担起这份使命，家长四处"求学"，提升自己的教养能力。斌斌妈妈所在的城市没有好的学习资源，她曾经每个月坐火车到北京参加家长培训，这样的学习坚持了一年半的时间。而成成妈妈则是拿出高考的架势来学习这些知识和技能，上班的时候也经常偷偷溜到国家图书馆去查相关的资料。

一、早期康复师

学前期是儿童各方面心理发展的关键期，在这个时间段儿童最容易学习某种知识、技能或者形成某种心理特征，过了关键期，儿童发展的缺陷便很难弥补。关键期的早期干预对 ASD 儿童的发展尤为重要。访谈中的五位家长，面对康复资源不足、分布不均和康复机构质量参差不齐的情况，为了给予孩子充分的早期康复训练，不得已选择放下工作或者干脆辞职，成为孩子的专职教师。

在乐乐妈妈早年带孩子训练的时候，康复机构都在偏远的郊区，她每天耗费大量的时间在路上，极其辛苦。而且机构对孩子的训练不对外开放，家长也不清楚机构的训练质量如何。为了节省孩子宝贵的早期干预时间，乐乐妈妈干脆自己办了一家康复机构，亲自在家给孩子做训练。后来为了给孩子创造正常的幼儿园环境，她又关掉机构，创办了幼儿园，让孩子在有特教专业支持的幼儿园度过了三年快乐的学前时光。

困境中的突围：自闭症谱系障碍儿童家长抗逆力发展的研究

睿睿妈妈辞职后更是 24 小时与孩子生活在一起，成为孩子的专职教师。孩子的感觉统合失调，为了训练孩子的大动作，她花了近半年的时间，坚持天天带着孩子去圆明园爬土坡，走遍了圆明园的每个角落。

斌斌妈妈所在的小城市，康复资源更为稀缺，除了找各种理由向领导请假，带着孩子到其他城市做康复训练之外，她大部分时间在家亲自教孩子。

齐齐妈妈甚至为了孩子的家庭训练，给孩子在家里配置了小教室。

我们为他的在家训练做了相当多的准备，包括充实学习材料，专门的课桌和能够面对面教学的小桌子、小椅子、小凳子……除了之前聘请的一位老师，还新请了一个小姐姐，两个人负责他的教育，外婆负责后勤保障。我则为孩子制订完整的教学计划，精确到最小时间段，每个时间段干什么，内容也必须细到认字、认哪个字，写数字、写哪几个数字。晚上下班回来，我再做个训，并充当监督、检查官的角色，还要协调两位老师的关系。

家长的投入和密集的训练换来的是孩子可喜的进步。例如，斌斌诊断时，智力测验得分不到 60 分，经过斌斌妈妈一年多"拼命"的教学，孩子在六岁半测智商时，得了 117 分的高分。斌斌妈妈说她得知结果时，觉得自己简直达到了人生高峰。

二、课后辅导师

在孩子早期干预阶段取得明显进步，顺利进入普通学校后，家长的重担并没有减轻。ASD 儿童进入普通学校之后，需要多方位的支持来帮助其在学校顺利融合，但是现行的教育体制并没有为他们提供弥补性的制度文化资本，缺失的支持不得不由家长来提供。因此，随着孩子进入学校，家长又再次成为孩子道路上的支持者和领路人。虽然部分学校不将 ASD 儿童的成绩列入班级平均分，但是随着 ASD 儿童自我意识的萌发，他们能发觉自己和班上同学的不一样。乐乐妈妈说："乐乐上五年级了，每次考试老师给他的都是一年级的试卷，乐乐发现后，不高兴了，要求老师给他一样的试卷。"齐齐妈妈说："学校虽然不计孩子的成绩，但是如果他与同学的差距太大，他就会失去学习的兴趣，在学校待下去就更难了。"为了帮助孩子应付学业问题，家长花了大量的时间寻找方法帮助孩子攻克学业难题。齐齐的认知能力有限，学校的教材对齐齐而言有难度，齐齐妈妈为了提升他的认知水平，结合孩子的视觉优势和孩子感兴趣的生活内容，为孩子制作了大量的学习课件。

我把齐齐经历过的事件拍成照片，然后根据相应的主题做成一个个课件，给他当学习的教材,齐齐很喜欢这种学习方式。后来,我们走到哪拍到哪,参加过的社会活动过、旅游途中的美景美食、他的亲戚好友……都是课件的内容。关乎日常生活和社会生活的内容则更多,比如家电的品牌、人物关系、中国地图、如何接待客人、如何拜访他人、如何购物、如何乘车等,我都给他讲过。这些内容都是因为他想了解,我才会给他选择内容制作课件供他学习,课件的内容也会结合他的学习能力。

斌斌妈妈在孩子上学之前拼命地教孩子,使孩子在认知方面发展迅速,入学后孩子学习成绩能够处于班级中等水平,所以家长在孩子的学业方面并未投入太多的时间。但是家长干预了孩子的认知,却忽略了孩子的适应行为,斌斌上学后,问题行为严重,上课坐不住、不会合时宜地举手……严重影响到老师的教学。被老师告状后,斌斌妈妈又花了近一年的时间纠正孩子课堂上的问题行为,就是为了让孩子在课堂上安静地坐着。家长成为查漏补缺的人,一旦发现孩子在学校遇到了困难,便立即做出补救行动,而不是等到孩子在学校的矛盾被激化时才着手解决。

三、职业规划师

"家长老了,孩子怎么办"和"家长走了,孩子怎么办"成为所有ASD孩子家长的困境,部分家长甚至因为看不到希望选择结束孩子或者自己的生命。访谈中的几位家长同样要面对孩子"成年难自立"和"母去身何寄"的问题。随着孩子年龄的增长,家长身上又肩负了一份新的责任:筹划孩子将来的生活和就业问题。家长又成为ASD儿童的职业规划师。归结起来就是要让孩子有一技之长,将来才有安身立命之本。

睿睿:甩别人几条街。

睿睿妈妈充分发挥孩子记忆力强和对音乐感兴趣的特点,通过启智培能的方法,用国学经典启发孩子的智慧,用培养长项的方法带动孩子其他方面的发展。找准了方向和方法之后,睿睿妈妈就陪着孩子默默地坚持:"我们就是要通过几十年这样的坚持,让他能够把别人'甩出几条街'。到了那个时候,他就比较容易成功,他一定能够在社会上找到一席之地。"在这个过程中,睿睿妈妈成为睿睿成长过程中的垫脚石,她用心体会孩子的需求,然后给孩子创造最好的条件去满足他的发展。除了给孩子创造条件,睿睿妈妈还和孩子共同学习,孩子学什么,她就跟着一起学习。

睿睿妈妈: 孩子刚开始学东西的时候,最好由家长带着。专业老师懂技能,但

困境中的突围：自闭症谱系障碍儿童家长抗逆力发展的研究

是不懂自闭症孩子，往往不知道怎么教他们。

目前，睿睿被聘为他所在的国学学校的音乐老师，可以领到固定的工资。睿睿妈妈给我看过睿睿当老师的视频：睿睿骑着自行车去给学生们上课，他的那群小学生见到他之后，礼貌地跟他打招呼，睿睿点点头，笑眯眯地说"进教室上课去吧"，老师范儿十足。睿睿妈妈对睿睿的将来充满了信心，她虽然不清楚睿睿将来会从事何种工作，但是睿睿妈妈坚信，孩子将来一定可以找到一份自己喜欢的工作，他不仅能够养活自己，还能够照顾家人，甚至可能会养活一个团队。

斌斌：一定要创业一次。

斌斌妈妈在孩子出生前给孩子设定了北京大学高才生的发展路线，但是当孩子被诊断为自闭症之后，她的这一梦想落空，让孩子考一所出类拔萃的大学是她再也不敢想的事情。她很长一段时间不知道孩子将来要干什么、自己要教孩子什么。

我就想，长大成人，但是什么是人？我小时候老师告诉我的是，要成为祖国的栋梁之材，所以我的梦想就是要当科学家。但是到了我的孩子这里，他长大了要做什么我不知道了。当他三年级各方面稳定下来之后，我甚至不知道要教他什么了。以前不能上学现在能上学了，以前学习不好现在学习也跟上了，教他啥？

学习传统文化的经历让斌斌妈妈从中找到了方向。古人说："幼儿养性，蒙童养正，少年养志，成人养德。"老祖宗几句话就告诉我们什么是教育。"我一下子就知道了，孩子要养志啊，我就开始培养他的志向。"斌斌上高中后，斌斌妈妈和孩子一起规划创业之路。

这个暑假先让他跟着我去做公益讲座，下个暑假去打工，再下个暑假就去学开车。上了大学之后，他必须在学校住宿，即使是在本市的学校也不许回家住。他大学期间要完成一次创业，创业基金是两万元。这两万元本来是我怕他考不上高中，准备给他买分的，结果人家考上了，正好省下来当创业基金。等他毕业后，我会建议他去两种单位打工：一种是大型的正规单位，他在那里可以学到规矩、执行力和工作程序；再一种是去创业公司，这样他会有战斗力。之后，我就辅助他自己创业，我给他当两年员工，绝对忠诚。我不管他创业要做什么，只要他干，我就陪他。有了这个目标，我对他考大学也没有很高的要求了，体验体验大学生活就可以了，为什么非要考名牌大学？

制定好规划后，斌斌妈妈就带着孩子一步步地去实施，家长充当人生导师，给孩子提供支持和建议。她重点培养孩子创业的重要品质，不再追求让孩子上名校，开始甘心上差校，以给孩子足够的自由时间。

我现在给斌斌和他妹妹找学校都找留作业少的学校，好学校我们都不上。我现在在生活中着重培养他们三个重要品质：第一个是坚持和忍耐，要有足够的耐心；第二个是多看到事情美好的一面；第三个是热衷于助人。我个人认为，这三点是成功人士必备的品质，尤其是第三点。如果你不爱帮助别人，你的人际关系不好，你会活得不如意。而对于创业，如果你不学会去帮助别人和体谅别人，你永远不知道商机在哪里，你就找不准创业的点。只要孩子具备了这三点，他爱考多少分就考多少分，反正肯定能上个大学。

斌斌妈妈自己创业后，忙于工作和外出公益讲座，并没有太多的时间陪伴孩子，但是看清孩子的大方向后，她清楚地知道，给不了孩子时间，就给孩子智慧和正确的人生态度。

每次回来之后，我会跟他们分享这次公益讲座的过程和收获。我要展示给他们的是，每一次妈妈都会反省，都会总结，都会有收获。我觉得我应该把一种人生的思路和正向的引领给他们，让他们知道生活应该是什么样的。

对于孩子将来是否能够创业成功，斌斌妈妈并不确定，但是她说她能接受最坏的结果。她给孩子的最低底线是在福利院了此一生。

即使他去福利院，他能够照顾好自己，还能帮忙照顾好别人，他有他的价值。创业这些东西都是锦上添花，生活嘛，总还是精彩一些，经历要更丰富一些。能够得到，是他的福气。万一他成功了，他会激励多少自闭症人，这是他的社会价值。即使失败了，这份经历也是别人没有过的，或者是他独有的，这就够了。

乐乐：提前适应居家生活。

乐乐程度重，语言和社交能力差，目前在一所特殊学校上职业初中。乐乐妈妈没有期待孩子将来能够走入社会就业，她考虑更多的是孩子将来老了能否适应平淡的居家生活。为了达到这个目标，她要让孩子具备基本的生活自理能力和安排自己居家生活的能力，而不是时时刻刻要家人陪同。

对乐乐的教育我抓住的核心是：生活。他现在读中职，还可以上五年学。就不就业也无所谓，只要他自己能够独立生活，会在家里帮忙做饭、扫地，那他就在家里打工。或者我给他开家小超市，实在不行，我好几个朋友开养老院，我就带着他去养老院当义工，陪着他。

我去乐乐家访谈时，我和乐乐妈妈在客厅里谈话，乐乐在房间里玩电脑，乐乐的弟弟在自己卧室里画漫画。访谈近两个小时的时间，其间只有一次乐乐来跟妈妈分享水果，乐乐的弟弟来展示他的作品，其他时间大家都做自己的事情，互不干

困境中的突围：自闭症谱系障碍儿童家长抗逆力发展的研究

扰。乐乐妈妈说，这就是孩子将来要适应的生活，生活终究要归于平淡，孩子现在就适应这种安静的生活未尝不是一件好事。

四、家长当老师与抗逆力

一个人身在伦理社会中，便被各种伦理关系包围，不得不负起无尽的义务，至死方休，摆脱不得。一人向隅，举座不欢。个人不是孤立的存在，每个人都作为他人的对象，他的不幸也必然是他人的不幸。在中国文化中，ASD 儿童的不幸则成为家长的大不幸，帮助孩子走出困境也就是帮助自己走出困境。访谈中的几位家长均拥有体面的工作，也有着很好的职业前景，但是为了抓紧时间干预孩子，都放弃了自己原来的工作，这种在常人看来牺牲自我的行动充满了无奈和悲情。但是面对孩子的残疾和有可能终身无法自理的将来，放弃自己的工作似乎并没有给家长带来困扰。睿睿妈妈说："所有的东西都不如孩子的健康和康复重要。"乐乐妈妈说："大学那么多老师缺我一个不缺，但是我的孩子只有我一个妈妈"。自闭症儿童家长的社会支持不足，孩子的发展带给家长重重挑战时，家长自身的力量和时间成为他们唯一可以调动的应对资源。当工作影响他们使用这唯一资源时，他们会毫不犹豫地缩减工作或者干脆放弃工作，以便减少工作带给自己的压力，同时将足够的时间和精力用来应对孩子的需求。家长的一路陪伴和用心付出换来的是孩子的进步，这对于家长来说是最大的成功。他们的直接困境来源于孩子，孩子的进步和可预期的将来标志着家长困境的减少和抗逆力的发展。

第四节　扩大的家庭

社会支持网络包括非正式支持网络和正式支持网络。非正式支持网络来源于与个体有较亲密接触的人，包括配偶、子女、兄弟姐妹、亲戚、邻居、朋友、同事及其他重要他人等；而正式社会支持网络来源于政府和志愿性的服务机构，例如政府的政治或经济制度、社会福利机构、宗教团体，以及为特殊目的而结合的互助团体等，是家长应对困境所掌握的制度性资本。在本研究中，几位家长的社会支持主要来自家人的非正式社会支持，而来自正式支持网络的资源则较少。当我问及他们是否从政府组织获得相关的支持性资源时，几位家长均表示从来没有享受过政府的福利。

第六章　关系网中的资源调动：抗逆力的展现

一、举全家之力——家人的支持

在中国家族主义制度的影响下，家庭成员之间形成了强而有力的依赖关系。而ASD儿童家长面对孩子和社会的层层围困，被迫陷入封闭的家庭空间中，家人尤其是配偶成为他们在危急时刻最直接、最重要的支持资源。从访谈中几位家长的故事来看，家人成为他们在困境中最坚强的后盾。

（一）分工协作

家庭成员之间协调自己的生活，分工协作，留出时间照顾孩子，彼此分担教养孩子的任务，成为ASD儿童家长应对困境的重要支持力量。例如，斌斌妈妈一家面对孩子和生病卧床的老人，斌斌爸爸将工作调至上夜班，白天在家照顾家人，使斌斌妈妈不用整日陷在照顾家人和教育孩子的生活中。在三次访谈中，斌斌妈妈谈及所有经历过的困难都十分坦然，甚至多次爽朗地大笑，似乎在讲别人的故事，唯独在讲到斌斌爸爸为家人的付出时，几次情绪低落。

斌斌妈妈：斌斌爸爸是最辛苦的，他把所有的时间都给了家里。斌斌爷爷脑血栓瘫在床上要人照顾，斌斌在家也要有人看管。我那个时候半天在家照顾老人和孩子，半天去上班。当我去上班了，斌斌爸爸要回家来替我。后来，他为了方便白天在家里照顾孩子，干脆申请去上夜班。所以爸爸白天的时间在家里干活，晚上还要去上班，他是最辛苦的（语速变慢）。

我：那天一起吃饭，我看叔叔真的好瘦了。

斌斌妈妈：他的身体真的是熬坏的，整天黑白颠倒，身体就熬坏了（声音低沉）。现在已经开始让爸爸上下午的班，不上夜班了。以前说这些事哭得稀里哗啦的，逮谁跟谁哭（转移话题）。

乐乐妈妈曾为了让孩子有学可上，毅然辞去工作为孩子创办机构、幼儿园。但是当乐乐进入小学后，乐乐妈妈因为要管理幼儿园，陪伴乐乐的时间相对减少了，而乐乐爸爸则帮她分担了大量照顾孩子的任务，使乐乐妈妈可以安心工作。

乐乐上小学整整六年的时间，都是乐乐爸爸去跟学校沟通。还有乐乐学校过节，比如六一儿童节、元旦节，好多活动，或者是家长会，都是他爸爸陪他去。因为乐乐学校有活动，我幼儿园也会有同样的活动，时间都是冲突的。我主要负责给孩子做计划，实施部分主要靠他爸爸和家里请的老师。

与乐乐妈妈和斌斌妈妈不同，睿睿妈妈、成成妈妈和齐齐妈妈则主要承担了孩子的教育工作，而丈夫则更多地承担了家庭的经济压力。当她们辞职时，配偶都给予极大的支持，让她们安心在家带孩子，不用担心家庭的经济收入。

睿睿妈妈：睿睿爸爸一直都跟我说，我愿意工作，他支持，愿意回家带孩子也可以，反正他负责赚钱养家。

除了配偶的支持，家中老人的帮助也让家长从烦琐的家务中摆脱出来，能有更多的时间照顾孩子或者拥有更多自己的生活空间。尤其是斌斌妈妈和齐齐妈妈，老人帮她们承担了大部分家务。斌斌妈妈在斌斌一切都稳定后，开始专注她的事业。在谈及如何平衡工作和孩子时，斌斌妈妈提及家人的帮助十分重要："我爱人下班后会帮忙看管一下孩子，可以帮我分担一些。另外，家里还有老人，家务事不用我发愁。如果没有老人在家帮忙，我就不得不请保姆，但是请保姆我还不放心。"齐齐妈妈在博客中多次提及齐齐外婆的帮助，外婆多年来一直负责家里的后勤保障，将一家人的生活安排得有条不紊，成为一家人的精神支柱。

Benson（2006）的研究发现，家人和朋友的非正式社会支持减少了家长压力的扩散，并减轻家长的抑郁症状。Ekas（2010）的研究也发现，家人和伴侣的支持能够直接和间接地减少压力的负面影响，同时还能增加积极的结果。在正式的政策支持不够的情况下，举全家之力共渡难关成为中国的 ASD 儿童家长的现实选择。家庭成员之间通过协调自己的工作或者生活，共同分担家庭的重担，彼此搀扶着共同前进。从"我"到"我们"，家长和孩子在家庭的庇护下，通过彼此的支持、合作，强化了家庭应对困境的能力，从而帮助家庭中的成员渡过难关。

（二）精神支持

家长在养育孩子的过程中，面对重重困境，难免积累负面情绪，向他人倾诉自己的心理困扰也成为 ASD 儿童家长宣泄情绪、缓解压力、释放苦闷的重要渠道。根据费孝通的差序格局理论，中国人尤为讲究内外有别、亲疏分明，喜好将身边的人分成自己人与外人。对自己人比较信任，能谈自己的心事，而对于外人则保持距离，不袒露自己的内心。在这种文化环境中，ASD 儿童的家长在遇到心理困扰时，多数时候会选择向自己最亲近的配偶倾诉，而很少会求助于陌生的心理医生或者熟悉的外人。丈夫成为家庭主要的经济支持来源，同时也成为 ASD 儿童母亲的主要倾诉对象。

乐乐妈妈在生完二胎后的很长一段时间处于抑郁边缘。"那段时间，我就想着怎么让乐乐去死，哪种死对他最好，或者我怎样跟他一起去死。大概有一两年的时间，我都会在脑子里盘旋这件事。"乐乐妈妈在自己状态最糟糕的时候，宣泄的方式就是向老公倾诉。

我会跟我老公说，我必须得说出来，要是不说出来，我肯定会出问题。人可能都会在某个阶段会遇到这种状态吧。

成成妈妈说自己受母亲的影响，虽然带着孩子参加过一些教会的活动，但是她就是无法接受宗教。她在遇到想不开的事情的时候，开解的方式是与老公聊天。

我和成成爸爸关系挺好的，很多时候我们俩之间聊开了，就没什么了，互相聊天就排解了，就不需要额外的心理辅导。

齐齐妈妈则谈及自己容易情绪化，容易因为孩子的问题变得沮丧，在这个过程中唯一能够发泄的对象就是老公。

不能对儿子和老妈发泄，老公便成了出气筒。面对我的患得患失和怒气冲冲，他不能发脾气，还要花很多的时间开导我，让我不要那么频繁地生气。他成了我的心理咨询师、心理指导师，我跟他倾诉，比跟别人说更好，他会跟我做很理性的分析。如果不是老公坚定有力的支持，或许我就撑不下去了。

Beavers 和 Hampson（2003）对抗逆力的研究表明，能够在家庭成员之间公开处理情绪的家属适应良好，他们能够表达喜悦、悲伤和挫折等种种情感，分享照顾残疾儿童的经验，促进了他们的相互支持。ASD 儿童家长与配偶的倾诉和坦诚沟通，能够彼此分享各种可能由危机或长期压力引起的焦虑。Morgan（1988）的研究也表明，配偶是 ASD 儿童母亲最重要的支持者，在配偶的支持下，母亲显示较少的忧郁和较快乐的婚姻。而且夫妻间的相互支持能使照顾者产生较好的适应力与生活品质。但是，我们也必须看到，当 ASD 孩子的母亲向配偶宣泄压力时，对方也会积累不良情绪。斌斌妈妈说她早年无法接受 ASD 儿子时，天天冲家人和孩子发脾气，丈夫是给予她支持最大的人，总是默默地承受这些压力。但是当孩子顺利进入小学后，面对孩子在学校的种种异常行为，丈夫变得异常暴躁。

我才发现，在他的内心深处，不接受儿子是自闭症，他太希望他的儿子跟别人一样了。在之前我都没有察觉，因为之前是我天天发作，他为了稳定我的情绪，一直在忍着。那个时候我才知道，他有那么大的压力，一直藏着这样的困惑。

齐齐妈妈谈及丈夫从来没有在自己面前掉过眼泪，但是凤凰卫视采访齐齐爸爸后，记者悄悄告诉她，齐齐爸爸在齐齐青春期出问题后哭过。齐齐妈妈说："这么多年，他要打理公司上上下下的事情，还要承受家庭给他的压力，他心里也有很悲苦的一面。"睿睿妈妈则坦言："我在修行后，丈夫不再是我遇到重大问题时最主要的倾诉对象，他和我一样陷在一个状态里，从他那里得到的建议不一定比你自己得出的建议高明，关键是两人朝夕相处，我不仅没有从他那里得到安慰，反而让他也变焦虑了。这个时候需要旁观者，需要高屋建瓴的人来帮忙解决。"但即使如此，在自我调节失败或者压力过大无法独自承担，而又不愿意向"外人"倾诉的情况下，对于大多数家庭来说，丈夫成为ASD儿童母亲最主要的心理支持来源。

综上所述，深陷困境中的ASD儿童母亲并不是单打独斗的，而是与家人并肩前行。在家长的差序格局网中，家人和她们有着共同的信念，即可以牺牲自己而成全家族的利益。家族利益至上是中国文化的重要特色。大多数中国人将自己家族的利益看得至高无上，家庭的利益高于个人的利益，家庭成员的活动不以个人的发展为核心，而要维护家族的延续与发展。ASD孩子的诞生带来的不仅仅是家长个人的危机，更是整个家庭的危机，混乱无序的生活使整个家庭都陷入困境中。"为了这个家"，家庭中的每个成员都可以在个人的发展面前做出让步，以成就家庭。就家长的抗逆力而言，家庭作为家长所属的基本组织，其承载的伦理符号对他们的行动具有很大程度上的制约，这是他们在面对孩子与自己的工作之间做抉择时毅然选择孩子的主要动机。另一方面，家庭是家长的依靠与归属，面对重重困境，靠一己之力很难应对，而家庭成为危急时刻的生命线，能够给他们提供现实和心理上的支持。正如几位访谈者所言，丈夫、老人等家人成为她们遇到困境时首要的支持对象。可见，受家族主义的影响，家长不再独自面对逆境，而是整个家庭成员举全家之力共同面对。因此，从抗逆力的过程层面来看，家庭通过家长对家庭的依赖渗入ASD儿童家长的抗逆力过程中，对于家长而言具有情感和资源支持层面的意义；从抗逆力的能力层面来看，家庭背后的举全家之力形成的合力在一定程度上就是家长的抗逆力，是家庭成员齐心协力来实践可能的艺术。正如Walsh等人（2002）所提出的，逆境是大家要共同承担的挑战，合作面对挑战有助于增强个体克服逆境的能力。陈蓓丽（2003）对上海外来女工抗逆力的研究也发现，家作为一种象征符号，就是家庭成员的抗逆力。

二、抱团取暖——家长团体的支持

在ASD儿童的正式支持网络中，重要的支持来源是ASD家长团体。有经验的大龄ASD儿童家长以及这些家长成立的家长互助组织形成了一个新的交往空间，成为家长获取支持的重要来源。

（一）容身之处

家长团体对家长的支持首先体现在工具性支持上，主要是家长创办的早期康复训练机构或者大龄康复训练机构为 ASD 孩子提供了容身之处。孩子的困境是家长最大的困境，孩子困境的解决在极大程度上消解了家长抗逆力发展过程中的危险因素。早期康复训练是 ASD 孩子干预的重要手段，ASD 家长在政府政策尚未关注到这个特殊群体时，依靠家长自救、抱团取暖的方式为 ASD 孩子的成长搭建了康复平台。例如，我国成立较早的、知名度较高的 ASD 儿童康复机构均是由 ASD 儿童家长创办的，而华南地区 55.88% 的 ASD 康复机构由 ASD 的家长创办。家长创办的康复训练机构使得 ASD 孩子在早期干预阶段有地可去、有学可上。访谈中的几位家长的孩子都曾在家长开办的康复机构中接受康复训练。以齐齐为例，齐齐在正式进入康复机构之前，曾在一所幼儿园和一所培智学校分别学习了近一年半的时间，后来由于种种原因，均被退学。齐齐被培智学校开除后，齐齐妈妈号啕大哭，痛苦不堪。特殊学校都可以将齐齐拒之门外，她不知道孩子还有何处可去。在无路可走时，齐齐妈妈选择了将孩子送到外省一家由家长创办的康复训练机构，孩子的训练才正式进入正轨，为齐齐后来进入普通小学做好了能力的铺垫。

我们终于踏上去 A 市的土地，来到向往已久的晨阳（机构化名），开始了齐齐正规系统的训练。没有想到，这一去就是两年多。在那里，齐齐取得了长足的进步。感谢那里所有的老师，他们给了齐齐无数的关爱，A 市、晨阳，留给我们许多美好的回忆。

乐乐妈妈为孩子创办的融合幼儿园也给其他 ASD 孩子提供了接受融合教育的机会，她将康复机构和幼儿园融在一起，让特殊孩子既能享受普通教育，又能够获得特殊教育，同时还免去了家长和孩子奔波于幼儿园和机构之间的辛劳。睿睿妈妈与乐乐妈妈结识后，将睿睿送入乐乐妈妈的幼儿园，睿睿和乐乐成了幼儿园同班同学。

乐乐妈妈把所有能够调动的、好的资源全部放在乐乐班上，我们也跟着沾了光。这之后，睿睿的所有训练都是在幼儿园，上午在班上融合，下午个训，吃完晚饭参加兴趣班。乐乐的钢琴自己不弹，给我们家睿睿弹，每天晚上吃完饭，我都带着睿睿去幼儿园练钢琴。那段时间，我们可以安安心心地上学、做训练、学音乐，不用到处奔波，真的特别感谢乐乐妈妈对我们的帮助。

如今，这些家长在积累了丰富的育儿经验后，也通过举办讲座、开办机构等形式帮助新的 ASD 儿童家长，又成为其他家长应对逆境的重要资源。乐乐妈妈、齐齐妈妈与其他几位大龄 ASD 儿童家长在国内首次尝试创办大龄 ASD 孩子职业康复训练机构，探索 ASD 孩子的就业之路，也为从学校毕业后无处可去的大龄 ASD 孩子提供了容身之处。目前，成成、乐乐和齐齐均在该机构接受职前的就业培训。

综上所述，在 ASD 儿童入园难、入校难的时代背景下，家长团体或者家长团体创办的机构为 ASD 孩子提供了学习和生活的平台，使他们不至于陷入无路可走的绝境中，成为家长缓冲危机、发展抗逆力的重要中间媒介。

家长团体对家长的支持还体现在策略性支持上。ASD 作为"特殊儿童之王"，干预难度大，家长进入一个完全陌生的领域中，与之前自身的经验之间出现了严重的"脱节"现象，使他们的习惯无法产生适应性的行为活动。大龄 ASD 儿童家长育儿经验的传授成为 ASD 儿童家长应对困境、发展抗逆力的重要资源。斌斌妈妈在孩子进入青春期之前听了很多家长的讲座，知道青春期是 ASD 孩子很难平缓度过的一段时期，甚至有可能退回原点。大龄 ASD 儿童家长的讲座让她在孩子进入青春期之前就做好预防。

我听了很多家长讲自闭症孩子青春期的讲座，这个时期是很难处理的嘛。所以我很自然地提前让他知道和接受这些事情。有了提前预防，斌斌青春期虽然也出现了不少的情绪问题，但是比我预期的要好很多。

齐齐妈妈与很多大龄 ASD 儿童家长建立了很好的关系，多年来，这些家长对齐齐妈妈给予了太多的帮助，她在博客中多次表达了对这些大龄 ASD 儿童家长的感谢。例如：

齐齐最初到豆豆（化名）妈妈的机构训练时，豆豆妈妈看到齐齐那么多的问题行为，毫不客气地批评我和齐齐爸爸，说我们是最不会教孩子的人。庆幸的是，有豆豆妈妈和她机构的老师，还有豆豆妈妈搭建的网络平台，在我们遇到问题的时候，大家都那么无私地帮助我们。齐齐小时候那么多的行为问题，我们束手无策，真的是豆豆妈妈一路引导着我们走过来的，齐齐今天的进步，真的是离不开豆豆妈妈的帮助。

（二）情感支持

家长团体对家长的支持还表现在情绪情感上。家长在孩子被诊断为 ASD 之后，在某种程度上也随着孩子陷入封闭的状态。一方面，他们将生活的重心放在照顾孩子上，限制了与他人交往的机会。另一方面，为了避免与他人比较带来的痛苦，他们会选择从自己原有的社交网络中主动退场。当我问及几位家长的交往圈子是否有变化时，几位家长均表示自己与之前的同学和同事很少联系。

成成妈妈：上小学的时候我是班长，但是我跟同学们好多年不见面了，有点刻意远离他们。他们也不理解你，每次都问成成的情况，我不想跟他们多解释。而且他们的关注点也不一样，我有几个同学都已经有孙子孙女了，看着他们的生活，有时候一比较也挺难受的。

齐齐妈妈：跟那些普通孩子的家长来往，有时候你会去比较！比如，别的孩子这么好，我的孩子就这样，家长会受打击，会引发你的负面情绪，所以能规避就规避嘛。除了亲戚，其他带普通小孩的朋友，我基本上不跟他们一起玩。你改变不了这个环境，你就移除这个环境嘛。

家长从以往普通孩子家长构成的社交网络中退场后，ASD家长团体为这些孤立的家长提供了新的社交圈，一群有着相似经验的人在一起分享感受，互相给予安慰，让他们知道自己不是孤单的一员，从而帮助家长重新建立起与他人、与社会的连接感。翻看齐齐妈妈的博客，在她记录的生活点滴中，可以看出她的好友圈以ASD孩子的家长为主。齐齐妈妈时常在博客中袒露自己的负面情绪，为孩子的问题而懊恼，类似的博文下总是有很多家长留言给她安慰和建议。例如，有一次她在日志中责备自己情绪化，便有家长给她留言："你不用太责怪自己，很多妈妈有这个问题。我想，周末可以给自己安排一定私人的时间，跟几个'圈内'姐妹们喝喝茶、聊聊天，大家边放松，边倒苦水，调侃一下就会好很多。我们偶尔采取这种方式，蛮奏效的。"

我在雨人就业支援中心做志愿者时发现，当孩子们在烘焙屋做糕点时，家长们便会聚在休息室拉家常，彼此分享育儿经历、近期孩子的进步或者一些好的活动资源。如果某位家长当天精神状态不好，其他家长也会给予安慰。成成妈妈说，她有时候挺期待周末的烘焙活动，家长之间聊聊天，对她来说也是一种放松。Hardy和Riffle（1993）指出，家长参加支持团体最大的受益是与他人分享感受、与他人互相支持以及与他人发展亲密的关系。对于ASD儿童家长而言，普通家长交往圈会给他们带来压力，而由有着同样遭遇的ASD家长组成的团体则是一个正向的环境，家长在这个社交空间中能够暂时避免普通孩子带给他们的冲击，也能从这个团体中获得一种新的归属感。谢素真（2001）的研究也发现，ASD孩子的母亲们借由彼此经验的分享、支持网络的建立等互动模式，达成情绪上、咨询的支持以及支持网络的建立等社会支持，是带领家长走出阴影的关键。

彼此间相似的遭遇和相似的困境，使 ASD 儿童家长团体之间相较于社会上的其他互助团体更有凝聚力、使命感和责任感。例如，中国精神残疾人及亲友协会自闭症委员会的负责人在一次家长培训班结束发言时，站在全国自闭症事业发展的角度呼吁家长要从"独自挺立"走向"团体挺立"："一个人的力量太渺小了，一群人团结起来才有可能真正帮助到孩子……我相信，孩子有了'我们'就将不再孤独，而我们有了'我们'将无坚不摧！"正是由于相同的命运和相同的困境，ASD 儿童家长抱团取暖，相互之间形成了如同亲友一样的亲密关系，视对方的困境如自己的困境，大家相互搀扶着，如拓荒者一般开辟 ASD 孩子的生存空间。而家长团体给 ASD 儿童的家长创造了一个凝聚力很强的社交空间，这个社交空间成为一个资源网、策略网、感情网，成为众多 ASD 儿童家长的避风港，大家相互支持、相互鼓励，使家长从孤立无援的绝境中走出来，重新寻找到新的社会关系网，并借用团体的力量帮助自己应对困境，成为家长抗逆力发展的重要支持性资源。

三、拉关系讲人情——学校的支持

从第五章提到的 ASD 儿童家长的困境来看，孩子入学时，学校环境带给孩子和家长莫大的痛苦。在一个入场前后处处充满歧视和危机的环境中，家长是如何应对这些危险因素的？从几位家长调动学校资源帮助孩子进入普通学校以及帮助孩子在普通学校适应的过程来看，家长的抗逆力与其在普通学校构建的关系规模以及关系质量有着密切的联系。

（一）拉关系：突破学校的围墙

拉关系成为斌斌妈妈帮助孩子获取入学机会的关键策略。当我问及斌斌是如何进入普通学校时，斌斌妈妈很爽快地说：

"走后门啊！我托关系找到他们学校的一个领导，送了点礼。领导同意了，学校也就接受了。我跟领导说了斌斌的问题和困难，说我孩子想要上学，让他们帮忙想想办法。上学的第一天，领导还去斌斌班里了，他跟班主任说'这个孩子是我朋友的孩子，你得多费心'。"

齐齐从小学升入初中时，齐齐妈妈依托的熟人是孩子小学的校长。齐齐妈妈通过六年的时间与齐齐小学的校长、老师建立了非常好的关系。齐齐妈妈在日记中写道：

"亲爱的张校长把齐齐交给初中校长的时候，就像交付一件宝贝，嘱咐再嘱咐，生怕齐齐受委屈，希望齐齐得到最好的照顾。因为张校长的关系，初中校长给了齐齐最好的照顾，给他安排了学校最有爱心的班主任，将他小学的同班同学继续编在一个班级，我在学校也受到了老师的礼遇。"

　　从以上案例可以看出，虽然主流群体歧视与排斥残疾群体，但是家长可以通过关系的运作，用情感的力量消解文化的围困。家长通过与学校领导建立关系，成为"关系户"，帮助孩子顺利进入普通群体的场域。孙隆基（2015）在《中国文化的深层结构》中提出，中国人之间的来往，必先确定是"自己人"才好进行。如果没有这种关系，就必须先去拉关系、拉交情，多半是经由熟人介绍。做任何事情之前，都必须将关系搞"熟"。关系熟了，在熟人面前，就比较好开口。在西方，如果 ASD 儿童遭到学校的排斥，家长最先想到的不是拉关系，而是会拿起法律武器来维护孩子的受教育权利。美国人类学家 Grinkder 教授（2006）在 Unstrange Minds: Remapping the World of Autism 一书中，记录了 ASD 女儿的成长经历。他的女儿出生于 1991 年，与本研究中访谈中几位家长的孩子相仿。他在书中记录了孩子上小学时被拒绝的情况。

　　艾莎贝拉 6 岁的时候，到了上小学的年龄。我们联系了一所小学的校长，但是一直没有得到答复。好不容易见到了校长，他却表现出非常敌对的态度，甚至表示不知道什么是自闭症。为了帮助艾莎贝拉，我请了律师来协调，律师告诉我需要准备证明艾莎贝拉能够进入普通学校的证据。但是一般的智力测试都需要孩子具备良好的沟通能力，这恰恰是我们的孩子最不擅长的。最后我们在一名医生的建议下，采用了一种适合没有语言能力人士智力水平的量表。艾莎贝拉获得了非常高的分数，远远超过了该测试的平均分。后来，学校每次试图将孩子降级时，我们就拿出这个证据来证明孩子的能力。

　　美国 20 世纪 90 年代融合教育并未全面展开，回归主流的做法依然盛行，特殊儿童依然需要达标才能获得入学的资格。但是因为有法律的保障，家长可以通过法律的途径来解决孩子入学与学校拒绝之间的矛盾。如果证据显示孩子有能力达到学校要求，学校必须依法接受特殊孩子。当孩子的能力不达标时，则要依据美国《所有残疾儿童教育法》的"合适的教育"和"最少受限制"原则安排在其他安置环境中。中国的情形则全然不同，中国是一个关系取向的社会。人在关系取向的社会中，遇到冲突与矛盾时擅长通过找靠山、托人情等关系运作的惯用模式，而非冷冰冰的法律途径。正因为有了人情关系，在 ASD 儿童被学校排斥的大环境中，依然有家长能够顺利突破学校的围墙，让孩子融入主流群体。

（二）人情网：舒服地随班就读

当 ASD 儿童进入到普通学校后，人情和关系更是成为家长确保孩子在普通班级顺利就读的制胜法宝。

首先，师生关系方面。ASD 儿童进入普通班级，无法适应班级的规则、无法理解老师上课的内容……给教师的教学和班级管理带来了很大的困扰，而普教教师缺乏应对 ASD 儿童问题行为的策略。师生矛盾一旦激发便会危及 ASD 儿童在普通班级学习的机会。访谈中的几位家长面对教师的抱怨，采取了主动出击的策略，先稳住老师的情绪，维系好老师和家长之间的关系，然后采取措施和老师一起解决孩子的问题，避免矛盾的激化。

齐齐妈妈十分体谅老师的辛苦，她说："班上有那么多学生，还有那么多工作要处理，老师是非常辛苦的。而我们的孩子会给老师带去更多额外的工作。所以，家长也要体谅老师的难处，多帮助老师减轻孩子增加的负担。"齐齐妈妈每天送孩子上学后，都会找机会向老师了解齐齐的情况，也会给不知道如何教齐齐的老师提供一些建议和方法。

早读时，我抢过班主任手中的暖水瓶，打完水送到了她办公室，认识了齐齐的美术老师。美术老师反映齐齐在课上表现不错，只是每涂一种颜色都要征求老师的意见，我告诉了老师怎么应对齐齐的不自信；早操结束后，我走到体育老师面前表达谢意，说齐齐今后会给老师添不少麻烦，体育老师还就他对齐齐的方法征询我的意见……

齐齐妈妈对待孩子的问题积极主动，对待老师的态度谦虚平和，很快获得了学校老师的认可。老师对家长的接纳改变了他们对待特殊孩子的态度，齐齐在普通学校六年的时间里从未出现过被老师歧视或者劝退的现象。睿睿妈妈在搞好与老师的关系方面特别有一套。睿睿进入普通学校第三天，睿睿妈妈就接到老师的投诉电话，反映孩子上课注意力不集中，完全没办法安静下来听课。睿睿妈妈面对老师的投诉，积极与老师沟通，并想办法帮助老师解决问题。除了积极沟通，睿睿妈妈还主动支持老师的工作和关心老师的生活，与老师建立良好的感情联系。

所有老师的状况我都是看在眼里的，老师有什么不舒服啊，我都会去关心，哪怕不是教睿睿的老师。发现老师和其他的家长出现矛盾的时候，我还要去安慰一下老师，对老师的辛苦表示理解。所以，我在老师那里的印象就很好。对老师的关心和尊重我是发自内心的，老师也就尊重你。

人与人的交往不仅仅是为了传递信息和处理事务，其中一个更重要的作用是交流感情，表达自己对对方的真诚和关切。当情感建立起来后，双方便可以建立起融洽的关系。家长对老师发自内心的关心在老师心中留下了好印象，与老师建立了融洽的关系，也为孩子编织了生存的人情网。依照中国人将心比心的逻辑，即"你对我好，我就对你好"，也会期待对方做到这一点，即"来而不往非礼也"。

在人情方面，西方人倾向于把权益范围与友情范围划分得清清楚楚，中国人则倾向于将真正感情以外的领域也加以人情化。自己多吃一点亏、处处以对方为重的行为，可以使自己在社群中"吃得开"。

乐乐妈妈：乐乐他们小学申报教委的资源教室建设项目，学校递交的申报书是我负责写的，材料递交后，我也帮着找了不少关系，最后资源教室成功申请上了。学校建资源教室的时候，怎么规划、该买哪些教具和器材，也是我帮着做的，我还把我幼儿园的沙盘治疗师调到他们学校，帮他们开展相关的工作。

黄国光、胡先缙（2005）在《人情与面子——中国人的权力游戏》一文中提出，人情在中国文化中是一种可以用来交易的社会资源，通过赠送礼物或者给予帮助等方式给对方做人情，对方接受了礼物和帮助后，便欠了人情。因此，人情成为中国人社会交往中一种重要的社会资源。乐乐妈妈主动付出，与学校领导建立了良好关系，也为乐乐在学校的学习营造了包容性的环境。

其次，在同伴关系方面，ASD儿童存在社会交往障碍，很难主动与同伴建立关系，甚至会因为异常的刻板行为遭到同学的嘲笑和欺负。家长除了要帮助孩子处理师生关系，还要帮助他处理同伴关系。齐齐妈妈为了给孩子创造良好的班级生存环境，深入齐齐所在的学校，与齐齐的同学建立了良好的关系，从而为齐齐的同伴交往搭建了桥梁。齐齐刚入小学时，齐齐妈妈从一开始就尽全力抓住一切团结班上同学的机会，让同伴接受齐齐。

孩子入学的第一天，我抓紧时机拍下了班上所有同学的照片，抄下了所有同学的名单，回家当天就陪孩子将名单输入电脑，然后用彩色打印机将所有照片打印出来，上学后由齐齐送给每一位同学，希望这样同学们能够接受他。开学第二天，学校没有开水，有些学生也没有带水，我就赶紧去超市买水送到班上。我就是想通过我的努力，帮齐齐创造好的交往环境。

乐乐妈妈也会通过送礼物的方式"收买"乐乐的小伙伴，既为孩子赢得了社交的机会，也为孩子发展了更多的朋友。

乐乐所在的学校有很多民工子弟，我经常让乐乐带好吃的分享给他的同学，也经常请乐乐的同伴到家里做客。班上的同学对乐乐非常友好，从来没有欺负过他。有一次班上新转来的一个学生欺负了乐乐，结果被班上的同学揍了一顿。

在差序格局中，人以自我为中心，通过各种途径，例如关系运作、情感联络等，巩固与他人的关系，以获得稀缺资源，实现其利益目标。ASD儿童家长对老师和同伴的关心能够获取学校网中的人情力量帮助孩子获取生存空间，但是她们的行动并非如此功利，更多时候是发自内心地关爱他们。齐齐妈妈在回忆自己的行动时，说她当时也没有刻意地扫除障碍，就是觉得齐齐班上的每个孩子都那么可爱，她就发自内心地愿意帮助他们。

我发现齐齐班上有个孩子有些发育迟缓，有轻微的障碍，因此对他格外关注，也更加怜爱。孩子能够体会到对他的爱，跟我特别亲近。班上有个小女孩比齐齐矮一个头，小脸红扑扑，皲得一道一道的小纹，估计妈妈没有顾上给她抹儿童霜。我后来就带了一瓶儿童霜放在教室，哪个小朋友脸皲了就让他们去抹一抹。

齐齐妈妈的这些善举赢得了一批小"粉丝"，因为孩子和家长的关系，他们也给足了齐齐"面子"，齐齐在普通学校很少受欺负，还发展了几个"铁哥们"。齐齐升入初中，小学同班同学成了他新的同桌，在学校给了齐齐很多的帮助。家长用自己的行动编织关系网，为有社交障碍的孩子开辟了社交的空间，发展了ASD孩子最难拥有的友谊关系，而且这份友谊一直维持至今，虽然原来的同学都升入了普通高中，但是他们依然约定每年到齐齐家相聚一次。

在精英主义文化盛行的学校系统中，学校不会自上而下调动资源帮助弱者，而是需要弱者通过自己的努力实现地位的流动。ASD儿童在弱肉强食的竞争环境中，无疑处于弱势地位，需要家长充当他们与学校之间建立关系的桥梁。家长可以通过送人情、真诚待人等方式积累中国人际交往中十分重视的人情资源，建立与在学校场域中和孩子有关的重要他人的友好关系，从而将高危的学校环境改造成由熟人、朋友构造的保护性环境。正如齐齐妈妈所说："学校接受孩子首先是对你这个家长的接受，他才愿意来帮你。"孩子在这个保护性的环境中能够舒服地随班就读，家长在这个过程中获得了良好的抗逆力。因此，中国传统文化中的人情、关系对于ASD儿童家长的抗逆力行动过程而言，不仅仅有伦理层面的意义，更有资源配置上的意义。如果家长无法打开自己的世界，通过自己的行动积极帮助孩子建立关系网，ASD儿童很难获得生存的空间，家长也会随之陷入困境。例如，访谈中的成成妈妈在与学校的老师、孩子的同伴间关系的建立方面稍显被动。成成的小学是成成妈妈曾经上学的地方，成成妈妈当年学习成绩好，是学校出名的好学生，学校的老师以及周围的邻居都是以前的熟人,是一个关系已经存在的圈子。但是成成妈妈怕熟人知道成成是自己的孩子丢了面子,而不愿意过多地与老师和家长深入接触:"去接成成的时候,我也不愿意出来跟认识的人打招呼讲话,基本上是坐在车里等他,有时会跟老师说几句,跟他同学的家长就很少接触,开家长会的时候就特别地悲哀。"成成的学习能力比齐齐和乐乐强,情绪问题也很少,但是最后却被迫从普通学校退学进入了特殊班。

四、开放的支持系统——获取更多的资源

ASD儿童由于社会交往障碍,无法主动建构自己的关系网,成为社会中自孤立和被孤立的一个群体,他们需要掌握一定的社会资源,并在社会关系网中占据一定的位置,这必须借助家长的关系网,间接获取支持资源。然而众多ASD儿童家长不愿意让外界知道自己的孩子是残疾,陷入自卑、绝望的自闭状态,失去了自我原有的社会位置,从而也失去了原有的社会资源。访谈中的几位家长虽然生活以孩子为中心,但是她们并没有自我围困,而是因着孩子的需要进入不同的生态系统,不断地去拓展生活边界,获取更多的社会支持资源。例如,齐齐妈妈在齐齐爸爸的鼓励下,曾在公司的报纸上刊登了五篇关于孩子成长的文章,坦诚地将齐齐的情况向公司同事公开。文章发表后,她得到了同事们的鼓励。这些鼓励和认可对家长来说,是她们向前行走的力量。在之后的工作中,齐齐妈妈多次得到公司领导和同事的照顾,让她有更多的时间照顾孩子。睿睿妈妈为了下定决心克己修身,在有着近万人的传播传统文化的论坛上忏悔自己,从而被众人熟知,她也因此从相对封闭的ASD家长圈走进了一个新的社交圈,并充分利用了其中的潜在资源。睿睿后来学习传统文化、才艺和进入国学学校所需要的资源都来自睿睿妈妈新开启的关系圈,而这些资源是很难从同质性较高的ASD家长群体中获得的。

伦理本位社会的妙处便在于,四面八方有种种关系,不能从这方得到帮助,便可从那方得到周济,便隐然形成了一种社会保障,但前提是家长要将自身置于关系网中。个人参加的社会团体越多、个人的社会网络规模越大、异质性越强,其社会资本就会越丰富。而社会资本越多,摄取资源的能力越强,就有越多的资源来应对生活中的困境,从而能够更加顺利地发展出抗逆力。颜瑞隆(2016)对轻度ASD儿童家庭抗逆力的研究发现,社会资源在家庭抗逆力的发展历程中不仅扮演家庭功能弹升的角色,还有在突发危机冲击家庭时作为安全防护的功能。系统封闭、缺乏社会支持而孤立无援的家庭,容易在面对压力时功能失调。可见,家长要在危机中保

持抗逆力，与社会的连接是不可或缺的，家长的社会关系网络越大，能够获取的应对困境的资源就会越多。

五、扩大的家庭与抗逆力

社会支持系统的总体结构，可以用费孝通在其著作《乡土中国》中提出的差序格局来解释。费孝通先生提出，社会关系网络像一个蜘蛛网，每个人都是这个网络的中心，并以"己"为中心，一圈一圈向外推，关系越推越远，越推越薄。ASD儿童家长的关系网络不仅仅是自己，还是自己与孩子构成的共同体。他们在孩子被诊断为残疾后，从自己原有的关系网中退出来，重新回到家这个原始的起点，回到孩子的中心，依着孩子的需求去编织新的关系网络。这个关系网络构成了家长与孩子的社会支持网络，从里到外、由近及远依次是家人、家长团体、学校到更广泛的群体，如图6-3所示。

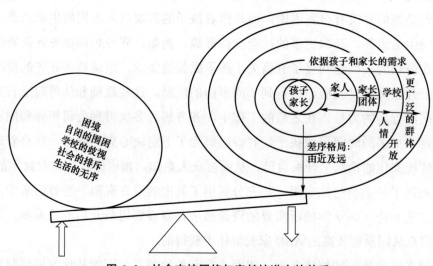

图6-3 社会支持网络与家长抗逆力的关系

就支持系统中的每个要素而言，家人与ASD儿童家长的关系最为密切，形成了你中有我、我中有你的命运共同体，从家长的个人战斗走向举全家之力的集体战斗，由此形成的合力在一定程度上就是家长的抗逆力。家长团体由于共同的命运形成了统一的战线，通过集合多位家长的力量和资源，为这个网络中的其他家长提供资源、策略和情感上的支持，对ASD儿童的家长而言具有重要的资源支持意义。以上两个系统中的支持都具有主动性，即主动向家长敞开，并主动向家长提供支持资源,不需要家长努力争取。而学校系统对于家长而言本是一个充满危机的环境,需要家长通过人情、关系的运作,化敌为友,将危机环境重构为保护性环境,从而获取其中潜在的支持性资源。随着孩子的发展,他们要从家庭走向学校,从学校走向更广阔的社会空间,家长也要伴随孩子走向更开放的社会系统,这一路均需要家长帮助孩子调动社会资源。家长想要运作潜藏在这些社会系统中的支持资源,首先要敢于从自卑、封闭的状态走出来,让社会大众知道自己的需求,了解自己的生活状态,从而为自己形成一个开放的社会系统。恰如梁漱溟先生所言:"伦理本位组织的妙处在于,万一有人在生计上落于无办法境地,也能从伦理情谊关系上获得彼此的照顾和体恤。四面八方种种关系,便隐然形成一种保障,结果总使人不至于面临绝路,总能寻得出路。"家人、家长团体、学校、社会各个不同的系统中均有潜在的支持资源,如果家长能够根据自己和孩子的需求开放自己的世界、主动运作,总能获取相关的支持资源。

抗逆力的形成是人们使用网络关系应对日常生活逆境而获得改变的重要过程。就社会支持网络对于ASD儿童家长的抗逆力发展而言,良好的支持系统是提供抗逆力基础的主要支柱,来自他人或精神层面的爱心与支持,帮助人们建立对世界的安全感与信任感,进而引导人们将注意力的焦点转移至其他地方。徐媛(2010)、刘晓燕(2010)、Zhao等人(2021)的研究均表明,家庭支持、社会支持是特殊儿童家长抗逆力的重要保护因素。Ekas等人(2010)的研究发现,ASD儿童母亲对社会支持的满意度越高,其抑郁水平和感知到的压力水平越低。Patterson(2002)则提出,在所有的资源中,社会支持是压力与健康障碍之间最重要的缓冲条件。就本研究的结果而言,孩子自闭的围困、学校的歧视、社会的排斥以及家长生活的无序等重重压力,超出了家长个人的应对能力,打破了需求与家长能力之间的平衡,家长就会陷入危机之中,也无法发展出抗逆力。但是当家长通过其社会支持网络,借助家人、社会团体、学校等不同系统的支持资源,增强自己应对困境的能力和社会资本时,家长的应对能力与困境之间能够重新达到相对平衡的状态,家长的抗逆力也能够重组达到较高的水平。此外,当家长主动运作不同社会网络中的潜在资源,例如通过人情和关系的运作调动学校系统的支持时,能够将杠杆左端的危机环境重构为保护性的环境,在提升应对能力的同时,也减少了社会环境中的危机因素,从而更有利于家长抗逆力的发展。

第五节　接受最坏的结果

　　成年难自立、母去身何寄、老无所依成为ASD儿童家长所遭遇困境中的三大重要主题，在ASD孩子早期遭遇困境时，家长依然在场，可以拼尽自己的全力去帮助孩子渡过难关。但是，随着孩子长大、家长老去，家长也成为需要他人照顾的"弱势群体"，家长和孩子组成的命运共同体会因为家长力量的弱化再次遭遇新的困境，发展出来的抗逆力又可能会面临解体的状态。面对孩子和自己的将来，很多的家长因为看不到希望，直接走上了毁灭的道路。

　　访谈中的几位家长都曾为孩子成年之后的问题焦虑过，为了让孩子将来能够独立生存，她们可以压缩自我来成就孩子的发展。但是，随着时间的推移，她们明白，无论她们如何努力，如果社会大环境对残疾人的态度不改变，社会支持系统不健全，残疾孩子要凭一己之力在社会中获得独立的生存空间谈何容易。除了睿睿妈妈通过发展孩子的特长，对孩子将来抱有足够的信心之外，其他几位家长都表示能够接受孩子最坏的结局——进福利院。同时，她们也接受了自己最坏的结局——陪着孩子一起进福利院。

　　斌斌妈妈：我给斌斌设定的最低底线是在福利院了此一生。他即使进了福利院，也能够照顾好自己，而且还能帮着照顾好别人。所以我有底线，我做好了最坏的打算。大不了他老了，还是一个结果，进福利院呗。我老了不也是这个结果。

　　乐乐妈妈的孩子程度最重，她说一头扎进自闭症这个领域之后，她看清了一个事实：

　　程度再好的孩子，最终也要面临一个养老的问题。我现在就让乐乐了解、熟悉老了之后的生活，这对他来说未尝不是一件好事。也许你会说，他没体会这个人生的精彩，但我认为人老了之后，如何解决老年的生活才是最现实的。我们现在就是要保证好自己的身体，老了我带着他到养老院，跟他一起养老。或者就让他在家里照顾我们，他会干很多的家务，做饭啊、买东西啊、打扫卫生啊都会，还帮我们把请保姆的钱省了。

　　Walsh英引用103、104的研究指出，当人们在遭遇危机时，模糊不清的状况以及未来的不确定性都会使复原过程更为复杂。家长接受了孩子和自己进福利院这一最坏的结果,并不意味着她们就可以高枕无忧,不再思虑孩子的发展。她们依然在尽自己最大的努力去帮助孩子成长,但是对于最坏结果的坦然接受,使她们能够从孩子和自己不确定的未来这一压力中解脱出来,从而将更多的精力放在解决现在能够掌控的事情上。

斌斌妈妈:我努力争取让孩子创造辉煌,但是我也能够接纳他最坏的结果。斌斌一定会具有活下去的能力,我是有底线的,我的心里非常地踏实。他可以做很多的事,将来实在找不到工作,他去饭店刷盘子,他一定可以做好,他在家里干这些事干得好着呢。所以我无所谓,我不担心。

乐乐妈妈:当你看开了,你会因为这种心态的转变,更加地平和。

在家庭福利文化制度中,养老由家庭承担,面对代际赡养的失衡和断层,将来年老力衰的家长或许并没有能力去应对这一困境,家长必须面对这种可能性。抗逆力不仅承担着照顾、忍受丧失的悲伤,还包括适应梦想的陨落。Rutter 英引用 80、81、82 在论述抗逆力的发展机制时提出,调节是抗逆力过程中的重要保护因素之一,主要是指个体放弃一些过去坚持的事情,而调整到以新的方式实现。接受限制或者不可逆的失去并不是一种悲剧,相反,放弃那些不现实的目标或者无法实现的目标是一种适应的策略。Brandstadter(1999)也提出,平衡那些超越极限的目标以及灵活的目标对个体抗逆力的发展是有必要的。ASD 儿童家长在应对孩子带给自己的困境的过程中,一直带有拼命、积极进取的精神,但是面对超出自己控制外的孩子养老一事,他们能以顺应的姿态接受最坏的结果,借由接受现实化解烦恼,缓解精神压力,以在逆境中保持稳定的情绪,从而有更多的精力应对当下的困境。

第六节 寻求合适的生活

在 ASD 儿童被诊断为残疾之后,ASD 儿童家庭成员乃至整个家庭的轨迹发生了重大的转折,不断偏离普通大众的常规之路,与 ASD 儿童家长曾经规划的、预期的生活截然不同,走向了一条充满荆棘、坎坷的未知道路。这种看不见光明、看不清未来的生活使家长绝望而迷茫。但是,随着不断地摸索,不断地寻找策略,ASD 儿童逐渐找回了对生活的控制感,将混乱的生活变得有序和有意义,并从中找到自己、孩子、家人的位置,以及整个家庭在社会中的合适坐标。位置的确定和适应是家长抗逆力生成的结果,至于生成何种结果则视家长的具体情况而定。

家长在社会网络中的位置是不断改变的，最初大多因为孩子的残疾主动放弃自己的工作从开放的社会系统走入相对封闭的家庭，成为孩子的专职教师。当家长调动自己、家庭和社会系统中的资源陪伴孩子从自闭的状态走向社会时，家长的社会位置又在不断地改变。在这个流动的过程中，家长如何看待自己与孩子、自己与家人、自己与社会的关系，以及如何在这个网状的社会结构中寻找自己合理的位置，都关乎家长对自己的价值认同。当家长对自我的位置和价值有清晰的认识并能够接受这样的认识时，家长内心才能处于平和的状态，从而避免因为内心的焦虑而产生新的困境。家长对自己位置、价值的适应和认同正是家长抗逆力稳定生成的状态。

一、各安其位——家庭生活中的合适位置

（一）个人合适的位置

家长在陷入困境之后，都在通过不断的努力去寻找自己想要的生活。这种生活状态与他们在孩子诊断之前所期望的生活状态迥然不同，但是又都带有家长自身性格和个人追求的烙印。下面以齐齐妈妈、斌斌妈妈、成成妈妈的调整为例予以说明。

齐齐妈妈：过有情调的小日子。

在卧室里放上一张自认为最漂亮的照片；在随手可及的地方摆上自己喜欢的书；给客厅里的花换个位置；用漂亮的笔记本做摘抄；叠浴巾的时候把绣花的那面露在上面；整理衣橱，收拾抽屉；坐在园子里看书……这些全是生活琐碎。在这些琐碎小事中却可以寻找到许许多多的乐趣，可以给自己一份好心情。

以上是齐齐妈妈写在博客中的生活片段。齐齐妈妈说自己骨子里就是一个小女人，安安静静的，就想过着喝喝咖啡、弄弄花园、看看书的小日子，对于工作和事业并没有太多的追求。齐齐妈妈说她状态最好的阶段是齐齐上小学以后，一家人终于不用四处奔波，孩子的状态也比较好，学校也很接纳他。

那段时间生活安定下来，家长的身心没那么疲惫，而且那时候我还没有接手烘焙屋，自己的时间也很宽裕，我带着齐齐去了好多国家旅游。齐齐的状态也很好，以前我出去开会，他可以一个人在家自己做饭吃，或者自己拿着钱去外面点餐买东西吃，然后在家写日记、弹钢琴。你给他把生活安排好，他可以一个人在家待一整天，完全不需要人看管。

原本就想安安静静过日子的齐齐妈妈，却有太多生命的不可承受之重。孩子被诊断为自闭症，接着是癫痫，同时又被迫承担了自闭症事业。齐齐妈妈不仅要摆

渡孩子的一生,还要做其他孩子的摆渡人,其抗逆力经历了解体—生成—再解体—再生成的过程。齐齐妈妈说她在孩子被检查出有癫痫后,一切的努力一夜回到解放前,面对这样的打击她差点没走出来。"自闭症我们没法选择,癫痫我们同样不能选择。渺小如我们又怎能与命运抗争?我能做的只有快一点调整过来,重新安排好一切。"现阶段的齐齐妈妈正在渡过她人生中新的难关,孩子在青春期的癫痫和她承担的自闭症事业。面对新的重重压力,齐齐妈妈并没有被困境打倒,她从绝望中再次燃起希望,一点点找回生活的秩序。对于她自己而言,就是在忙乱之余,从她自己喜欢的、熟悉的事情中去找回属于她自己的宁静。

地铁匆忙且嘈杂,捧书而读,心立刻安静。看书也是对话,那一刻,即是我与大师的对话,听他细说天空的云彩,一饭一粥日常的温暖;听他与残缺的石头对话,一切万物皆互相依赖,美是伴着丑而生,完美是仗着残缺而存在。

晚饭后,我和那人(老公)在餐桌旁看着电视,有一搭无一搭地说着话。隔着厨房的玻璃门,看到在厨房忙碌的那个青年(齐齐),系着围裙,仔细地做着饭后的洗刷清洁工作。

以上是从齐齐妈妈博客中摘抄的片段,我们能从中感知到她擅长从平凡简单的生活中寻找人生的乐趣。平淡、有情调的生活,就是齐齐妈妈想要的生活状态。她能够寻找到这份闲适,也正是其抗逆力生成的表现。

我现在就觉得带着齐齐过日子比什么都重要。日子平平静静的,我们可以享受生活,我们可以去旅游,可以去吃好吃的,也可以参与一些活动,可以享受一些清闲,我就觉得很好。很庆幸,现在又找回了这样的宁静。

斌斌妈妈:成为对别人有用的人。

当我问及斌斌妈妈的性格时,她说自己是一个不安分、喜欢不断寻求刺激的人,属于闲不下来、就喜欢忙碌的人。性格中的不安分决定了斌斌妈妈不可能在家过着相夫教子的生活。在斌斌进入小学各方面都比较适应后,斌斌妈妈将她的主要精力放在了她创办的机构上,机构规模越做越大,还在其他城市开办了分机构。除了机构的工作,她每年还坚持到不同的城市给自闭症儿童家长开办免费的公益讲座,到目前为止,她已经在全国20多个省份、40多个城市举办过公益讲座,听众累积上万人。我也是因为公益讲座结识了斌斌妈妈。斌斌妈妈长期在不同的城市奔波,三次访谈,她给我的印象总是"忙"。第二次访谈的当天,她上午在外地分机构给老师做培训,下午赶回总部接受我的访谈,而当天下午是机构总部家长培训班的结业典礼,访谈中间她停下来给结业典礼致辞,安排放学后来机构写作业的斌斌。斌斌妈妈每天风风火火如赶场一般,但是在她的脸上却看不见一点疲惫,每次见她都是精神饱满、神采奕奕的。当我问及她每天这么忙碌是否会觉得辛苦时,斌斌妈妈说:

"我现在每个星期只有一天的休息时间,站着就想睡觉。但是现在的累是身体累,是肌肉累,不是心累。我喜欢接受挑战,现在做的一切事情我都觉得是快乐的,快乐是原动力。"

这种内心的喜悦很大程度上来自她在助人的过程中获得的价值感和自我实现。她说:"人所有的心累来自索取,你要得越多,你越得不到。当你不要的时候,你才发现你能够真正收获你自己。"

《道德经》里有一句话:上善若水。水滋养万物,没有一个人的生命能够离开水,但是水却往下流,与世不争。人也要学会不争,学会去给予,学会滋养万物才可以。我当时看到这里被感染了,我就决定去做公益讲座。当我讲完第一次、第二次、第三次,我就有了一种感觉,一种非常超然的感觉。我做公益讲座,别人看我的目光很亲切,我非常喜欢这种感受,真的就是"无欲则刚"。当我什么都不要的时候,我觉得特别地自在。马斯诺需要层次的最顶端就是自我实现,我觉得我就产生了这样的一种情怀,我找到了这样一种自我实现的感觉,而且这种感觉很美妙,所以我愿意去追求这件事。

斌斌妈妈在助人的过程中收获了自我实现,找到了快乐的源泉,她希望自己活一辈子不是只做"饭桶加衣架",除了穿衣吃饭什么也没干,她想要活成对别人有用的人。而她在全国巡回公益讲座中实现了她的理想,也与她"不安分""爱折腾"的性格相符,她找到了她生命最好的状态。

成成妈妈:做孩子的影子。

成成妈妈辞职回家后,她的生活与孩子的生活24小时捆绑在一起,她和孩子都已经十分习惯这种相互陪伴的状态。如果哪天出门孩子不在身边,成成妈妈会觉得少了什么。成成妈妈完全放下自己,只考虑孩子的发展,这与她自身的成长环境有关。

我父母都是一心为革命、不管家里的人。我记得我母亲有一次生病住院,我哥问她病好了想去哪里,她说她就想去天安门广场看升国旗,把我们给气的。父母没怎么管过我们,内心里还是有缺失的。我们几兄妹都是外婆带大的,我外婆特别护着孩子,我哥哥要是跟别的孩子打架,她能过去帮着打架的那种。有这种生活经历后,我自己有了孩子就特别希望多花时间陪孩子。

成成妈妈对自己的生活发展毫不在乎，一心想着让孩子能在现在的基础上有最大的进步。

> 我现在把很多事情都看得很淡，我就是想尽最大努力让他有最大的进步，往最好的状态发展。其他的我真的都无所谓，真的都不在乎。我觉得升官发财都不重要，孩子有进步比什么都重要。

（二）孩子合适的位置

家长与孩子是利益密切相关的命运共同体，孩子的生活状态以及将来的生活安排是家长必须得考虑的事情。本章在提及家长给孩子做职业规划师时，家长会根据孩子的能力以及特长给孩子预先设计将来的发展路线。虽然每个孩子将来的发展轨迹不一样，但是家长在考虑孩子将来的发展时，都开始回归理性，不再盲目地与普通儿童比较，而是回归到孩子自身的能力和爱好，让ASD孩子能够轻松、自在地向设定的目标努力。下面以齐齐、斌斌、成成的调整为例予以说明。

齐齐：回归生活、小心呵护。

齐齐在青春期出现了种种强迫行为，长期积累的情绪问题又进而引发癫痫，孩子从可以独立居家、独立外出又重新回到离不开人的照顾。面对孩子新出现的问题，齐齐妈妈曾经备受打击："他的这种病给我的打击，简直就是没有办法形容的，就是要命，就是那种恐怖。"她痛定思痛，决定带着孩子过生活，重点保护孩子的情绪，不再给孩子过高的要求。齐齐妈妈重新安排孩子的时间，并跟家人以及孩子的老师沟通，为孩子创造最好的修复环境。

> 齐齐有睡眠障碍，晚上睡不好觉。我就跟他学校的老师沟通，让他晚一点到学校，我要保证他充足的睡眠。我也跟他上课的老师说，齐齐特别容易纠结，他会给自己很大的压力，希望老师遇到齐齐的问题多多引导。即使是在特殊学校，学校环境也要营造好，不然老师会有意见。

齐齐妈妈对孩子的学习要求也降低了很多，不再像以前一群逼着孩子学习，也开始给孩子自主安排自己生活的机会，让他对自己更加有信心。

> 以前都是被安排。比如吃完饭，他说："妈妈，我今天玩会儿电脑，不弹钢琴了。"我说"那可以呀"。到点了叫他去洗漱，他说"我还想再玩电脑"，我就会让他再玩一会儿。就不像以前，到点你就必须关，我现在就会说"你要再玩10分钟还是5分钟"，就给他一个选择。

齐齐妈妈早年特别害怕孩子闲下来，担心他闲下来会出现各种问题，所以经常带着孩子参加社会上各种与自闭症有关的活动。到了青春期,齐齐妈妈意识到,孩子最终要回归家庭,大部分时间是要在家中度过,就如普通孩子一样,放学后也应该是回家而不是马不停蹄地参加活动。回归到平常的生活是齐齐妈妈调整好之后的目标。

我现在尽量减少他的社会活动,去上课就是上课,回家就是回家。他回到家可以弹弹钢琴、玩玩电脑、朗读、买菜做饭,让他能够安排自己的居家生活。然后,更多的就是安排亲子间的家庭活动,比如周末的时候一家人健走5千米、爬山,或者跟北京的亲戚聚个餐、吃个饭,就是回归简单的生活。普通人的生活也是这样啊,普通人天天都在参加活动吗?天天都是歌舞升平吗?而且越大越要回归这种平静。因为你要是给他养成这种习惯,他习惯这种喧嚣后,反而不习惯平静。

当齐齐妈妈重新调整孩子的生活,回归简单、回归生活,以及调整自己的状态后,齐齐的情绪也平稳了很多,生活又重新走上了正轨。

成成:最大程度地进步。

成成妈妈曾经极力想证明成成是一个正常孩子,为此拼命教成成知识,想让成成有优秀的学习成绩。在成成上普通小学的时候,因为逃避成成的问题,她很少与班级老师沟通,最后成成也因为种种问题被学校退学。如今的成成妈妈能直面孩子的问题,曾经的她只注重教孩子知识,现在知道成成将来要独立生活,生活自理能力是前提,开始着重培养成成的独立居家能力和社会自立能力。成成从特殊学校的职业高中毕业之后,没有找到合适的工作。成成妈妈暂时放下孩子的就业问题,她认为孩子刚刚20出头,多学一些知识和技能再进入社会更合适。成成妈妈坚信,政府迟早会解决自闭症孩子的就业问题,家长在这之前要做的就是给孩子赋能,为将来的就业做准备。所以,成成妈妈一直扮演着成成能力查漏补缺的人,她经常会带成成参加社会上组织的一些爱心活动,在活动中,成成妈妈用心观察成成的表现,发现成成哪里不足,回家就会设计课程给成成补课。成成妈妈希望尽她最大努力让成成有最大的进步。

(三)家人合适的位置

访谈中的几位家长,睿睿、齐齐、成成的父母的分工模式是男主外、女主内,乐乐的父母则是共同承担养育和经济的责任,夫妻之间分工明确、关系融洽。而斌斌一家则是典型的女强男弱。斌斌妈妈不安于现状,而斌斌爸爸则乐于享受生活。曾经嫌弃丈夫不思进取的斌斌妈妈在内省修身后,夫妻关系变得和谐。斌斌爸爸下班回家后，帮助照顾老人和孩子，也在很大程度上帮斌斌妈妈分担了家务。斌斌妈妈将现在的状态总结为"各安其位，生活融洽"。对于将来的生活，斌斌妈妈做好了30年之后的规划，她将她自己后半生的意外险、大病险、养老险、储蓄险都安排好了，她要保证在没有机构的情况下，生活质量也不会降低。在查出患有慢性胰腺炎后，立刻将生活做了调整，将自己所有险种受益者改成了自己的母亲。

老公随便找个女人都是亲媳妇，斌斌我相信他的生活能力，我认为他活着还是没有问题的，剩下需要我担心的就是我妈。我妈只有我一个女儿，如果没有我，她就是一个孤老太太了。如果哪天我有意外，只有她活不了，我把受益人改成她，起码她能够有一笔钱花。

做好这些安排后，斌斌妈妈对生活不再有担忧，获得了内心的踏实。她说自己是一个完全没有后顾之忧的人，就算她现在不在了，家人的生活都不会被打乱。正是有这份自在与安定，她可以放心大胆地去追求自己的生活，也可以放心地畅想孩子的未来。她对斌斌的规划是，希望孩子将来能够轰轰烈烈地创业一次，享受人生的精彩，但是她也可以接受孩子最坏的结果——在福利院了此一生。

二、顺应——社会中的合适位置

家长作为生命的个体，不仅要协调好家庭的环境，还要协调个人与整个社会大系统的关系。在整个大社会中，家长如何看待自己以及整个家庭在社会中的地位？如何看待社会大环境给个人和家庭带来的困境？访谈中的几位家长都有自己的答案：齐齐妈妈、乐乐妈妈、斌斌妈妈通过创办机构，在帮助其他 ASD 儿童和家长的过程中找到了自己的社会价值；睿睿妈妈则将自己看作"生命科学家"，在探究 ASD、带孩子走出自闭的过程中，从生命的高度肯定了自己在社会中的位置和价值；成成妈妈则主动放弃自己的社会价值，主动回归家庭，一心陪伴孩子，通过主动的选择和接纳，寻找到了内心的平衡。

对于社会大环境在个人身上造成的困境，当我问及几位家长如何评价政府目前支持不到位的现状时，出乎意料的是，她们很少抱怨，甚至有几位家长对我的这一问题有几分恼怒。例如，斌斌妈妈十分激动地说：

"作为一个国家来说，除了自闭症，还有其他类型的特殊孩子，还有白血病，还有贫困家庭，还有农民工……在这么多的问题面前，自闭症在哪个位置？难道只有自闭症重要吗？我是因为摊上了自闭症，这对我是天大的事情，但是对于政府，有这么多的问题要解决，自闭症只是九牛一毛（激动）。你认为国家主席要考虑这个事情,他该如何考虑?他只考虑自闭症吗?他已经很看重了,这些年来国家相关的政策也在不断跟进。我们每个人只想自己,这是非常可怕的。我们期待20年之后会更好,但是现在火候不到它出不来。大气候就这样摆着了,这就是规律。你倡导可以,但是你不要别人不给你,你就活不了,要不然多少人都疯了。"

乐乐妈妈则从一个国家的发展阶段来看待自闭症社会支持保障体系不健全的问题:

"中国十几亿人口,改革也是一项一项的。当一个人还在吃不饱的时候,他肯定不会关心穿什么品牌的衣服。当温饱问题解决的时候,国家就会关注到机制改革,关注社会保障体系。我儿子确诊的那个年代,我去残联说自闭症,他们都不知道自闭症是啥,而现在孩子们的训练费用减免,减轻了家长很大的负担。都是在进步的嘛。任何一个国家,哪怕是发达国家也都经历了这样的历程。每个社会都有它发展的历程,每一件事情都会有这么一个过程。"

睿睿妈妈则从家长在探索孩子干预的过程中获得的智慧来辩证地看待这一问题:

"西方国家政策好、福利好,国家养着孩子,家长确实没什么后顾之忧,但是家长也不会像我们东想西想去干预孩子。中国的家长没有退路只能靠自己,所以我们是很勤奋的家长,那我觉得这没什么不好呀。正因为没给你退路,你才要上下求索,你不是就开了智慧吗?这比得到政府的资助和帮助,要划算得多(拍着桌子笑)。因为这个孩子带着你,你把死和生这两件事情都想清楚了,那是政府给你几千块钱能办到的吗?绝对不可能的。所以我们得到的比失去的要多,我得到的利益太大了,那不是钱可以衡量的。金钱是可以带走的,智慧带不走。反正我自己觉得越是苦难,越是增长智慧。"

家长对我的问题感到吃惊,我也对家长的回应感到惊讶,不仅不见预期的抱怨,甚至连无奈或者忍耐的情绪都很少透露。对家长的这一反应我很长一段时间无法理解,但是当我回顾自身的生活环境时,发现处处有类似ASD儿童家长的反应。以"逆天的房价"为例,这是多少在外打拼的年轻人无法承受的"生命之重",我们的反应模式同样不是反抗而是顺应,是如同ASD儿童家长的"拼尽全力"和"举全家之力"的突围行动。类似的反应模式需要在文化基因中去寻找行动密码。中国的社会组织是一个大家庭套着无数层级的小家庭,是一个家庭的层级。梁漱溟更是提出,家或家族构成了社会的基础,形成了中国"家国合一"的社会结构特征。"忠孝相通",要求家庭成员和国民都要对权威服从和顺应。在几千年的儒家文化熏陶下,某些行动模式成了中国人性格中的深层结构,成了我们的文化潜意识。正如孙隆基提出，中国在表层结构上经历了社会大变革和生产方式的大变革，但是在深层结构的意义上，却是在"天下大乱"之后的"大一统"的重新回归，其深层结构表现出超稳定体系的形态。对权威的顺应便是中国人一种重要的深层结构，表现出逆境中的逆来顺受，不要做出仓促的反应，以免引起更多的麻烦。在今天看来，"安分""顺民"成了一种守旧、保守的代名词，具有消极的意义。但从ASD儿童家长的视角来看，家长接纳社会现状和发展规律，做到不抱怨、不对抗，做到积极、主动地适应，甚至从社会现实的苦难中发现意义，成了她们应对困境的现实举措，以保证她们能在和谐的关系中以更积极主动的态度应对困境。即使如此，家长对孩子的将来依然寄希望于政府政策的改进。

乐乐妈妈：我希望将来的政策会越来越好，当我们老了的时候，国家的社会保障体系会更完善，这样我们就可以从中解脱出来，可以跟孩子一起养老，不会有后顾之忧了嘛。尽管我们家还有一个正常的孩子，但是我从来没有想过会让哥哥成为他的一个负担，我的人生已经因为我的儿子有改变，我不希望再有另外的人会因为他去改变。

成成妈妈：孩子的将来靠家长组织是靠不住的，很多家长组织发展到后来都利益化了。靠个人也是靠不住的，最终还是要靠政府支持。

三、寻求合适的生活与抗逆力

从结果导向来看抗逆力的定义，它强调个体即使在严重危机的情况下，仍能获得良好的发展结果，如具备应对困境的能力、社会适应良好等。ASD儿童家长在孩子被诊断为ASD之后，家长以及整个家庭的生活都陷入混乱，家长通过各种应对策略，使生活从无序到有序的过程正是家长形成抗逆力达到良好适应状态的过程。最终家长达到何种适应状态，与家长自身的性格有着很大关系。每个家长的追求不一样，决定着他们想要的生活状态也不一样。但是总的看来，家长都在为自己想要的生活而努力。在他们理想的生活中，自己关系网中的重要他人都能找到最合适的位置，各就其位、各司其职，相互之间又能和谐共处。在关系网中，孩子的稳定和发展是最核心的，有了这样的前提，家长才会探求自己想要的生活空间。此外，家长的关系网由自己与孩子、自己与家庭、自己与事业以及自己与外在的社会系统共同编织而成，多对关系处于稳定的状态，或者自己合理化之后的稳定状态，家长生存的关系网才会处于相对稳定的状态。

第七章 谐外必先安内：抗逆力的特征与机制

在中国特定的文化背景中，ASD儿童家长认定哪些是困境、如何看待困境，以及认定哪些是资源、如何获取和利用资源都与其所处的文化环境密切相关。通过探寻ASD儿童家长陷入困境以及走出困境的过程，发现中国文化背景下的ASD儿童家长目标设定和资源调动都是在关系的脉络下建构的，其抗逆力呈现关系性特征，与西方的个人主义文化中的抗逆力与明显的区别。家长应对困境的过程则是典型的向里用力、由里向外的协作过程，安内是根本、协外是关键。而其抗逆力的结果则呈现"位育"的状态，是否能够突破困境不是关键，家庭成员之间能形成和谐的关系才是家长追求的根本。

第一节 关系型抗逆力：抗逆力的核心特征

抗逆力研究领域的众多理论都基于个体抗逆力的发展，但是本研究中ASD儿童家长的抗逆力与已有的个体抗逆力不同，表现出明显的关系性特征。从家长与孩子的关系来看，体现为家长抗逆力结构中的危险因素和家长抗逆力的结果在很大程度上都与孩子有关。从家长获取保护资源的行动来看，关系既是重要的保护资源，又是家长调动保护资源的重要策略。

一、命运共同体："二人"关系

西方抗逆力的研究起源于对高危家庭环境儿童的关注，理论模型也主要建立在对儿童个体抗逆力的研究成果基础上。我国现有的抗逆力相关研究也主要关注处于源发性困境中的学生或者儿童个体。也就是说，已有的抗逆力研究主要关注个体性的抗逆力。本研究的研究对象——"ASD儿童家长"是由于孩子的困境而间接陷入困境，导致其抗逆力与ASD儿童产生了密切的关系。访谈中，家长提及"我自己所有的一切都不如孩子重要""为了救孩子，我什么都可以做"。家长成了孩子的影子、垫脚石、拐杖和老师；孩子的状态决定着家长的状态。"我的使命就是把孩子研究清楚。""我现在什么也不想，就是让孩子做到最大的进步。"……家长的命运和孩子的命运紧紧地绑在一起。在母亲与孩子的关系中，似乎只见孩子，而"母亲"这个身份成了孩子的附设，而且家长的困境以及家长是否能够达到良好的适应状态与孩子密切相关。这种特殊的存在状态使 ASD 儿童家长的抗逆力呈现一种与已有的个体抗逆力不同的特征，更倾向于一种关系型的抗逆力，而这种关系性特征用"母爱"二字并不足以概括其背后的深层含义，也不仅仅是迫于现实的无奈，因为家长在主动选择从工作岗位退回到与孩子的二人关系中时，并没有出现无奈之感，而是一种主动的选择。

西方文化强调个人自由、个人权利和个人的独立性。个体设计有明确的自我疆界，并且会强调自我的完整性。个体必须以人格的完整性去驾驭世俗关系，而不能让世俗关系成为自己人格的唯一内容。而中国文化中的个体并不具有独立的合法性。"身，自谓也"，中国文化将单个的个体设计成一个没有精神性的"身"或者肉体。孟子说："仁，人心也。"仁就是二人的意思。中国人的"心"必须在"二人"之间才能完成，必须用"二人"去定义"一人"才符合天理，"一人"只是"身"，"二人"之间才衍生"心"。换言之，中国人个体的精神形态，必须在别人身上才能完成。因此，"一人"之身就不是由自我去组织的项目，而必须由对方的"心"去镇止，一旦越出了由众多的"二人"之"心"的交叉网组成的人情磁力场，个体就很难对自己下定义。中国人在日常生活中，都是将自己纳入社会公认的、名正言顺的渠道化的"二人"关系中，主要表现为君丞、父子、夫妇、兄弟、朋友构成的五种人伦关系。任何一方的"心"既然被纳入这些由社会保障的渠道，双方的心意在交接之后，就产生相互制约的作用。到了现代社会，渠道化的五伦关系有所改变，但是文化中的深层结构并未改变，我们依然用"二人"关系去定义个体，脱离于"二人"关系的单个的个体被认为不具有合法性。在差序格局理论中，个体的社会关系网就是以己为中心、人伦为经、人际关系为纬所构成的，网络中心的"己"便被各种人伦关系包围。

抗逆力的结构包括危险因素和保护因素，抗逆力则体现为家长通过调动保护因素来应对危险因素，从而使自己达到良好的适应状态。从"二人"关系看家长的关系型抗逆力，主要体现在两方面。

一方面体现为家长抗逆力结构中的危险因素并不是来自自己，而是来自孩子，家长因为孩子的困境而被迫陷入困境。在用父慈子孝、兄友弟恭、夫唱妻随之类的伦理关系定义家长个人时，实质是对家庭成员应负的责任和应尽的义务加以规定，例如母亲这一角色就被赋予相夫教子的义务和责任，社会对母亲这一角色有一种期待：家长有责任改变自己的孩子，很多时候甚至会以孩子的表现好坏作为家长是否够负责、是否够努力的指标。ASD 儿童母亲的这一角色是需要在为人妻、为人母等不同的二人伦理关系中定位的。由于孩子深陷困境，母子关系成为 ASD 儿童母亲种种"二人"关系中最突出的关系，帮助孩子走出困境，让孩子有良好的适应状态成为她们定位自己的重要标尺，是家长在履行人伦关系中的责任和应尽的义务。当 ASD 儿童母亲以相夫教子的关系来定义自己时，就会处处以孩子为重，造成抹掉自我的倾向，个体的生命就变成不是由自我去调配的因素，而是要受到外力——孩子的发展的制约。由此，孩子的困境，例如陷入自闭、入学无门、升学无望、成年难自立、母去身何寄等，自然而然成为家长最主要的困境，而家长对自身的困境则放在次要的位置或者不去关心，家长与孩子形成了命运共同体。中国精神残疾人及亲友协会自闭症委员会的负责人在一次发言中说："要说不幸，我们比孩子更不幸。ASD 孩子不能深刻体会悲哀这种折磨，而我们作为家长，年年、月月、时时、事事地面对孩子的各种问题，还要不同程度地放弃自我的尊严和自我的生活，我们变成了一群苦行者"。所以，与其说家长个体的抗逆力，不如说是家长与孩子这一命运共同体的抗逆力。

另一方面则体现为，家长抗逆力的获得体现为家长帮助孩子达到良好适应的状态，如果孩子依然处于困境中，家长的抗逆力则无从谈起。在人情磁力场中的"二人"关系，处处以对方为重，为了对方而活。梁漱溟先生提出，在伦理情意中，彼此以对方为重，变成"一个人似不为其自己而存在，乃仿佛互为他人而存在着"。在以个人为本位的西方社会，人们看重权利观念，而在以伦理为本位的中国，处处是责任观念，个人几乎没有地位。在这样的文化中，ASD 儿童家长将自己的"心"安放在孩子身上，使孩子"安"下来，才能获得安心。为了让孩子有所发展，家长会通过辞职、成为专业老师、放弃个人生活、只关注孩子的发展、为孩子运作关系等策略让孩子在不同的人生阶段、不同的社会结构中获得良好的适应。家长表面上放弃了个人的发展，或者暂时放弃了个人的发展，但是她们从孩子的进步中获得了心理的平衡和成就感，从而获得了抗逆力。因此，在"二人"关系文化下，家长将自身安置于伦理关系中的磁力场中，不管是其抗逆力的危险因素还是其抗逆力的发展结果，均与 ASD 孩子有着密切关系，家长个人的抗逆力变成了置于家长与孩子伦理关系中的关系型抗逆力。

二、命运共同体与社会支持网：人情关系

费孝通先生指出，中国的家庭没有明显的界限，伸缩性强，家庭的大小是由事业的大小而决定的。如果事业小，夫妇两人就足以应付。但是如果超出了两人所能负担的程度，依着亲属关系的其他成员就可以集合在一个大家庭里。要扩展家庭关系网的规模，讲究的是"攀关系""讲交情"，有关系、有交情，其关系网的规模就大。要帮助 ASD 孩子解决康复难、上学难、就业难、养老难等涉及多个社会组织的难题，仅仅依靠 ASD 儿童家长自身的力量并不足以解决命运共同体的困境，必须寻求更多的社会支持。从本书第六章的内容来看，ASD 儿童家长的社会关系网主要包括家人、家长团体、学校，如图 7-1 所示，这三个层面的支持均带有浓厚的人情味，而非西方社会理性层面资源的调动。

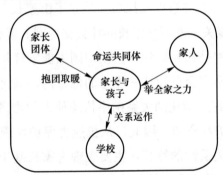

图 7-1　ASD 儿童家长的社会支持网络

（一）家人层面：举全家之力共渡难关

举全家之力共渡难关，隐藏其中的主要动力是伦理关系中的家族主义，即家族的利益至高无上，家庭的利益高于个人的利益。因此，家庭中的每个成员都可以在个人的发展上做出让步，以成就家庭。正是因为家族主义有对家庭的保障功能，所以家族主义成了中国一种非正式的社会保障制度，它在我国正式的社会保障制度建立之前，是一种最有效的保障制度，具有非正式的社会保障制度的意义。对于家长的抗逆力而言，伦理关系之中的举全家之力对其具有重要的资源支持的意义，与家长形成合力共渡难关。

（二）家长团体层面：抱团取暖

同病相怜、相同的命运使 ASD 儿童家长走到一起。家长团体就如同一个大家

困境中的突围：自闭症谱系障碍儿童家长抗逆力发展的研究

庭，为 ASD 儿童家长重新建构了一个社交空间，成为家长的资源网、策略网、感情网，家长可以从中获取保护性资源来应对困境。

（三）在学校层面：关系运作，化解危机

学校的歧视与达标、随读与排斥、考试与选拔会导致 ASD 儿童入学无门、升学无望，甚至被迫退场，因此，学校这一环境对于 ASD 儿童和其家长而言原本是一个危机环境。在伦理关系中，互以对方为重，人与人之间则很难对立起来。家长通过体谅老师、帮助老师和同学、送情等方式，将学校环境中的老师和同学拉入自己的圈子，使其变成自己的熟人。家长通过人情、关系的运作，将学校的危机环境重构为保护性环境，并获取其中潜在的支持性资源，从而让孩子从被排斥、被忽视的边缘位置，进入主流群体的交际网状系统中，获得一定的社会地位。

ASD 儿童家长通过伦理关系以及拉关系建立了由家长、家人、家长团体、学校构成的社会关系网络，该关系网便是家长的社会支持网。著名人类学家许烺光认为：中国人最基本的心理基础是相互依赖，它使中国人能够轻松自如地在向心的中国宗族结构和人与人之间关系完全调和这一理想的框架内，满足其社交、安全和地位的需要。ASD 儿童家长就在人情化的关系网中依赖他人的力量，通过人与人之间的关系来获取应对困境的保护性资源。因此，从抗逆力保护性资源的角度来看，ASD 儿童家长的抗逆力也具有关系性的特征，主要表现为家长基于关系的运作来获取和支配结构中的保护性资源，关系成为其调动保护资源的文化密码。

综上所述，中国的关系文化规定了个体的角色规范，界定了个体与对方的伦理关系，又以个体为中心，通过层层伦理关系环环相扣，形成牵一发而动全身的关系网状结构。在关系网状结构中，关系将权力、伦理、资源和社会网络熔为一炉，使得生活在其中的个体不能离开关系而生活，也影响了个体的自我定义。关系文化渗透在 ASD 儿童家长抗逆力的危险因素、保护因素以及抗逆力的结果中，使 ASD 儿童家长的抗逆力成为一种关系型抗逆力。"二人"关系文化使家长处处以孩子为重，为了孩子而活，对自身的困境则放在次要的位置，家长与孩子形成了命运共同体，家长个体的抗逆力从本质上变成关系型的抗逆力。另一方面，关系文化也决定了 ASD 儿童家长在调动环境中的保护因素时不一样的行动模式，关系成为家长调动保护资源的重要策略，同时也成为抗逆力的保护资源本身。家长与孩子构成的命运共同体运用关系调动保护资源来应对逆境，从过程层面构建了家长关系型的抗逆力。在抗逆力的结果层面，家长抗逆力的生成，即家长达到良好适应的状态，主要评量指标是孩子是否达到家长所认为的适应状态，抗逆力的发展结果也体现了家长与孩子的"二人关系"。

第二节 安内谐外：抗逆力的发展机制

抗逆力的发展是个体与环境相互作用的结果。对于 ASD 儿童家长而言，内部环境包括个体的内部环境以及家长与孩子组成的命运共同体之间的微观环境；外部环境则是同家长和孩子发展密切相关的家庭环境、家长团体、学校环境等。家长能否处理好自己与内部环境、外部环境的关系决定着家长能否从内部和外部环境中获取发展抗逆力的保护资源。在本研究中，家长通过内省修身、接纳自闭症、家长当老师的安内机制获取内部保护资源；通过举全家之力、关系运作、抱团取暖、开放支持系统的谐外机制获取外部保护资源。

一、安内：获取内部保护资源

抗逆力就如一粒种子，健康的生活环境有利于它开花、结果，而负面的生活环境则会导致它夭折。个体面对困境，是被困境打倒还是生成抗逆力，取决于个体与环境相互作用的结果。命运共同体是 ASD 儿童家长最核心的生态圈，命运共同体双方以及二者间关系的任何变化，都会影响家长及共同体的生存状态。因此，营造正向的命运共同体生态环境是 ASD 儿童家长抗逆力发展的重要组成部分。安内是家长为其抗逆力的发展营造正面生态环境的关键措施。ASD 儿童家长的安内主要是针对家长与孩子构成的命运共同体而言的，包括内省修身、接纳自闭症、家长当老师三个方面。内省修身指向家长要不断反省，改变自己；接纳自闭症指向家长与 ASD 孩子的关系，强调家长要接纳自闭症，与自闭症孩子和谐相处；家长当老师则是家长通过自己的行动促进孩子的成长，主动化解命运共同体的困境。

内省修身是安内的核心策略。一个差序格局的社会，是由无数私人关系搭成的网络，这个网络的每一个结都附着一种道德要素，而差序格局中心的"己"则是道德体系的出发点，要做到"壹是皆以修身为本"。它强调家长要将道德自律作为修身的基本模式，自觉地以道德准则来约束自己，时刻保持一种主动自觉的意识，形成为人的高尚品质。一个人具备了这种品质，就不会为外物所牵，以理智驾驭感情，从而保持平和的心态。正如"天行健，君子以自强不息""行有不得，反求诸己"所言，家长自身的强大是他们解决困境的根本，甚至可以说，家长内省修身的良好结果就是其抗逆力的生成。当家长能够稳住自己的内心，避免困境与负面情绪之间形成恶性循环，找回对自己生活的控制感，其抗逆力也就蕴藏其中。梁漱溟先生说："中国式的人生，最大特点莫过于他总是向里用力，自立志、自努力、自鼓舞、自叹……一切都是'自'之中。尤其是当走不通时，要归于修德行，那更是醇正的向里用力。"内省修身成为中国文化背景下的家长在其展现抗逆力的过程中所潜藏的文化符号。此外，家长在种种伦理关系中，通过"修身正己"做到"正己化人"，实现了我与他人的人际和谐，为家长和孩子创造了保护性的生存环境。接纳自闭症则使家长改变对孩子排斥和拒绝的态度，转为接纳和欣赏。孩子是ASD的事实并未被改变，但是由于家长从关注孩子的缺点转向关注孩子的优点，家长从孩子残疾这件事情上感知到的压力就会降低，在一定程度上重构了家长危险因素的直接来源——孩子的自闭。家长对ASD儿童的理解与共情避免了亲子关系恶化而引发更多的矛盾，使共同体内部有着和谐的关系，有效地减少了共同体内部的消极连锁反应。家长当老师则是家长在孩子不同的发展阶段扮演重要的干预人员，通过自己的教导，使孩子不断进步。孩子的进步是家长成就感的来源，可以提高家长的自我效能感。

Rutter从环境与个体两个角度提出了个体抗逆力的四种策略，分别为：第一，危险因素自身被改变；第二，减少或者停止事情的消极连锁效应；第三，自尊感和自我效能感的提升；第四，新的发展机会。内省修身是安内最核心的策略，不仅使家长在成功处理各种人际关系的过程中提升自我效能感，减少消极连锁效应，内省修身后的道德自律还是抗逆力的重要品质。接纳自闭症可以减少消极连锁效应，而家长当老师能够提升家长的自我效能感。总之，家长的道德自律以及内心的强大、ASD儿童能力的提升以及家长与孩子之间关系的和谐，优化了命运共同体的生存环境，使家长与ASD儿童在正向、稳定的环境中齐头并进，有利于命运共同体形成合力，共同克服困境并获得发展。

二、谐外：获取外部保护资源

生态系统的观点强调，抗逆力的发展是由个体与许多社会系统层面互动而成，例如家庭、学校，甚至是更大的社会系统，例如政治、经济、文化和种族等。在这个生态系统中，个体自身或环境中的保护因素是影响抗逆力形成的决定性条件。保护因素包括内在保护因素和外在保护因素。在本研究中，家长的内在保护因素主要是指与命运共同体有关的内省修身、接纳自闭症和家长当老师。而外在保护性资源主要包括家人的支持、家长团体的支持、学校的支持以及家长对最坏结果的接受，本研究将其归结为谐外。

外部的社会支持系统是发展抗逆力的重要保护因素，是帮助个体走出困境的重要调节机制。任何文化中的个体都离不开社会支持，但是人们获取社会支持的方式却打上了文化的烙印。以美国为代表的西方文化特别强调人与人之间的平等。为了保障残疾儿童的权利，美国建立了完善的法律体系，例如《残疾人教育法》（1975）、《不让一个孩子落后法案》（2001）、《职业康复法》（1975）、《美国残疾人法案》（1990），为所有残疾儿童，包括ASD儿童的受教育权、就业权提供了法律保障。当ASD儿童平等的权利受到侵害时，家长可以通过法律武器为家族争取资源。美国2002年修订后的《残疾人教育法》，将接受特殊教育的儿童年龄从6～21岁扩展到0～21岁，家长在发现孩子有问题后，可以通过法律保障制度享受各方面的服务。美国ASD儿童家长在调动外在的保护资源来应对与孩子有关的困境时，主要依靠客观、理性、合法的途径来获取社会结构中已有的资源。但是我国尚未出台专门的特殊教育法，虽然2018年新修订的《义务教育法》规定："普通学校应当接收具有接受普通教育能力的残疾适龄儿童、少年随班就读，并为其学习、康复提供帮助。"但是，该法没有关于拒绝特殊儿童的普通学校的惩罚性规定，也没有提供有效的法律救济途径。因此，我国法律并没有为ASD儿童的合法权利提供有力保障，也没有为ASD儿童和家长的需求提供相关的支持。此外，家长也不擅长通过"公了"的法律途径来解决孩子与学校之间的纠纷和矛盾。"公了"是依据现代法律制度以法息讼，但是受几千年传统社会以礼治国的影响，人们的日常生活行为尚未脱离传统观念的制约。那么，ASD儿童家长如何调动保护性资源来应对困境？

谐外重点强调家长获取外部保护资源的途径具有明显的本土化特色。"和谐"一词在中国文化中有多层含义，既可以作为静态的"和睦协调"来讲，例如"诸妇和谐，不嫌麤辣"；也可以作为动态的"使和睦协调"来理解，例如"所贵于舜者，为其能以孝和谐其亲"。中西方的和谐观不同，西方人认为的和谐美在于对立面之间的斗争、冲突与抗衡，而中国人注重人文精神，从伦理学的角度关注社会人伦的和谐，关注柔顺、静态的和谐。中国的儒家传统就主张用父慈子孝、兄友弟恭以及夫妻之间的互敬互谅来维系家庭和谐，把人际和谐、家庭和谐、社会安宁建立在人对人、人对社会的服从、顺从、协调的基础上。在这样的文化基础上，家长更擅长从和谐的人际关系中获取支持资源。我在本章论述命运共同体与社会支持系统时提到，ASD 儿童家长的社会支持系统中，无论是家庭层面的举全家之力，还是家长团体层面由小家变大家的抱团取暖，或者是学校层面的人情网，都具有浓厚的人情味，而非对抗性的火药味。人情关系既是家长社会支持网上的资源，又是他们获取资源的关键策略，尤其是在学校支持层面上体现得最为明显。家长面对学校与孩子的冲突，并非像西方文化中的家长拿起"平等""权利"的武器与学校的主流群体为孩子的合法权益据理力争，而是通过主动与老师沟通、主动帮助老师、主动关心孩子的同伴等人情运作的方式，与和孩子有关的重要他人——老师和同伴建立和谐的关系，从而化解学校环境中的危险因素，并避免了新的矛盾。

在我国，特殊儿童的社会保障体系尚未成型，也不可能在短时间内得以解决。面对孩子发展的迫切性，家长不可能坐等保障体系的健全，家长先行动为孩子调动资源是现实之举。Richardson 认为，生命前进是抗逆力重构的功能表现。重构是创造出更高水平抗逆力的平台，正式社会支持系统和非正式系统都是这个平台搭建的材料。在社会保障体系这一正式的社会服务严重缺乏时，家长调动中国文化中的人情、关系获取社会中的资源刚好填补了这一缺憾。因此，充分梳理并挖掘中国文化积淀中符合社会发展方向的积极因素，为 ASD 儿童营造良好的社会发展环境，正是抗逆力研究本土化路径的方向所在。

三、安内谐外：抗逆力的发展机制

安内谐外是 ASD 儿童家长抗逆力的运作机制，解释了 ASD 儿童家长如何应对不同阶段的压力，如图 7-2 所示。安内强调家长通过改变自己、改变孩子以及调节自己与孩子的关系，优化命运共同体的生存环境，并通过向里用力的方式，迸发出由内而外的前进力量。谐外是指被迫陷入自闭的家长重新编织自己与孩子的关系网，通过关系网获取保护资源。谐外所构建的关系网络的大小视 ASD 孩子的发展阶段而定。在 ASD 孩子发展以及家长抗逆力发展的所有阶段，安内均是最为核心的措施。如果家长不优化命运共同体的生态环境，会因为家庭内部的不稳定以及家长不断制造新的负面因素，使家长生活在持续的高危环境中。危险因素不断累积，即使有再多的支持资源，也难以帮助家长克服困境。Bitsika 的研究显示，来自家庭成员的支持并不足以提升 ASD 儿童家长的幸福感，只有当提供支持的家庭成员能够理解 ASD 孩子的问题行为时才能达到支持的效果。综上所述，谐外必先安内，安内贯穿始终，谐外依据需求，安内与谐外二者共同作用，才可以使家长的抗逆力达到最高发展水平。

第七章　谐外必先安内：抗逆力的特征与机制

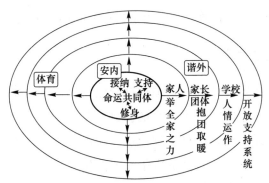

图 7-2　ASD 儿童家长抗逆力的发展机制

第三节　位育：抗逆力的发展结果

抗逆力是个体即使在严重危机情况下，仍能产生适应良好或者发展顺利的现象。从抗逆力的结果特征来看，个体的适应（Adaptation）是其核心特征，强调通过与环境不停地互动，引导个体获得适应与成长。《中庸》说："致中和，天地位焉，万物育焉。"位者，安其所也，育者，遂其生也。安所遂生，我国学者潘光旦先生便用"位育"一词作为 Adaptation 的译名，以替代"顺应""适应"一类较被动的译名。适应的现象包括静态和动态两个方面，静态即"位""安所"，是秩序的维持；动态即"育""遂生"，是进步的取得。地位和发育的缩写，便是位育。位育，是人在特定环境中的适应与调适过程，两者调适得好，即为位育得当，反之则为位育失当。

一、小家庭之内的位育

ASD 儿童生活的两大重要环境为家庭环境和家庭之外的社会环境。从家庭环境来看，家长的位育得当强调家长与家庭成员之间关系调试得当。潘光旦先生提出，家庭问题是家庭成员的位育问题，关系到家庭成员之间的关系和地位。如果家庭成员人人地位适宜，关系就处于位育得当的状态，矛盾也就得以解决。一家人各有各的性格，但归根结底无非就是老有所终、少有所长、夫妇信之，家庭成员各有贡献。本书在第六章中提及，ASD 儿童家长在困境中不断摸索，其抗逆力最终获得的适应结果便是寻找到了合适的生活，在家庭层面则是寻找到了个人、孩子和家人合适的位置，使家庭成员能够根据自己的能力和性格，在家庭中获得合适的位置。家庭成员之间互相尊重和接纳各自的生活状态，同时相互协作，彼此搀扶着为最好的结果而努力。各安其位、生活融洽，成为家长在家庭环境中位育得当最好的状态。

二、大家庭之内的位育

从家长生活的社会环境来说，中国的社会组织是一个大家庭套着多层小家庭。梁漱溟更是提出，家或家族构成了社会的基础，形成了中国"家国同构"或"家国合一"的社会结构特征。在差序格局理论中，费孝通提出，在家国同构的社会中，社会关系网中的"己"与社会的关系演化为个人与家庭的关系。ASD 儿童家长小家庭之外的大家庭并没有为其提供合适的位置，社会大众对 ASD 儿童的歧视与排斥以及社会保障制度的不健全使 ASD 儿童家长及整个家庭被边缘化，处于位育失当的状态。潘光旦先生指出，位育是环境与个体两方面的事，位育就等于两方面的协调和彼此的让步。面对外在大家庭的种种困境和不利因素，ASD 儿童家长并没有与这一个大环境形成敌对的态度去争取自己的位置，相反，他们采取了安分和顺应的态度协调了 ASD 群体与社会的关系，以主动积极的态度接纳了这一社会现实。当个人权利缺乏法律保障时，家长的顺应也成为一种"适生价值"和自卫的方式。但位育除了强调安所，同时还强调遂生，强调进步的取得。ASD 儿童家长在接受现实的同时积极采取行动去实现自身和整个家庭社会阶层的流动。从安内谐外的抗逆力机制可以看出，ASD 儿童家长在遂生的策略中采取了向里用力的"修身、齐家、治国、平天下"的战线，即通过修身达到齐家，进而通过齐家来帮助更多的 ASD 群体，不仅改变了个人和家庭的地位，也在推动 ASD 儿童事业的发展中起到了重要作用，从小家走向大家，实现了地位的流动和个人价值的实现。

第四节 抗逆力发展的综合解释

本节对 ASD 儿童家长抗逆力的发展机制和发展特征进行了概括和总结。在发展机制方面，抗逆力的发展涉及家长在孩子不同的发展阶段如何调动保护因素应对危险因素；在发展特征方面，无论是抗逆力的危险因素，还是获取保护资源的行动，都具有鲜明的文化内涵。

一、ASD 儿童家长抗逆力的理论框架

抗逆力是个体面对困境时，通过运用个体内在保护因素和外在保护因素与环境

中的危险因素进行互动，从而达到良好适应的过程。这一过程涉及抗逆力的危险因素，保护因素，以及危险因素与保护因素相互作用的过程和结果。

ASD 儿童家长抗逆力的理论框架如图 7-3 所示，框架上半部分体现的是家长面对重重困境的抗逆力发展机制，即家长调动保护因素来应对危险因素的行动。面对困境，家长的突围行动类似一种结网的行动，是家长为了救孩子，从开放的社会环境退回到家庭，与处于孤岛状态的 ASD 孩子重新编织关系网的行动。不同于费孝通先生在差序格局理论提出的网络中心都有一个"己"，也不同于西方，展示独立个体与环境中的困境互动的生命过程的个体型抗逆力模型。ASD 儿童家长的关系网中心是家长自身与孩子组成的命运共同体，展现的是命运共同体与外在社会环境互动的过程。为了使命运共同体能够突破重重困境，家长通过安内层面的内省修身、接纳自闭症、家长当老师的行动，优化命运共同体内部的生态环境，使命运共同体变得更加强大。同时，家长通过谐外层面的举全家之力、抱团取暖、拉关系讲人情的方式，依着孩子的需求为命运共同体创建了一层层的关系网，也通过关系融化了一层层的阻碍，家长的抗逆力也在创建关系网的过程中得以发展。

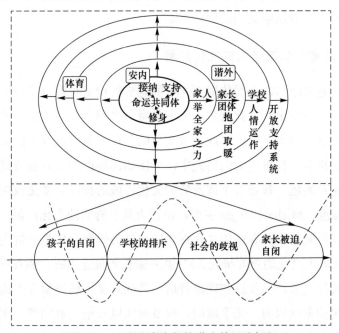

图 7-3　ASD 儿童家长抗逆力的理论框架

抗逆力理论框架的下半部分是 ASD 儿童家长抗逆力发展的危险因素，主要包括孩子的自闭、学校的排斥、社会的歧视以及家长被迫自闭。ASD 儿童作为"特殊儿童之王"，给家长带来巨大的教养压力，而我国特定文化所蕴藏的危险因素使 ASD

儿童的压力变得更为沉重。面对层层围困，家长应对困境的过程并不是一帆风顺的。就家长抗逆力的发展动态过程来说，其发展轨迹并不是直线上升，而是曲折向前，有生成和解体的动态交织。在第四章中睿睿妈妈抗逆力的故事表明，家长抗逆力的发展轨迹随着孩子的困境波动起伏，孩子的发展轨迹也潜在地构成了家长抗逆力发展的时间轨迹。面对外在环境构筑的一道道文化围困以及 ASD 孩子在不同阶段面临的困境，家长能否有效地调动安内谐外的运作机制，调动保护资源来应对危险因素，决定着家长抗逆力的发展水平。如果家长不能有效地调动保护资源进行突围，ASD 儿童家长抗逆力发展将会受到阻碍。

就 ASD 儿童家长抗逆力的结果来看，本研究中的抗逆力核心内涵是关系型抗逆力，也决定了家长的适应状态不是家长个体孤立的适应状态，而是在种种关系中的和谐、适应状态。这种关系型的适应状态与潘光旦先生提出的"位育"一词有较大的关联。在 ASD 儿童家长的差序格局网之中，由里及外、由近及远是家长与孩子的命运共同体圈、家庭及社会。差序格局网中的重要他人是否能够各居其所，以及家长与孩子、家长与其他家人、家长与外部的社会是否处于和谐的状态，决定了 ASD 儿童家长的抗逆力是否能够达到适应的状态。

二、ASD 儿童家长抗逆力的文化解释

文化是一种意义结构，人类依据文化中的意义结构来解释自身的经验，并指导自身的行动。格尔茨则指出，文化就是人编织的意义之网，人的生活是悬挂在自己所编织的意义之网上继续编织意义。因此，对文化的分析不是寻求规律的实验科学，而是探究意义的解释科学。在抗逆力的研究中，个体如何解读困境以及通过何种行动模式来获取资源和应对困境，都带有个体所处的文化环境的特征。文化成为探讨抗逆力不可或缺的重要维度。Michael Ungar 主张，抗逆力具有鲜明的文化内涵，不同地域的人对抗逆力有不同的解读，具有中国文化视角的抗逆力研究会使整个抗逆力的研究更加丰富。当我们从本土文化的角度研究 ASD 儿童家长的抗逆力时，重在发现家长发展抗逆力实践中的文化现象，以及这些现象背后的共同意义。杨国枢等人提出，中国人的社会取向主要包括家族取向、关系取向、权威取向以及他人取向四个次级，其中，家族取向最为重要，是其他三个次级取向的基础和源头。钱穆先生也指出："中国文化全部都是从家族观念筑起的。"在本研究中，ASD 儿童家长便是在家族主义的意义框架下发展其抗逆力的，关系取向、权威取向和他人取向的文化在 ASD 儿童家长抗逆力的发展中有体现，但均在家族主义文化的影响下展开。

（一）ASD 儿童家长抗逆力的危险因素镶嵌在我国深层文化结构中

抗逆力是个体与其所在的环境互动的结果，个体所处的环境不同，抗逆力的危险因素也不同。在本研究中，ASD 儿童家长抗力的危险因素主要包括孩子的自闭、学校的排斥、社会的歧视以及家长被迫自闭，这些困境除了孩子的自闭来自 ASD 儿童本身带来的挑战之外，其他困境均镶嵌在中国特定的社会文化结构中。精英教育文化与融合教育的理念与实践相排斥，由此带来了对 ASD 儿童入学的歧视和排斥。当教育体制不是促进公平而是一切以成绩为衡量标准时，无法适应主流文化的少数族群的 ASD 儿童自然会被排斥在外。ASD 儿童进入社会后受到的歧视则彰显了社会大众长期以来对 ASD 儿童形成的偏见与歧视，这种以"残疾污名"为代表的非制度性的排斥，建立在观念排斥的基础上，短时间内很难改变，使"残疾"成为一个沉重的词汇。

ASD 儿童发展的危机来自精英文化和残疾歧视，孩子的困境作用在家长身上则是通过家族主义文化所构建的意义之网。首先，代际互惠失衡导致 ASD 儿童家长老无所依。在家族主义文化中，父代与子代之间在日常照料、经济支持和情感慰藉方面存在密切的互动。家庭代际强调互惠性与利他性，父母要抚养子女、子女则要赡养父母，构成了两代人之间强而有力的代际依赖。家族主义文化中的代际互惠使家长不得不肩负起照料孩子的责任，同时家长又将自己的养老问题寄托于孩子。养老问题在西方国家由政府或市场承担，子女并没有直接的赡养义务，在我国则由家庭承担，从而形成了家庭保障制度文化。《中华人民共和国民法典》第二十六条规定："父母对未成年子女负有抚养、教育和保护的义务，成年子女对父母负有赡养、扶助和保护的义务。"家庭的保障职能得到了国家法律上的支持。但是，ASD 孩子的成年难自立和母去身何寄打破了这种代际依赖，家长不能再指望孩子给自己养老送终，出现了代际关系之间的失衡，加重了父母的经济负担与心理压力。其次，家庭自负责的文化使家长需要依靠家庭解决层层围困，更加剧了家长的负担。孩子的养老问题要从家庭保障中寻找资源，家长要承担自己养老和孩子养老的双重养老问题。梁漱溟在《中国文化要义》中指出，西方社会实行团体负责制，工人失业、养老、残疾儿童的教育与就业等问题均由政府负责，但是中国人倚重家族生活，缺乏集团生活，遇到问题时，则是各寻自己的关系，各自想办法。自立志、自努力、自鼓舞、自叹……一切都是"自"之中。面对层层文化围困，在家庭负责个人成长的文化中，ASD 儿童家长不得不从开放的工作岗位退回到封闭的家庭状态，凭借自己的力量带着孩子从自闭的状态走向家庭、走向学校和走向社会，更加剧了困境。

如果家长无法发展出抗逆力，在带着孩子突围的过程中，可能与孩子一起陷入封闭的世界。

抗逆力的形成是个体与环境相互作用的过程，与个人在相关的社会文化背景中成功调动资源的能力有关，也与社区如何提供满足个体需要的社会资源有关。ASD儿童家长要成功应对困境除了需要家庭内部的调整外，还需要家庭外部的支持，二者缺一不可。ASD儿童家长在层层文化围困的情况下，外部的正式支持资源却极为缺乏，只有少数ASD儿童家长能够获得良好适应。因此，我们要避免滥用抗逆力的概念，警惕指责无法克服严重困境的家长，将这些家长贴上"没有抗逆力"的标签。

（二）抗逆力的核心特征为其是一种关系型抗逆力

关系型抗逆力的内涵主要由家长与孩子形成的命运共同体构成。中国人自古以来就有重视家庭的文化传统，家庭生活是个人生活的核心，他们对家族有强烈的责任感，具有负担家人生活的责任和帮助家人脱困的道义。尤其是家庭中的母亲从来都不是为自己活，而是为家庭而活。卢作孚提出，"家庭生活是中国人第一重要的生活。"林语堂也曾论及，中国人代际之间互为牺牲的利他精神，几乎取代了宗教的地位，给人一种社会生存和家族延续的感觉。因此，家人之间基于相同血缘或姻缘的亲情，彼此有融合为一体的强烈情感。ASD儿童家长便是在家族主义的意义框架下发展其抗逆力的。在家庭生活中，母亲的定义和角色受制于相夫教子的伦理关系。当孩子陷入困境时，母亲自然而然就会处处以孩子为重，造成抹掉自我的倾向，家长与孩子形成了具有共生关系的命运共同体，能否帮助孩子走出困境成为衡量ASD儿童家长抗逆力是否生成的关键指标。西方个人主义的文化模式形成独立的自我建构，个人会更加强调根据自己的目标和价值调整环境，以至于在最为亲密的家庭关系中也处处强调权利观念，子女成年后，父母则不再有养育的义务，子女便要离开家庭。因此，在西方团体格局的社会中，人与人之间界限分明，强调个体的独立与自由。现有的抗逆力过程模型则建立在这种极具个人主义色彩的文化基础之上，例如Richardson和Kumpfer的抗逆力过程模型强调的是个人的抗逆力品质如何与外在环境中的保护因素、危险因素相互作用，最终使个体达到不同水平的适应状态。但是，本研究中，家长抗逆力的起点，即抗逆力的困境，以及抗逆力的发展结果，都与孩子有密切的关系，家长自身的价值和目标是第二位的。

（三）内省修身和扩大的家庭是两种极具本土文化特色的行动

从内省修身层面来讲，"自天子以至于庶人，壹是皆以修身为本""此谓身不修，不可以齐其家"，这些都是儒家文化中特有的修身文化，强调修身是齐家治国的根本，也是中国人重要的行动模式。西方现有的抗逆力模型尤其强调个体的抗逆力品质与外在环境的互动，突出个体的人格特质在抗逆力发展过程中的重要作用。例如，在 Grotberg（1995）提出的抗逆力内涵中，外在支持及资源、内在的力量、适合的人际技巧是重要的组成部分，其中内在的力量强调"我是（I am）"，由个体的内在特质组成。内部抗逆力，强调个体内部以及个体之间的差异性以及人格特征随着时间的推移。Jenny 等人（2017）在对已有模型反思的基础上构建的抗逆力新模型——抗逆力多层系统模型，突破了抗逆力的特质论，强调抗逆力是创伤与个体内部、个体之间以及社会生态因素互动的过程。但是，在其模型中，个体内部因素或者个体人格特质在抗逆力中居于核心地位，构成其模型中的核心抗逆力。对中国人而言，家族重于个人，为了家族团结与家人和谐，个人必须强化忍耐抑制的行为倾向。在本研究中，ASD 儿童家长的自我很少凸显出来，虽然家长性格迥异，但是几位家长按照伦理规范来修身，忍耐自抑，鲜明的个性也融入种种道德规则中，强化了其道德层面的人格。因此，家长的内在力量并不强调"我是（I am）"，而是强调差序网中的"己"要克己修礼，按照一定的社会道德标准约束自己和规范自己的行为，使自己的一言一行皆符合道德规范，从而达到"我与自身""我与他人"之间关系的和谐，建立起个体坚定的道德主体性。通过内省修身镇定自己的情绪、建立和谐人际关系网，成为 ASD 儿童家长避免困境引发其他消极结果以及强大自己的核心策略，是家长发展抗逆力的核心。

扩大的家庭则处处彰显着家庭文化和依据家庭文化延伸出来的关系文化。中国人的家庭就是一个事业组织，需要承担生育、教育、经济、养老等多重功能。为了承担这些功能，家庭的结构就必须依据发展的需要不断扩大，需要依靠具有亲属关系的其他成员。ASD 儿童家庭要帮助孩子解决康复难、上学难、就业难、养老难等涉及多个社会组织的难题，家的结构仅限于夫妻之间不足以应对困境，必须扩大家庭的规模，获取更多支持。关系成为家长扩大家庭规模、获取支持的重要手段。举全家之力获取家人的支持、抱团取暖获取家庭团体的支持、拉关系讲人情获取学校的支持，在这三种获取保护资源的行动中，关系既成为家长调动保护资源的重要策略，又成为抗逆力的保护资源本身。陈蓓丽对上海外来女工的抗逆力进行研究也发现，关系贯穿在该类群体的抗逆力发展过程中，具有资源配置的意义。

（四）位育是 ASD 儿童家长抗逆力的结果特征

家庭之外的层层文化围困凸显了现有社会保障制度的不健全，使家长处于位育失当的状态。但是，面对外在社会环境中的种种不利因素，ASD 儿童家长采取了安分和顺应的态度协调了 ASD 群体与社会的关系，以主动积极的态度接纳了这一社会现实。也就是说，中国文化下的抗逆力并非只是强调对抗，而是强调积极地顺应。

已有的抗逆力模型均建立在心理学的研究成果基础上，强调个体生理、心理层面特质的发展，很难看到文化在抗逆力发展过程中的作用机制。本研究从文化主位的角度出发，发现 ASD 儿童家长认定哪些是危险因素、哪些是保护资源，如何获取和运用这些资源，以及其抗逆力发展的结果都受到了文化的影响，家庭本位的命运共同体、内省修身、扩大的家庭、关系、位育等都呈现了 ASD 儿童家长抗逆力本土化的应对和适应机制。此外，本研究发现，ASD 儿童家长身处的文化环境既蕴藏了困境，同时也蕴含了资源和行动的力量。家长调动文化符号中的保护因素帮助自己和孩子走出困境的行动，对其他 ASD 儿童家长有重要的借鉴意义，同时也丰富了本土化的抗逆力理论成果。

第五节 研究结论与研究反思

本节对整个研究的研究结论进行了总结，并从研究主题、研究方法、研究内容、研究对象四个方面对本研究的不足进行了反思，为进一步的研究指出改进方向。

一、研究结论

（一）层层文化围困与命运共同体是 ASD 儿童家长抗逆力危险因素的突出特征

本研究通过对五位 ASD 儿童家长所遭遇的困境进行分析，发现其困境主要包括孩子的自闭、学校的排斥、社会的歧视以及家长被迫自闭，这四大困境均镶嵌在中国特定的社会文化结构中。精英文化与残疾歧视文化对 ASD 儿童的发展设立了重重围墙，阻止 ASD 儿童入场，使 ASD 儿童陷入自封闭与被封闭的围墙中。而家族主义至上的文化传统又导致 ASD 儿童家长与孩子形成了休戚与共的命运共同体，孩子的困境就是家长的困境，且重重困境需要由家庭承担。

（二）ASD 儿童家长抗逆力的过程包括六大主题

内省修身、接纳自闭症、家长当老师、扩大的家庭、接受最坏的结果、寻求合适的生活成为 ASD 儿童家长抗逆力发展过程中的六大重要主题。

（三）ASD 儿童家长的抗逆力是一种关系型抗逆力

抗逆力的研究起源于西方，与西方个人主义文化、积极心理学的兴起等有密切关系。而中国源远流长的历史孕育出的文化传统与西方的文化迥然不同，中国人在传统文化的滋养下发展出了独特的民族性格，其心理和行为也打上了文化的烙印。中国的家庭文化和关系文化形塑了 ASD 儿童家长抗逆力的内涵，使其抗逆力成为一种关系型抗逆力，呈现与西方个体抗逆力不一样的内涵，主要表现在抗逆力的危险因素、保护因素以及抗逆力的结果三个方面。在抗逆力的危险因素方面，"二人"关系文化使 ASD 儿童家长与孩子形成了命运共同体，孩子的困境成为家长的主要困境。在保护因素方面，举全家之力、抱团取暖、学校的人情运作都带有浓厚的人情味，关系既是家长的保护性资源，也成为 ASD 儿童家长在关系网中获取保护资源的的重要策略。在抗逆力的结果方面，抗逆力的生成与否不仅在于家长个体是否达到良好的适应状态，还包括家庭成员尤其是 ASD 孩子是否达到家长所认为的适应状态。

（四）安内谐外是 ASD 儿童家长发展抗逆力的重要机制

安内旨在通过实现命运共同体的强大和稳定，以及命运共同体生态环境的和谐，以向里用力的方式获取抗逆力发展的内部保护资源，是 ASD 儿童家长发展抗逆力的核心措施，贯穿 ASD 儿童家长抗逆力发展过程的始终。谐外则主要通过伦理关系、人情关系的运作，在和谐的人际关系网中获取外部的支持资源。安内与谐外均是家长抗逆力获取保护资源、降低危险因素的重要举措，二者缺一不可。

（五）位育是 ASD 儿童家长抗逆力的发展结果

ASD 儿童家长的抗逆力是一种关系型抗逆力，层层伦理关系将 ASD 孩子、家长、家庭成员、外在社会环境中的重要他人编织在一起，构成了 ASD 儿童家长的社会关系网，形成牵一发而动全身的关系网状结构。位于关系网中心的家长，其抗逆力的发展结果并不在于其个人是否获得良好的适应水平，而在于家长与小家庭之内的家庭成员，以及家长与外在的大家庭是否处于和谐共处的状态。家长在社会关系

困境中的突围：自闭症谱系障碍儿童家长抗逆力发展的研究

网中位育得当是家长抗逆力发展的最好状态。

二、研究反思

本研究通过对五位 ASD 儿童家长进行深度访谈和现场观察，探究 ASD 儿童家长从困境走向适应的过程。在此基础上，建构了解释 ASD 儿童家长抗逆力发展的理论框架，揭示了本土化抗逆力所具有的内涵与特点，对已有的个体型抗逆力做了补充和发展，也从质性研究的角度充实了我国关于 ASD 儿童家长的研究。对于 ASD 儿童家长抗逆力的进一步研究，可以从以下几方面展看。

（一）研究主题方面

研究者可以从对家长个体抗逆力的研究转向对 ASD 儿童家庭抗逆力的研究。本研究发现，ASD 儿童家长并不是独自承受压力，举全家之力是 ASD 儿童家庭应对困境的重要保护因素。家庭作为一个社会单元，也会如同其他社会系统一样，通过运用家庭的能力和资源来满足家庭的需要和维持家庭的正常运转。研究者可以从家庭生态系统的角度，将困境中的家长个体置于家庭单元来考虑，从更为广阔的视角探讨在面对困境时家庭成员如何沟通，如何形成家庭成员认可的信念系统，以及家庭如何形成合力应对困境，从而探讨 ASD 儿童家庭抗逆力的运作机制。

（二）研究方法方面

进一步的研究可以采取扎根理论的方法，建构更为精致的本土化抗逆力理论。本研究在一般质性研究的基础上发展出了 ASD 儿童家长抗逆力发展过程中的重要主题，而扎根理论是针对一个现象系统地收集和分析资料，并从中发展和检验理论的过程，研究结果是对现实的理论呈现。研究者需要根据理论抽样，使重要概念的维度和属性达到饱和点。例如，对于本研究中的重要概念"内省修身"，研究者为该类属赋予"有"和"无"两个属性，然后去访谈有系统内省修身和无系统修身的家长的抗逆力的发展过程，从而发展出能够解释不同现象的完整理论。

（三）研究内容方面

在我国社会支持保障系统不健全的情况下，众多 ASD 儿童家长依然深陷困境。本研究发现，本土文化中既蕴藏了家长抗逆力的危险因素，也蕴藏着应对困境的力量，例如人情关系的运作、传统文化的内省修身等。这些行动方式潜藏在家长日常的行动模式中,相较于西化的心理治疗,这些行动模式对家长而言更为熟悉。本研究只探索了 ASD 儿童家长抗逆力的发展机制,但并未做进一步的干预研究。后续的研究可以在本研究发展出的抗逆力框架上,形成系统的干预策略,对 ASD 儿童家长的抗逆力进行干预,帮助深陷困境的家长群体发展保护资源,改善生存困境。

(四)研究对象方面

本研究只选取了五名 ASD 儿童家长,样本量较小,且五位家长的经济文化水平较高,研究结果能否适用于经济文化水平较低的家长需要进一步证明。将来的研究可以选取更多研究对象,并且将研究对象扩展到经济文化水平较低但是依然具有较高抗逆力水平的家长。

参 考 文 献

[1] Al-Farsi O A, Al-Farsi Y M, Al-Sharbati M M, et al. Stress, anxiety, and depression among parents of children with autism spectrum disorder in Oman: A case-control study [J]. Neuropsychiatric Disease & Treatment, 2016, 12 (1): 1943-1951.

[2] Allik H, Larsson J, Smedje H. Health-related quality of life in parents of school-age children with Asperger syndrome or high-functioning autism [J]. Health and Quality of Life Outcomes, 2006, 4 (1): 1.

[3] Anthony E J. The syndrome of the psychologically invulnerable child [M] // Anthony E J, Koupernik C. The child in his family: Children at psychiatric risk [M].New York: Wiley, 1974: 201-230.

[4] Argumedes M, Lanovaz M J, Serge Larivée. Brief report: Impact of challenging behavior on parenting stress in mothers and fathers of children with autism spectrum disorders [J]. Journal of Autism and Developmental Disorders, 2018, 48 (3): 1-5.

[5] Arrington E G, Wilson M N. A re-examination of risk and resilience during adolescence: Incorporating culture and diversity [J]. Journal of Child and Family Studies, 2000, 9 (2): 221-230.

[6] Bailey D B, Nelson L, Hebbeler K, et al. Modeling the impact of formal and informal supports for young children with disabilities and their families [J]. Pediatrics, 2007, 120: 992-1001.

[7] Bar M A, Shelef L, Bart O. Do participation and self-efficacy of mothers to children with ASD predict their children's participation? [J]. Research in Autism Spectrum Disorders, 2016 (24): 1-10.

[8] Bayat M. Evidence of resilience in families of children with autism [J]. Journal of Intellectual Disability Research, 2007, 51 (9): 702-714.

[9] Bekhet A K, Johnson N L, Zauszniewski J A. Resilience in family members of persons with autism spectrum disorder: A review of the literature [J]. Issues in Mental Health Nursing, 2012, 33 (10): 650-656.

[10] Behr S K, Murphy D L. Research progress and promise: The role of perceptions in cognitive adaptation to disability [J]. Beachcenter Org, 1993, 36 (3): 151-163.

[11] Benn R, Akiva T, Arel S, et al. Mindfulness training effects for parents and educators of children with special needs [J]. Developmental Psychology, 2012, 48 (5): 1476-1487.

[12] Benson P R, Karlof K L. Anger, stress proliferation, and depressed mood among parents of children with ASD: A longitudinal replication [J]. Journal of Autism and Developmental Disorders, 2009, 39 (2): 350-362.

[13] Berliner B A, Benard B. More than a message of hope: A district-level policymaker's guide to understanding resiliency [J]. Western Regional Center, 1995: 3-6.

[14] Bitsika V, Sharpley C F, Bell R. The buffering effect of resilience upon stress, anxiety and depression in parents of a child with an autism spectrum disorder [J]. Journal of Developmental and Physical Disabilities, 2013, 25 (5): 533-543.

[15] Brobst J B, Clopton J R, Hendrick S S. Parenting children with autism spectrum disorders: The couple's relationship [J]. Focus on Autism and Other Developmental Disabilities, 2009, 24 (1): 38-49.

[16] Cachia R L, Anderson A, Moore D W. Mindfulness in individuals with autism spectrum disorder: A systematic review and narrative analysis [J]. Review Journal of Autism and Developmental Disorders, 2016, 3 (2): 165-178.

[17] Cachia R L, Anderson A, Moore D W. Mindfulness, stress and well-being in parents of children with autism spectrum disorder: A systematic review [J]. Journal of Child and Family Studies, 2016, 25 (1): 1-14.

[18] Carter A S, Martinez-Pedraza F D L, Gray S A O. Stability and individual

change in depressive symptoms among mothers raising young children with ASD: Maternal and child correlates [J] .Journal of Clinical Psychology, 2009, 65 (12): 1270-1280.

[19] Cohler B J, Stott F M, Musick J S. Adversity, vulnerability, and resilience: Cultural and developmental perspectives [J]. Risk, Disorder and Adaptation, 1995 (2): 753-800.

[20] Connor K M, Davidson J R T. Development of a new resilience scale: The Connor-Davidson Resilience Scale (CD-RISC) [J]. Depression and Anxiety, 2003, 18 (2): 76-82.

[21] Constantine A, Benard B, Diaz M. Measuring protective factors and resilience traits in youth: The healthy kids resilience assessment: Seventh Amual Meeting of the Soxiet for Prevention Researd [C] .New Orkeans, LA, 1999.

[22] Dabrowska A. Pisula E. Parenting stress and coping styles in mothers and fathers o f pre-school clinical with autism and Down syndrome [J]. Journal of Intellectual Disability Research, 2010, 54: 266-280.

[23] Dunst C J, Trivette C, Davis M. et al. Enabling and empowering families of children with health impairments [J]. Children's Health Care, 1988, 17: 71-81.

[24] Dyer J G, Mcguinness T M. Resilience: Analysis of the concept [J]. Archives of Psychiatric Nursing, 1996, 10 (5): 276-282.

[25] Ekas N V, Timmons L, Pruitt M, et al. The Power of positivity: Predictors of relationship satisfaction for parents of children with autism spectrum disorder [J]. Journal of Autism & Developmental Disorders, 2015, 45 (7): 1997-2007.

[26] Ekas N V, Whitman T L. Adaptation to daily stress among mothers of children with an autism spectrum disorder: The role of daily positive affect [J]. Journal of Autism & Developmental Disorders, 2011, 41 (9): 1202-1213.

[27] Fergus S, Zimmerman M A. Adolescent resilience: A framework for understanding healthy development in the face of risk [J]. Annual Review of

Public Health, 2005, 26 (26): 399-419.

[28] Ferraioli S J, Harris S L. Comparative effects of mindfulness and skills-based parent training programs for parents of children with autism: feasibility and preliminary outcome data [J]. Mindfulness, 2013, 4 (2): 89-101.

[29] Fiese B H, Bickham N L. Qualitative inquiry: An overview for pediatric psychology [J]. Journal of Pediatric Psychology, 1998, 23 (2): 79-86.

[30] Freuler A C. Facing challenges on two fronts: Exploring the process of resilience for military families raising a child with autism [D]. Morth Cardina: The Universtiy of North Carolina, 2013.

[31] Garmezy N. Chidren under stress: Perspectives on antecedents and correlates of vulnerability and resistance to pathology [M] // Rabin A I, Arnoff J, Barchay A M, et al. Futher explorations in personality. New Yorlk: Wiley Interscience, 1981.

[32] Gillian K, Donna, Peter R, et al. Belief systems of families of children with autism spectrum Disorders or Down Syndrome [J]. Focus on Autism and Other Developmental Disabilities, 2009, 3: 50-64.

[33] Gray D E. Ten years on: A longitudinal study of families of children with autism [J]. Journal of Intellectual Development Disability, 2002, 27 (3): 215-222.

[34] Griffith G M, Totsika V, Nash S. "We are all there silently coping." The hidden experiences of parents of adults with Asperger syndrome [J]. Journal of Intellectual and Developmental Disability, 2012, 37: 237-247.

[35] Grinkder R R. Unstrange minds: Remapping the world of autism [M]. Philadelphia: Basic Books, 2006.

[36] Grotberg E H. The international resilience project: Rsearch and application [J]. Adjustment, 1995: 13.

[37] Hall H R, Graff J C. The relationships among adaptive behaviors of children with autism, family support, parenting stress, and coping [J]. Issues in Comprehensive Pediatric Nursing, 2011, 34: 4-25.

[38] Halstead E, EkasN, HastingsRP, et al. Associations between resilience and the well-being of mothers of children with autism spectrum disorder and other developmental disabilities [J]. Journal of Autism and Developmental Disorders, 2018, 48: 1108-1121.

[39] Hardy V L, Riffle K L. Support for caregivers of dependent elderly: A support group can help a dependent elderly person by helping a caregiver overcome feelings of social isolation [J]. Geriatric Nursing, 1993, 14 (3): 161-164.

[40] Hartley S L, Barker E T, Seltzer M M, et al. Marital satisfaction and parenting experiences of mothers and fathers of adolescents and adults with autism [J]. American Journal on Intellectual and Developmental Disabilities, 2011, 116(1): 81-95.

[41] Hartley S L, Barker E T, Seltzer M M, et al. The relative risk and timing of divorce in families of children with an autism spectrum disorder [J]. Journal of Family Psychology, 2010, 24 (4): 449.

[42] Hartley S L, Sikora D M, Mccoy R. Prevalence and risk factors of maladaptive behaviour in young children with Autistic Disorder [J]. Journal of Intellectual Disability Research, 2008, 52 (10): 819.

[43] Hastings R P, Taunt H M. Positive perceptions in families of children with developmental disabilities [J]. American Journal of Mental Retardation Ajmr, 2002, 107 (2): 116-127.

[44] Hoffman C D, Sweeney D P, Lopezwagner M C, et al. Children with autism sleep problems and mothers' stress [J]. Focus on Autism and Other Developmental Disabilities, 2008, 23 (3): 155-165.

[45] Higgins D, Bailey S, Pearce J. Factors associated with functioning style and coping strategies of families with a child with an autism spectrum disorder [J]. Autism, 2005, 9 (2): 125-137.

[46] Jenny J W, Reed M, Todd A G. Advancing resilience: An integrative, multi-system model of resilience [J]. Personality and Individual Diffrences, 2017, 2: 111-118.

[47] Jones L, Hastings R P, Totsika V, et al. Child behavior problems and parental well-being in families of children with autism: The mediating role of mindfulness and acceptance [J] . American Journal on Intellectual & Developmental Disabilities, 2014, 119 (2) : 171-185.

[48] Kanner L. Autistic disturbances of affective contact [EB/OL] . (2011-3-2) . http: //www.aspires- relationships.com/articles autistic disturbances of affective contact.htm.

[49] Keogh B K, Weisner T. An ecocultural perspective on risk and protective factors in children's development: Implications for learning disabilities [J] .Learning Disabilities Research & Practice, 1993, 8 (1) : 3-10.

[50] King G, Cathers T, Brown E, et al. Turning points and protective processes in the lives of people with chronic disabilities [J] .Qualitative Health Research, 2003, 13: 184-206.

[51] Kirsh S J. Attachment style and recognition of emotionally-laden drawings [J] . Perceptual and Motor Skills, 1996, 83 (2) : 607.

[52] Kumpfer K L. Factors and processes contributing to resilience: The resilience positive life adaptations framework [M] .NY: Kluwet Academic, 1999.

[53] Lecavalier L, Leone S, Wiltz J. The impact of behaviour problems on caregiver stress in young people with autism spectrum disorders [J] . Journal of Intellectual Disability Research, 2006, 50 (3) : 172-183.

[54] Lester B M, Masten A S, Mcewen B S. Resilience in Children [J] . Journal of Child & Adolescent Psychiatric Nursing Official Publication of the Association of Child & Adolescent Psychiatric Nurses Inc, 2006, 41 (3) : 211-236.

[55] Luong J, Yoder M K, Canham D. Southeast Asian parents raising a child with autism: A qualitative investigation of coping styles [J] .Journal of School Nursing, 2009, 25 (3) : 222-229.

[56] Luthar S S, Cicchetti D. The construct of resilience: Implications for interventions and social policies [J] . Developmental and Psychopathology, 2000, 12 (4) : 857-885.

[57] Macdonald E E, Hastings R P, Fitzsimons E. Psychological acceptance mediates the impact of the behaviour problems of children with intellectual disability on fathers' psychological adjustment [J]. Journal of Applied Research in Intellectual Disabilities, 2010, 23 (1): 27-37.

[58] Manicacci M, Bouteyre E, Despax J, et al. Involvement of emotional intelligence in resilience and coping in mothers of autistic children [J]. Journal of Autism and Developmental Disorders, 2019, 49: 4646-4657.

[59] Masten A S. Ordinary magic: Resilience processes in development [J]. American Psychologist, 2001, 56 (3): 227-238.

[60] Masten A S. Resilience in developing systems: Progress and promise as the fourth wave rises [J]. Development and Psychopathology, 2007, 19: 921-930.

[61] Masten A S, Shaffer A. How families matter in child development. [M] // Clarke-Stewart A, Dunne J. Families count: Effects on child and adolescent development. New York: Cambridge University Press, 2006: 5-25.

[62] Matthews R E. Predicting parenting stress by the symptomatology of children with high functioning autism spectrum disorder [J]. Dissertations & Theses · Gradworks, 2010.

[63] McCallion P, Toseland R, Gerber T, et al. Increasing the use of formal services by caregivers of people with dementia [J]. Social Work, 2004, 49: 441-450.

[64] Mcgrath J, Johnson K, O'Hanlon E, et al. White matter and visuospatial processing in autism: A constrained spherical deconvolution tractography study [J]. Autism Research, 2013, 6 (5): 307-319.

[65] Morgan S B. The autistic child and family functioning: A developmental-family systems perspective [J]. Journal of Autism & Developmental Disorders, 1988, 18 (2): 263-280.

[66] National health interview survey underscores gap between the number of kids diagnosed with autism and the number receiving services [EB/OL].

（2015-11-13）.https：//www.autismspeaks.org/science/science-news/new-government-survey-pegs-autism-prevalence-1-45.

[67] Neece C L. Mindfulness-Based stress reduction for parents of young children with developmental delays： Implications for parental mental health and child Behavior Problems [J].Journal of Applied Research in Intellectual Disabilities，2014，27（2）：174-186.

[68] Osborne L A，Mchugh L，Saunders J，et al. Parenting stress reduces the effectiveness of early teaching interventions for autistic spectrum disorders [J]. Journal Autism Development Disord，2008，38（6）：1092-1103.

[69] Osborne L A，Mchugh L，Saunders J，et al. The effect of parenting behaviors on subsequent child behavior problems in Autistic Spectrum Conditions [J]. Research in Autism Spectrum Disorders，2008，2（2）：249-263.

[70] Pastor-Cerezuela G，Fernández-Andrés M I，Tárraga-Mínguez R，et al. Parental stress and ASD： Relationship with autism symptom severity，IQ，and resilience [J]. Focus on Autism & Other Developmental Disabilities，Focus on Autism and Other Developmental Disabilities，2016，31（4）：300-311.

[71] Patterson J M. Integrating family resilience and family stress theory [J]. Journal of Marriage and Family，2002，64（5）：349-360.

[72] Patterson J M. Families experiencing stress [J]. Family Systems Medicine，1988，6（2）：202-237.

[73] Patterson J M，Garwick A W. Levels of meaning in family stress theory [J]. Family Process，1994，33：287-304.

[74] Polk I V. Toward a middle-range theory of resilience [J].Advances in nursing science，1997，19（3）：1-13.

[75] Pisula E. A comparative study of stress profiles in mothers of children with autism and those of children with down's syndrome [J]. Journal of Applied Research in Intellectual Disabilities，2007，20（3）：274-278.

[76] Randall P，Parker J. Supporting the families of children with autism [J]. Supporting the Families of Children with Autism，1999，51（9）：702-714.

[77] Rothenberg M, Levine P A, Oschman P J. The children of raquette lake: One summer that helped change the course of treatment for autism [M]. Berkeley: North Atlantic Books, 2012.

[78] Rew L, Horner S D. Resilience framework for reducing health-risk behaviors in youth [J].Journal of pediatric Nursing, 2003, 18: 379-388.

[79] Richardson G E . The metatheory of resilience and resiliency [J].Journal of Clinical Psychology, 2002, 58 (3): 307-321.

[80] Rutter M. How does the concept of resilience alter the study and understanding of risk and protective influences on psychopothology? [J].Annals of the New York Academy of Sciences, 2006, 1094: 1-12.

[81] Rutter M. Protective factors in children's responses to stress and disadvantage [M] // Kent M W, Rolf J E. Primary Prevention of Psychopathology.N H: University Press for NEW England, 1979.

[82] Rutter M. Resilience concepts and findings: Implications for family therapy[J]. Journal of Family Therapy, 1999, 2: 119-144.

[83] Sandler I, Wolchik S, Davis C, et al. Correlational and experimental study of resilience in children of divorce and parentally bereaved children [M] // Luthar S S, Resilence and vulnerability: Adaptation in the context of childhood adversities.New York: Cambridge University Press, 2003: 364-391.

[84] Sameroff A, Gutman L M, Peck S C. Adaptation among youth facing multiple risks. In S. Luthar (Ed). Resilience and vulnerability: Adaptation in the context of childhood adversities [M].New York: Cambridge University Press.2003: 364-391.

[85] Saunders B, Kathy. Assisted living: when it's your turn to care for your parents: The decline of a parent is not just a physical and financial challenge spiritual one as well [EB/OL] S. [2006-05].https://www.questia.com/magazine/1G1-147568047/assisted-living-when-it-s-your-turn-to-care-for-your.

[86] Seligman M, Csikszentimihalyi M. Positive psychology: An introduction [J].

American Psychologist, 2000, 55 (1): 5-14.

[87] Scorgie K, Sobsey D. Transformational out-comes associated with parenting children who have disabilities [J]. Mental Retardation, 2000, 38: 195-206.

[88] Siman-Tov A, Kaniel S. Stress and personal resource as predictors of the adjustment of parents to autistic children: A multivariate model [J]. Journal of Autism and Developmental Disorders, 2011, 41 (7): 879-890.

[89] Smart J F, Smart D W. Acceptance of Disability and the Mexican American Culture [J]. Rehabilitation Counseling Bulletin, 1991, 34 (4): 357-367.

[90] Smokowski P R, Reynolds A J, Bezruczko N. Resilience and protective factors in adolescence: An autobiographical perspective from disadvantaged youth [J]. Journal of School Psychology, 2000, 37 (4): 425-448.

[91] Sroufe L A. Psychopathology as an outcome of development [J]. Developmeny Psychopatholagy, 1997, 9 (2): 251.

[92] Steinglass P. Family therapy's voice in the health care debate [J]. Family Systems Medicine, 1993, 11 (1): 9-14.

[93] Strauss A, Corbin J. Basics of qualitative research: Grounded theory procedures and techniques [M]. Sage Publications, 1990.

[94] Taunt H M. Hastings R P. Positive impact of children with developmental disabilities on their families: A preliminary study [J]. Education and Training in Mental Retardation and Developmental Disabilities, 2002, 37: 410-20.

[95] Tobing L E, Glenwick D S. Predictors and moderators of psycho-logical distress in mothers of children with pervasive development disorders [J]. Journal of Family Social Work, 2002, 10 (4): 1-22.

[96] TomenyT S. Parenting stress as an indirect pathway to mental health concerns among mothers of children with autism spectrum disorder [J]. Autism, 2017, 21 (7): 907-911.

[97] Totsika V, Hastings R P, Emerson E, et al. A population-based investigation of behavioral and emotional problems and maternal mental health: Associations with autism spectrum disorder and intellectual disability [J]. Journal of Child

Psychology and Psychiatry, 2011, 52 (1): 91-99.

[98] Trute B, Hauch C. Building on family strengths: A study of families with positive adjustments to the birth of a developmentally disabled child [J]. Journal of Marital and Family Therapy, 1988, 14: 185-193.

[99] Twoy R, Connolly P M, Novak J M. Coping strategies used by parents of children with autism [J]. Journal of the American Association of Nurse Practitioners, 2007, 19 (5): 251-260.

[100] Ungar M. Resilience, trauma, context, and culture [J]. Trauma, Violence, and Abuse, 2013, 14 (3): 255-266.

[101] Wagnild G M, Young H M. Resilience among older women [J]. Image: Journal of Nursing Scholarship, 1990, 22 (4): 252-255.

[102] Wang W C. Social support and parental stress among parents of young children with autism spectrum disorder: an international comparison of United States and China. [EBIOL] [2016-11-08]. Retrieved from http: //www2.lib.ku.edu/ login?url=https: //search-proquest-com.www2.lib.ku.edu/docview/1883364698?accountid=14556.2016.

[103] Walsh F. A family resilience framework: Innovative practice applications [J]. Family Relations, 2002, 51 (2): 130-137.

[104] Walsh M V, Armstrong T W, Poritz J, et al. Resilience, pain interference and upper-limb loss: Testing the mediating effects of positive emotion and activity restriction on distress [J]. Archives of Physical Medicine & Rehabilitation, 2016, 97 (5): 781-787.

[105] Waugh C E, Fredrickson B L, Taylor S F. Adapting to life's slings and arrows: Individual differences in resilience when recovering from an anticipated threat [J]. Journal of Research in Personality, 2008, 42 (4): 1031-1046.

[106] Weisner T S E. discovering successful pathways in children's development: Mixed methods in the study of childhood and family life. University of Chicago Press, 2005: 1250-1251.

[107] Weiss J A, Robinson S, Fung S, et al. Family hardiness, social support, and self-efficacy in mothers of individuals with Autism Spectrum Disorders[J]. Research in Autism Spectrum Disorders, 2013, 7(11): 1310-1317.

[108] Weiss M J. Harrdiness and social support as predictors of stress in mothers of typical children, children with autism, and children with mental retardation[J]. Autism: The International Journal of Research and Practice, 2002, 6(1): 115.

[109] Werner E E. Children of the Garden Island [J].Scientific American, 1989: 260.

[110] Werner E E, Smith R S. Vulnerable but invincible: A longitudinal study of resilient children and youth [M]. New York: McGraw-Hil, 1982.

[111] Winfield L A. Resilience, schooling, and development in African-American youth: A conceptual framework [J]. Education & Urban Society, 1991, 24 (1): 5-14.

[112] Wright M O, Masten A S, Northwood, A. Long-term effects of massive trauma: Developmental and psychobiological perspectives [M]// Cicchetti D, TothS L. Rochester Symposium on Dvelopmental Psychopathology. The effects of trauma on the developmental process. Rochester: University of Rochester Press.1997: 181-225.

[113] Wright M O, Masten A S. Vulnerability and resilience in young children [M]// Noshpitz J D, Greenspan S, Wieder C, at al.Handbook of child and adolescent pasychiatry: Infancy and perschoolers: Development and Syndromes.New York: Wiley, 1997.

[114] Yu X N, Zhang J X. Factor analysis and psychometric evaluation of the CONNOR-DAVIDSON Resilience Scale (CD-RIS) with Chinese people [J]. Social Behavior and Personality, 2007, 35(1): 19-30.

[115] Zhao M, Fu W, Ai J. The mediating role of social support in the relationship between parenting stress and resilience among Chinese parents of children with disability [J]. Journal of Autism and Developmental Disorders, 2021(3): 1-11.

[116] What is autisim?[EB/OL].(2020). https：//www.autismspeaks.org/what-autism.

[117] Baron-Cohen S，Klin A.What's so special about asperger syndrome?[J]. Brain Cognitive. 2006，61（1）：1-4.

[118] American psychiatric association. Proposed revision of A 09 autism spectrum disorder [EB/OL]. http：//www.dsm5. org/ProposedRevisions/Pages/proposedrevision.aspx? rid= 94，2011-3-2

[119] American Heritage Dictionary [EB/OL].（2005-04-05）.http：//www.americanheritagedictionary.com.

[120] American Psychological Association.The roud to-resilience [EB/OL].（2012） http：//www.apa.org/helpcenter/road-resilience.aspx.

[121] Masten A S. Resilience comes of age： Reflections on the past and outlook for the next generation of research [M] //Glantz M D，Johnson J L. Resilience and development： Positive life adaptations. New York：Plenum Press，1999：289-296.

[122] Cowen E l.Psychological wellness： Some hopes for the future [M] //Cicchetti D E，Rappaport J E，Sandler I E，WeissbergR P. The promotion of wellness in children and adolescents. Washington，District of Colombia：Child Welfare League of America，2000：477-503.

[123] Ramey C T，Ramey S L.Early intervention and early experience [J]. American Psychologist，1998，53：109-120.

[124] Nation M，Crusto C，Wandersman A，et al. What works in prevention：Principles of effective prevention programs.[J]. American Psychologist，2003，58（6-7）：449-456.

[125] Gottesman I I，Hanson D R. Human development： Biological and genetic processes [J]. Annual Review of Psychology，2005，56（1）：263-286.

[126] Clauss-Ehlers CS，Yang Y T，Chen W C.Resilience from childhood stressors: The role of culturalresilience, ethnicidentity, and gender identity[J]. Journal of Infant，Child and Adolescenct Psycho-therapy，Winter，2006，5

(1): 124-138.

[127] Beasley M, Thompson T, Davidson J. Resilience in response to life stress: The effects of coping style and cognitive hardiness [J]. Personality and Individual Differences, 2003, 34 (1): 77-95.

[128] Ekas N V, Whitman T L, ShiversC. Religiosity, spirituality, and socioemotional functioning in mothers of children with autism spectrum disorder [J]. Journal of Autism and Developmental Disorders, 2009, 39 (5): 706-719.

[129] Ekas N, Whitman T L. Autism symptom topography and maternal socioemotional functioning [J]. AJIDD: American Journal on Intellectual and Developmental Disabilities, 2010, 115 (3): 234-249.

[130] Ekas N V, Lickenbrock D M, Whitman T L. Optimism, social support, and well-being in mothers of children with autism spectrum disorder [J]. Journal of Autism and Developmental Disorders, 2010, 40 (10): 1274-1284.

[131] Dupont M R. An exploration of resilience in families with a child diagnosed with an Autism spectrum disorder [D]. Texas: The Texas Woman's University, 2009: 117.

[132] Duggan C H, Dijkers M. Quality of life—Peaks and valleys: A qualitative analysis of the narratives of personswith spinal cord injuries. [J]. Canadian Journal of Rehabilitation, 1999, 12 (3) (47): 179-189.

[133] Bendixen R M, Elder J H, Donaldson S, et al. Effects of a father-based in-home intervention on perceived stressand family dynamics in parents of children with autism [J]. American Journal of Occupational Therapy OfficialPublication of the American Occupational Therapy Association, 1900, 65 (6): 679-87.

[134] Benson P R. The impact of child symptom severity on depressed mood among parents of children with ASD: Themediating role of stress proliferation. [J]. Journal of Autism & Developmental Disorders, 2006, 36 (5): 685-695.

[135] Beavers W R, Hampson R B. Measuring family competence: The Beavers systems model [EB/OL].（2003-01）.https://www.researchgate.net/publication/232518181.

[136] Brandtstädter J.Sources of resilience in the aging self: Toward integrating perspectives [J]. Social Cognition& Aging, 1999: 123-141.

[137] Maenner MJ, Shaw KA, Baio J, et al. Prevalence of autism spectrum disorder among children aged 8 years— Autism and developmental disabilities monitoring Network, 11 Sites, United States, 2016. MMWR Surveill Summ 2020, 69（4）: 1-12.

[138] 萨克斯.火星上的人类学家 [M].北京：中信出版社，2010.

[139] 程潮.儒家内圣外王之道通论 [M].长沙：湖南人民出版社，2005：395-396.

[140] 曹纯瑷，章玉玲.父母教养自闭症幼儿之心理适应研究[J].台湾特殊教育学报，2007：109-123.

[141] 曹德本.中国传统修身文化研究 [J].清华大学学报（哲学社会科学版），2004（5）：17-23.

[142] 曹中平.积极心理学视角下心理弹性研究进展述评[J].理论建设，2012（5）：86-91.

[143] 陈蓓丽.结构、文化和能动性：上海外来女工抗逆力研究——基于生活史的一种解读 [D].上海：华东理工大学，2013.

[144] 陈光磊.中国人心理问题的封闭性及其超越 [J].广西社会科学，2005（4）：177-180.

[145] 陈莲俊.自闭症诊断与服务的发展趋向——美国《精神疾病诊断与统计手册》第五版草案评介与预测 [J].中国特殊教育，2011（8）：59-65.

[146] 陈讯.妇女当家：对农村家庭分工与分权的再认识——基于五省一市的6个村庄调查 [J].民俗研究，2013（2）：26-35.

[147] 陈向明.质的研究方法与社会科学研究 [M].北京：教育科学出版社，2000.

[148] 陈向明.旅居者和"外国人":留美中国学生跨文化人际交往研究[M].北京:教育科学出版社,2004.

[149] 陈瑜.孤独症患儿家长复原力及相关因素研究[D].南京:南京师范大学,.2007.

[150] 邓猛,景时.从随班就读到同班就读:关于全纳教育本土化理论的思考[J].中国特殊教育,2013(8):5-11.

[151] 邓猛,苏慧.质的研究范式与特殊教育研究:基于方法论的反思与倡议[J].中国特殊教育,2011,19(10):3-8.

[152] 董学文.关于当代西方文论与我国文论发展的几个问题[J].曲靖师范学院学报,2015,34(1):26-28.

[153] 搜狐滚动.大龄自闭症家庭的终极焦虑:我死了 孩子怎么办[EB/OL](2017-03-24).http://news.sohu.com/20170324/n484488722.shtml.

[154] 张朔.孤独症,一个引起全世界关注的疾病[N].中国妇女报,2008-04-07.

[155] 格兰丁,巴伦.社交潜规则[M].刘昊,付传彩,张凤,译.北京:华夏出版社,2013.

[156] 宫留记.资本:社会实践工具——布尔迪厄的资本理论[M].开封:河南大学出版社,2010.

[157] 关文军.社会融合背景下"残疾污名"的形成与消解[J].现代特殊教育,2015(10):75-76.

[158] 关文军,颜廷睿,邓猛.残疾儿童家长亲职压力的特点及其与生活质量的关系:社会支持的中介作用[J].心理发展与教育,2015(4):411-419.

[159] 赵龙.关注星星的孩子:终生难自立,母去身何寄[EB/OL].(2014-09-16).http://edu.cnr.cn/pdtj/yw/20140916/t20140916_516441341_1.shtml.

[160] 谷雯燕.自闭是可耻的吗?[D].北京:中央民族大学,2013.

[161] 洪美莲.一位失亲青少年在灵性启发中的复原力量[D].台北:铭传大学,2004.

[162] 黄光国,胡先缙.人情与面子——中国人的权力游戏[J].党政干部文摘,2005(4):38-39.

[163] 胡寒春.青少年核心心理弹性的结构及其特征研究[D].长沙:中南大学,2009.

[164] 胡寅寅.走向"真正的共同体"——马克思共同体思想研究[D].哈尔滨：黑龙江大学，2014.

[165] 贾新奇.论儒家伦理的家族主义与超家族的关怀[J].宁夏社会科学，2004（1）：94-97.

[166] 简淑伶.特殊儿童亲职教育问题及其社会支持[J].国教世纪，2003（204）：81-88.

[167] 格尔茨.文化的解释[M].韩莉，译.南京：译林出版社，2008.

[168] 巴奈特.我把自闭症儿子养育成天才[M]马韧，译.上海：上海文艺出版社，2014.

[169] 刘杰，孟会敏.关于布郎芬布伦纳发展心理学生态系统理论[J].中国健康心理学杂志，2009，17（2）：250-252.

[170] 刘汶蓉.反馈模式的延续与变迁[M].上海：上海社会科学院出版社，2012.

[171] 刘晓燕.孤独症儿童家长心理弹性保护因性素研究[D].大连：辽宁师范大学，2010.

[172] 雷鸣，戴艳，肖宵，等.心理复原的机制：来自特质性复原力个体的证据[J].心理科学进展，2011，19（6）：874-882.

[173] 雷秀雅，杨振，刘愫.父母教养效能感对自闭症儿童康复的影响[J].中国特殊教育，2010（4）：33-36-46.

[174] 李金珍，王文忠，施建农.积极心理学：一种新的研究方向[J].心理科学进展，2003，11（3）：321-327.

[175] 李强，高文珺.中国人心理困扰的应对方式及其社会文化根源[J].理论与现代化，2005（7）：108-114.

[176] 李权.美国自闭症儿童教育福利研究及启示[D].长沙：湖南师范大学，2013.

[177] 李燕平.青少年研究的新趋势——恢复力研究述评[J].青年研究，2005（3）：1-8.

[178] 李琬予，寇彧.孝道信念的形成与发展：不同文化下亲子互动的视角[J].心理科学进展，2011，19（7）：1069-1075.

[179] 梁漱溟.中国文化要义[M].上海：上海人民出版社，2011.

[180] 郭秋成.6岁儿子确诊为自闭症，抑郁症父亲投江自尽[EB/OL].(2016-10-11). http://news.99.comlal 20161011/012724.htm.

[181] 林语堂.中国人[M].上海：学林出版社，2000.

[182] 卢作孚.中国的建设问题与人的训练[M].北京：生活·读书·新知三联书店，2014.

[183] 罗红光."家庭福利"文化与中国福利制度建设[J].社会学研究，2013（3）：145-161.

[184] 罗鸣春，黄希庭，苏丹.儒家文化对当前中国心理健康服务实践的影响[J].心理科学进展，2010，18（9）：1481-1488.

[185] 马伟娜，桑标，洪灵敏.心理弹性及其作用机制的研究述评[J].华东师范大学学报（教育科学版），2008（3）：89-96.

[186] 潘光旦.寻求中国人位育之道[M].北京：国际文化出版公司，1997.

[187] 潘乃谷.潘光旦释"位育"[J].西北民族研究，2000（1）：3-15.

[188] 卜长莉."差序格局"的理论诠释及现代内涵[J].社会学研究，2003（1）：21-29.

[189] 钱穆.中国文化史导论[M].北京：商务印书馆，1994.

[190] 佚名.日本成人自闭症养护机构"榉之乡"[EB/OL].(2011-09-21). http://www.xinli110.com/zibi/201109/254888.html.

[191] 景怀斌.儒家式应对思想及其对心理健康的影响[J].心理学报，2016，38（1）：126-134.

[192] 深圳市自闭症研究会.中国自闭症人士服务现状调查（华南地区）[M].北京：华夏出版社，2013.

[193] 深圳：19名家长联名拒收自闭症男孩，学校令退学[EB/OL].(2012-09-21). http://edu.99.com/a/.20120920/000146.2.htm.

[194] 孙隆基.中国文化的深层结构[M].北京：中信出版社，2015.

[195] 童星，瞿华.差序格局的结构及其制度关联性[J].南京社会科学，2010（3）：42-48.

[196] 田国秀.抗逆力研究及对我国学校心理健康教育的启示[J].课程.教材.教

法，2007（3）：87-90.

[197] 田国秀. 抗逆力研究［M］. 北京：社会科学文献出版社，2013.

[198] 田国秀，邱文静，张妮. 当代西方五种抗逆力模型比较研究［J］. 社会学与社会工作，2011（4）：9-19.

[199] 临介爱之旅. 团结起来，为孤独症孩子创造崭新的明天［EB/OL］.（2011-06-08）.http：//blog.sina.com.cn/s/blog_4136fa3b0100stqk.html.

[200] 王磊，郑孟育. 差序格局理论的重新诠释与框架建构［J］. 辽宁师范大学学报（社会科学版），2013（3）：318-325.

[201] 汪霖. 格物、诚意与修身［J］. 兰台世界旬刊，2011（S2）：155-156.

[202] 汪新建，史梦薇. 中国人压力应对研究：基于主位与客位的视角［J］. 心理科学进展，2013，21（7）：1239-1247.

[203] 王向贤，李晶晶. 父母身份的艰难构建：以自闭症儿童为例［J］. 社会工作，2016（1）：50-58.

[204] 王夏洁，刘红丽. 基于社会网络理论的知识链分析［J］. 情报杂志，2007，26（2）：18-21.

[205] 王雁. 早期干预的理论依据探析［J］. 中国特殊教育，2000（4）：1-3.

[206] 吴垠. 中国人"关系取向"的社会心理特征与心理咨询本土化之间的张力［J］. 山西高等学校社会科学学报，2011，23（8）：91-93.

[207] 温洪. 我不坚强，我只是坚持［EB/OL］.（2014-05-08）.http：//cafsn.cn/Report Content，adpx?id=22.

[208] 伍海霞. 啃老还是养老？亲子同居家庭中的代际支持研究——基于七省区调查数据的分析［J］. 社会科学，2015（11）：82-90.

[209] 席居哲，桑标，左志宏. 心理弹性（Resilience）研究的回顾与展望［J］. 心理科学，2008，31（4）：995-998.

[210] 谢丽丽. 礼俗与法律："私了"与"公了"冲突的根源——闫老汉死亡事件的社会学阐释［J］. 社会科学论坛，2016（10）：231-239.

[211] 谢素真. 支持团体对自闭儿母亲生活品质之影响及团体历程分析［D］. 台南：成功大学护理学研究所，2001.

[212] 许烺光. 祖荫下［M］. 台北：南天书局有限公司，2001.

［213］徐媛.特殊儿童家长的心理弹性研究［D］.上海：华东师范大学，2010.

［214］阎云翔.差序格局与中国文化的等级观［J］.社会学研究，2006（4）：201-213.

［215］颜瑞隆.轻度成人自闭症者成长历程中的家庭韧力探究［D］.台北：台湾师范大学，2016.

［216］杨国枢，黄光国，杨中芳.华人本土心理学（上）［M］.重庆：重庆大学出版社，2008.

［217］杨菊华，李路路.代际互动与家庭凝聚力——东亚国家和地区比较研究［J］.社会学研究，2009（3）：26-53.

［218］杨宜音.关系化还是类别化：中国人"我们"概念形成的社会心理机制探讨［J］.中国社会科学，2008（4）：148-159.

［219］杨中芳.如何理解中国人［M］.重庆：重庆大学出版社，2009.

［220］杨宗元.论道德理性的基本内涵［J］.中国人民大学学报，2007，21（1）：85-90.

［221］游发渊.论家族主义与农村社会保障——一个新制度经济学的分析视角［J］.现代商贸工业，2008，20（6）：288-289.

［222］于肖楠，张建新.韧性（resilience）——在压力下复原和成长的心理机制［J］.心理科学进展，2005，13（5）：658-665.

［223］马克斯韦尔.质的研究设计：一种互动的取向［M］.朱光明，译.重庆：重庆大学出版社，2007.

［224］曾松添，胡晓毅.美国自闭症幼儿家长执行式干预法研究综述［J］.中国特殊教育，2015（6）：62-70.

［225］赵利生，袁宝明.弱文化、强文化及其整合的取向——社会学文化研究范式的反思［J］.甘肃社会科学，2016（5）：28-33.

［226］赵梅菊.父母教养观念与自闭症儿童适应行为的关系研究［J］.现代特殊教育，2015（2）：56-61.

［227］赵中建.《萨拉曼卡宣言》摘录［J］.全球教育展望，2005，34（2）：80-80.

［228］张学伟，胡召起，何立群.孤独症儿童母亲复原力及抑郁现状的分析［J］.

中国妇幼保健，2014（29）：2867-2868.

[229] 钟伟元.不倒的力量——复原力对身心障碍者家长压力调试之影响[D].台北：台湾师范大学，2016.

[230] 周纯玉.从心出发——自闭儿母亲参与家长团体的历程之探讨[D].台北：屏东教育大学，2010.

[231] 周建标.家国同构制度与伦理政治型文化[J].河南科技大学学报（社会科学版），2011，29（2）：33-37.

[232] 张东荪.理性与民主[M].长沙：岳麓书社，2010.

[233] 张海川.关注本土养老保障文化[J].中国社会保障，2012（10）：28-29.

[234] 张晓红，张晓明.修身养性[M].武汉：湖北人民出版社，1998.

[235] 郑雪，许思安，严标宾.和谐心理学[M].广州：广东高等教育出版社，2012.

[236] 陈媛媛.自闭症少年在托养中心死亡 该中心被曝49天死20人[EB/OL].（2017-03-20）.http：//news.china.com/socialgd/10000169/20170320/30339901.html.

[237] 春风社工.珠海自闭症少年随班就读事件发酵 僵局如何破解？[EB/OL].（2014-12-19）.http：//www.sohu.com/a/599929-106862.

[238] 朱玲慧.大学生自尊、同伴关系对复原力与幸福感的影响[D].台北：政治大学，2012.

[239] 朱眉华.困境与调试：乡城流动家庭的抗逆力研究[D].上海：上海大学，2013.

[240] 陈瑜，裴涛，张宁.自闭症谱系障碍患儿父母的复原力与心理健康[J].中国特殊教育，2015（2）：53-58.

[241] 萧文.复原力对自闭症儿童家长心理调适影响的研究[D].南投：暨南国际大学，2004.

[242] 孙玉梅.自闭症儿童母亲生活经验之诠释：现象学的视角[D].武汉：华中师范大学，2011.

[242] 景怀斌.儒家式应对思想及其对心理健康的影响[J].心理学报，2006，38（1）：126-134.

[243] 席居哲，曾也恬，左志宏.中国心理弹性思想探源[J].中国临床心理学杂志，2015，23（3）：555-559.

[244] 陈瑜，裴涛，张宁．自闭症谱系障碍患儿父母的复原力与心理健康［J］．中国特殊教育，2015（2）：53-58．

[245] 赵阳，李辰宇，朱泽军，等．威胁性或应激性事件对自闭症儿童家长心理韧性的影响［J］．中国健康心理学杂志，2014，12：1840-1842．

[246] 席居哲，曾也恬，左志宏．中国心理弹性思想探源［J］．中国临床心理学杂志，2015，23（3）：555-559．

[247] 费孝通．乡土中国［M］．北京：中华书局，2013．

[248] 余东升．质性研究：教育研究的人文学范式［J］．高等教育研究，2010（7）：63-70．

[249] 王红艳．质的研究效度问题——"我如何判断我的判断是有效的？"［J］．教育学术月刊，2010（2）：24-27．

[250] 沙莉，庞丽娟．明确学前教育性质，切实保障学前教育地位——法国免费学前教育法律研究及其对我国的启示［J］．学前教育研究，2010（9）：3-8．

[251] 傅王情，肖非．随班就读儿童回流现象的质性研究［J］．中国特殊教育，2016（3）：3-9．

[252] 潘光旦．潘光旦文集1［M］．北京：北京大学出版社，2000：135-136．

[253] 张俊丽，李冬梅．中西方家庭观念的对比［J］．语文学刊，2008（5）：171-173．

[254] 张九童．儒家传统内省文化及其现代德育价值［J］．滨州学院学报，2014，30（1）：27-31．

[255] 张俊芳．道德哲学在康德哲学体系中的地位和现实价值［J］．长春师范大学学报，2006，25（9）：5-8．

[256] 刘玉颖．践行多元智能理论，优化教育教学行为［J］．牡丹江教育学院学报，2015（4）：102-103．

[257] 田国秀，曾静．关注抗逆力：社会工作理论与实务领域的新走向［J］．中国青年社会科学，2007，26（1）：130-133．

[258] 景时．中国式融合教育：随班就读的文化阐释与批判［D］．武汉：华中师范大学，2013．

[259] 陈向明．扎根理论在中国教育研究中的运用探索［J］．北京大学教育评论，2015，13（1）：2-15．

附 录

一 访谈提纲

1．您的小孩几岁？上学还是工作？平日生活中，谁是孩子的主要照顾人？您现在的工作情况如何？

2．您在何时、何种情况下发现孩子表现异常？您和家人当时有什么样的感受和反应？

3．孩子确诊后，家庭的生活状况有什么样的变化？您是如何应对这样的变化的？

4．孩子在哪里接受早期干预？遇到了哪些问题？您如何处理？对您个人有什么影响？

5．孩子在哪里上学？孩子上学的过程中遇到了哪些问题？您如何处理？对您个人有什么影响？

6．在养育自闭症孩子的过程中，您遇到的最大困难是什么？您是怎样处理的？

7．家人（丈夫）、朋友、专业人员、当地政府、社会爱心人士在您的生活中扮演什么角色？对您个人有什么影响？

8．您的性格是怎样的？在困境中扮演了什么角色？

9．您周围的人如何看待您的孩子、个人生活和家庭？您怎样处理？

10．您的交往圈有什么样的变化？

11．您平时会采用什么样的方式释放压力？

12．您从哪些途径获取帮助？

13．从您个人的心态（情绪状态、应对问题的能力、生活状态）来讲，您现在处于一种什么样的状态？怎样达到这样的状态？什么因素促使您达到现在的状态？

14．回首过去，从您有了孤独症孩子开始，如何看待自己走过的这段路？养育孤独症孩子带给您什么样的变化？

15．对于未来的生活，您有什么想法？

二 家长抗逆力调查问卷

家长抗逆力发展情况调查问卷

尊敬的家长：

您好！为了了解特殊儿童家长面临的压力、获得的支持以及应对压力的策略，以引起政府、专业人员、教师等对特殊儿童家长支持的重视，并采取有效的措施促进特殊儿童家长的正向发展，我们开展了此项调查。**问卷采用匿名的方式，所有数据仅为调查研究之用，请放心填写！**衷心感谢您在百忙之中给予我们的大力支持！

一、家长及儿童基本情况

家长情况：

1. 性别：（1. 男　2. 女）年龄：_____岁　　您与孩子的关系：_____
2. 教育程度：A. 本科以上　　B. 本科　　C. 大专　　D. 高中或中专及以下
3. 就职情况：A. 全职　　B. 兼职　　C. 离职　　D. 退休
4. 婚姻状况：A. 结婚　　B. 离婚　　C. 未婚　　D. 丧偶
5. 家庭所在地：_____省_____市
6. 家庭月平均收入：

   A. 0～2 000元　　　　　　B. 2 001～5 000元
   C. 5 001～10 000元　　　　D. 10 000元以上

7. 患儿最主要的照料者是：

   A. 母亲　　　B. 父亲　　　C. 祖父母／外祖父母
   D. 保姆／家庭教师　　　E. 其他（请填写）_____

孩子的情况：

1. 家里有几个孩子：_____个
2. 家中有几个特殊孩子：_____个

下列问题只与家里的特殊孩子（其中一个）有关

3. 性别：（1. 男　2. 女）年龄：_____岁

4．确诊年龄：＿＿＿＿＿＿＿岁

5．障碍类别：

A．智障　　B．听障　　　　C．视障　　　　D．自闭症　　　E．脑瘫　　F．唐氏综合征

G．阿斯伯格综合征　　　H．多动症　　　I．其他（请填写）＿＿＿＿

6．障碍程度：

A．轻度　　B．中轻度　　　C．中度　　　　D．中重度　　　E．重度

7．目前上学情况：

A．在上学　　　　　　　B．未上学，在家　　　　　　　C．工作

8．孩子曾经就读过的地方（可多选）：

A．普通幼儿园　　　　　B．康复机构　　　　　　　　　C．特殊学校

D．普通学校　　　　　　E．其他（请填写）＿＿＿＿＿

二、家长抗逆力发展情况

（一）请指出从上个月以来，您对以下陈述的同意程度。请在最能描述您的感觉的选项上打"√"。

	从不（0）	很少（1）	有时（2）	经常（3）	几乎总是（4）
当发生变化时，我能够适就					
当面对压力时，我至少拥有一个亲近而且安全的人可以帮助我					
当我的问题无法清楚地获得解决时，有时命运或神能够帮助我					
不管我的人生路途中发生什么事情，我都能处理					
过去的成功让我有信心去处理新的挑战和困难					
当面对问题时，我试着去看事情幽默的一面					
由于经历过磨炼，我变得更坚强了					
在生病、受伤或苦难之后，我很容易就能恢复过来					
不管好坏，我相信事出必有因					
不管结果如何，我都会尽最大的努力					
……					

三 访谈同意书

尊敬的＿＿＿＿＿＿＿：

该研究，旨在通过自闭症儿童家长的叙说，了解家长应对困境的行动，探索自闭症儿童家长从困境走向良好适应的过程和机制。

为求访谈的真实以及研究上的需要，访谈需要录音。在此，我们恳请您能够同意我的录音。在录音的过程中，您也可以随时中断录音。本研究将严格遵守研究伦理，您所参与的访谈的原始资料将会被严格保存，未来研究者若要将这些访谈资料整理发表，所有访谈过程中的人名、事件将会使用化名，以确保您的隐私被保护。

谢谢您愿意跟我分享您的生命故事，您可以为仍然处于困顿中的自闭症儿童提供宝贵的经验，对将来政府完善自闭症家庭的支持系统也大有帮助！

我了解本研究的目的，并同意参与本研究，为该研究提供我的访谈资料，但所有资料仅限于教育研究、学术讨论及发表用。

研究参与者签名：＿＿＿＿＿＿＿＿

研究者签名：＿＿＿＿＿＿＿＿＿

日期：＿＿＿＿＿＿＿＿＿＿＿

后　记

　　本书几经易稿到初见雏形，经历了很多曲折。质性研究充满了未知和不确定性，寻找合适的研究对象、对家长进行多次访谈和观察、寻找适切的研究理论、整理和分析纷繁复杂的访谈资料、寻找故事主线……一切都是摸着石头过河。面对杂乱无章的资料，有时甚至有被淹没在资料中的窒息感，反反复复穿梭于文献、资料和已有理论的过程更是充满了艰辛。辛苦付出换来的是收获的喜悦。犹记得在资料编码和撰写备忘录的过程中，在苦苦思索不得其果时，突然在早晨起床的刹那或者走在路上的某个瞬间，火花闪现时的欣喜；犹记得，在与同学讨论时，"关系型抗逆力"这一概念突然蹦出来时激动；家长对待困境的态度和应对困境的行动对我个人的成长而言也有极大的帮助，长期沉浸在家长的访谈资料中，其中包含的智慧和行动开始潜移默化地影响我对待生活的态度，写作的过程也变成了自我修行的过程。从我大学第一次接触自闭症儿童家庭时的无能为力，到现在做完这项研究，探索出自闭症谱系障碍儿童家长应对困境的行动模式，为自己十多年在自闭症领域的学习交上一份答卷。

　　本书从选题到完成撰写，得益于多位老师耐心的指导，同学和朋友的大力帮助，以及亲人的无私付出和支持。在这里，我想对那些帮助我、支持我的人表达诚挚的感谢。

　　感谢我的导师肖非教授。感谢肖老师在我读博士期间给我提供了丰富的资源和学习交流的机会，经常带我参加自闭症有关的会议，让我在自己感兴趣的研究领域有更开阔的视野。感谢肖老师在我读博士期间支持我到北京大学跨校选修质性研究的课程，为本书的写作奠定了重要的方法基础。在该书写作期间，肖老师更是不厌其烦地指导我，耐心又细心地为我提供了很多宝贵意见。感谢肖老师的教诲与帮助，感恩导师的宽容与鼓励！

　　感谢邓猛教授，他是我特殊教育专业学习的启蒙老师，我自读本科以来就一直跟着邓老师学习，老师对特殊教育专业的哲学思考以及批判精神对我影响深远。邓老师十分爱护学生，凡是遇到专业上的困难或者疑惑，只要向他请教，老师必慷慨

后　记

解囊，鼎力相助。从读本科到走上工作岗位十余年的时间，邓老师给予了我太多的帮助，对老师的感激一言难尽。

感谢特教泰斗朴永馨先生的教导。在帮助朴老师整理口述史的过程中，我有幸多次访谈朴老师。老先生对中国特殊教育事业的责任和担当，对待学术的热情和执着，让我深受感动，令我对自己的专业和研究有了更多的责任感。

感谢参与访谈的睿睿妈妈、斌斌妈妈、齐齐妈妈、成成妈妈、乐乐妈妈和睿睿爸爸，感谢你们毫不吝啬地为我的研究提供如此宝贵而翔实的资料，是你们让我知道自闭症谱系障碍儿童家长如何走出困境；感谢你们的勇敢、担当和智慧，让更多处在困境中的自闭症谱系障碍儿童家长看到了希望，也让即将步入社会的我聆听了那么多极具智慧的为人处世之道。

感谢朱志勇教授、陈向明教授在质性研究方法课中给予的教导，让我领略了质性研究的独特魅力。

感谢师兄景时、师妹婷婷和冯超在本书写作过程中提出的宝贵的修改意见。感谢北京大学质性研究方法课第四小组的成员曾妮、丫丫、学军、刘璐、大校，一学期的相处和十二次课后小组讨论，让我学到了很多质性研究的宝贵经验，也感谢你们在本书资料分析的过程中提供的帮助。感谢我的学生时付雅男在校订书稿细节时提供的帮助。

此外，非常感谢北京理工大学出版社的张荣君编辑对本书的结构、设计与排版的指导，感谢编辑对书稿细心的修订与校对，使原本粗糙的书稿在一次次校稿中不断完善。

最后，我要特别感谢我的家人。感谢我的父母多年来对我无条件的支持和默默的付出，正因为有你们的支持，我才可以心无旁骛地投入学习中，才能取得今天的成绩。感谢我的爱人马胜先生，是你的一路陪伴和默默支持，使我能够静下心来潜心研究，因为有你的鼓励，我才能心无旁骛地完成我的著作。

赵梅菊
2020 年 7 月